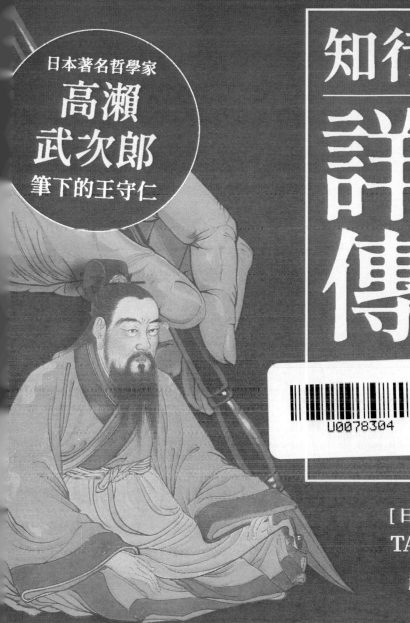

日本著名哲學家
**高瀬
武次郎**
筆下的王守仁

知行合一

詳傳王陽明

U0078304

[日] 高瀬武次郎 著
TAKASE Takejiro

趙海濤，王玉華 譯

1915 年日本廣文堂孤本首現
備受中、日、韓等東亞儒家文化圈好評！

從家世到講學，一書盡覽陽明全生涯
高瀬武次郎深入解讀，全面詮釋明代思想家思想

目 錄

感謝小島毅先生、陳永福博士和饒偉新老師對本書給予的無私幫助。

京都文科大學教授 文學博士 髙瀬武次郎著

王陽明詳傳

東京 廣文堂書店發行

1915 年版本扉頁

天の人に賦與する豈に公私憎愛の別あらんや、故に雜然たる
人生、千狀萬態、殆ど量るべからざるが如きも、之を大觀し來れ
ば上下貴賤を論ぜず、苦樂は相半ばし幸福は均一なるを見る
べし。人の職分は實に千種萬類なりと雖も一として偉功を奏
し芳名を揚ぐるに足らざるはなし、而して大苦の下に大樂あ
るを見れば則ち天の人に酬ゆる所以の至公至平なるを知ら
ん試みに古來偉人の行蹟を視よ、辛苦艱難、一難去れば又一
難來り、殆んど寧日あることなし、是れ豈に大苦にあらずとせ
んや、然れども竊かに自ら其の一言一行の能く天下の氣運を
左右し、一擧一動の能く乾坤を震撼するを知らば亦た無上の
愉快を感ぜざる能はざるべし、況んや英名赫々として靑史を

日刊本原序

明亞文成公遺像

無善無惡心之體
有善有惡意之動
知善知惡是良知
為善去惡是格物

此陽明先生語也與盂
子性善之旨雖不同也
其道理實覺做上做下
足以垂訓于世
悝軒先士尾吉四語於
畫象之上其作於江之
學必飲身催力行無綏
也習熙拜題

日本人牧山所繪王陽明影像

007

日本人佐藤一齋所繪王陽明影像

日本人小原慶山所繪王陽明影像

朝採山上荊暮採谷中栗深谷多淒風霜露沾我衣
混採薪勿辭辛昨來斲薪拾晚歸陰壑底抱甕還
自汲薪水良獨笑等不愧食吾力

大正十二癸亥年四月謹錄王陽明先生採薪詩

惺軒武

本書作者高瀨武次郎所錄王陽明採薪詩軸

王陽明書法

王陽明先生真像

遡稽古初孔曰性近禮亦有言人
生而靜善惡未生是曰本性心今
本虛與物相印習染既殊是非斯
定餘姚性學千秋定論良知之說
孟氏所索存理遏欲未發為中洗
心藏密忠與民同任情自發有感
遂通湛然虛明廓然大公知行合
一性道事功

焦秉貞

焦秉貞畫學西洋人物虛實中裁侯四延來諳繪神繳四十八物由畫其深致尤適展贈貴蓋原此幅王陽明像眉目衣褶寫真趣妙丰神和生明季曾經向宸一派糖紙玫東貞此畫其有逸之也而于秋仲南山長尾甲戌時年七十有三

清代焦秉貞所繪王陽明像

序言　陽明之於當代人的意義

　　我們普通人的人生也許是一部書、幾頁紙，就可以說盡了。但對一個主動創造人生社會並抵達其極境的人而言，他既富於人性，也富於神性、魔性，他是說不盡的。歷史已經給了我們很多示範，在這些說不盡的人物中，王陽明仍是我們當代人較為陌生的一位。儘管我們都略知他的傳奇經歷，他年輕時對著竹子格致格出病來，他後來在「龍場悟道」，平定寧王叛亂，生前即出版了與弟子問答的「語錄」……實現了孔子們夢想而不得的「內聖外王」，成為活著的高於政統的文明道統的人格象徵，是很多現代中國人敬服的歷史偉人。

　　但我們對王陽明的隔膜顯而易見。無論是極「左」時期，王陽明被當作地主階級「唯心派」的代表，具有「反革命」的兩手……還是此前此後者對他的想當然，他的知行合一說、他的良知良能說，都被簡單地理解成了人的「主觀能動性」，如「人有多大膽、地有多大產」，「你心如何，世界就如何」……一句話，王陽明仍是我們評判世界、貼標籤的方便，尚未能成為我們中間的兄弟。

　　這當然也跟王陽明自己的追求相關。陽明先生年輕時候就對做一個普通人、做當時士人仿效的「成功人士」，如科舉狀元進士、如秀才文人等等，不以為然，他要做一個更大的人物，希聖希賢。他也受到過種種誘惑，最大的誘惑，莫過於釋家道家，出家、做神仙、長生久視，但王陽明守住了儒家的一念之仁，並以儒家的角度看出了釋家道家的「短處」，在宋人援佛道入儒開出「理學」之後，他援佛道入儒光大了聖門的

「心學」。……最終王陽明如願以償，成為傳統中國的「聖人」，高居廟宇之中，享用人們對他的崇拜、祭奠。

因此，至今王陽明的傳記中，傳奇成分不亞於理性、經驗成分，尤其在日本人的研究中，王陽明的傳奇仍是他們不曾穿越的神祕。以我今天的理解，這一現象歸結於，包括日本人在內的東方社會至今仍未完成「現代性的祛魅」，人們容易將歷史人物神化、聖化。對日本人來說，大和民族的太陽崇拜，使之在前現代社會的暗夜中嚮往光明，王陽明就是東土社會五百年來黑暗時代的人心太陽，其中有人格的自我期許、成全及日常儀式，王陽明的思想和人生成就滿足了黑暗中人的追求。

這種種因素，導致王陽明是我們現代人說不盡的「思想資源」，而他跟我們尚未建立起幾無扞格的親切。他的知行合一學說至今仍是中國許多大學的校訓之一。他安身立命，僅僅五十多年的人生成為我們今人的談論內容，是我們可望而不可即的高標。我們既少有理性地，包括心理學意義地解讀其人生，也很少理性地分析其「短處」。這種親切、理性的「匱乏」，使王陽明成為可觀的而非可解的；事實上，現當代中國不僅只對王陽明欠了這樣一筆同情、理解的債務，我們對一切特立獨行之士、對主流社會的邊緣之人都缺乏「同情之理解」和「理解之同情」。我們多是主流生活的示範者和仿效者，我們是成功的和準成功人士，我們都是不差錢的或只是「窘迫一時的富翁」，對那些異端之人，那些邊緣者、失意者，我們既不同情他們，也不理解他們。

可以說，如非站在可觀的角度，而是站在可以同情、理解的角度看王陽明和王陽明式的人物，我們對王陽明的認知不僅是對成為歷史的思想資源的認知，也將是對鮮活的生活營養的認知。只有如此，我們才算真正接納了他們。

就是說，我們要有足夠的信心和能力去平視王陽明，去跟他對話。舉例而言，如果王陽明知道現代社會人人可期的「公民人格」等等，即是傳統儒生夢想的聖賢之道，不知他會做何感想。再比如，他仍囿於儒門而看釋家道家之虛，他能理解釋家道家的真實不虛或不可思議嗎？再比如，他對易經的研究堪稱別緻，但他能夠理解儒釋道在宋明以來的合流趨勢嗎？

　　在多維時空中，儒家是東方之學，釋家是南方之學，道家是北方之學，各有優長。其在宋明的上層社會和民間下層都出現合流趨勢，正是中國人功行圓滿的需求，僅僅因為我們位處地球時空的東方，我們更偏於或立足於儒家倫理。但自元、明以來，中國人開始真正援西學進來，在湯若望之前，西方人就供職於中國的欽天監，幫助中國人改進文明社會最重要的基石——天文曆法。鴉片戰爭之後，中國人更大規模地引進西方之學，甚至糊塗地喊出了全盤西化或中國特殊的主張。這都是源自理學，包括王陽明在內的心學，因其不足而導致的反動。

　　因此，認識王陽明需要多元角度。如果我們只是站在傳統層面，跟著作者去看熱鬧，去聽傳奇，我們就跟孩童無異。在我的研究中，王陽明先生一生與艮卦時空的偏好相關。「艮其背，不獲其身，行其庭，不見其人，無咎。」幾乎是王陽明的寫照。他的一生深得艮卦之義，「時止則止，時行則行，動靜不失其時，其道光明」。他臨終前說，「吾心光明夫復何言」，也是艮卦之理。

　　我們當知，艮卦是反省、修身的。王陽明一生多有佛道朋友，自己也實踐靜坐、修身，並於龍場悟道。其來有自！艮卦也是多難的。王陽明一生坎坷，「其心不快」，「列其夤，厲薰心」。他感嘆「良知（心學的根本）之說，是我從百死千難中得來的」。其來有自！王陽明未能徹底理

解佛道。同時，他本可站在活的道統高度，較後來的顧炎武、王夫之、黃宗羲們更早地審判政統，這都是因為艮卦人的特點，「君子思不出其位」。他一定要守住儒門家位，在天地君親師的序列裡，他把天地丟掉，把君看得至高，而不願越位批判。而他同時代西方的哥白尼（Copernicus）們，卻能把地球中心丟掉，建立起太陽中心說。

我曾經注意到王陽明對人生時空之美的闡發：「人一日間，古今世界都經過一番，只是人不見耳。夜氣清明時，無視無聽，無思無作，淡然平懷，就是羲皇世界。平旦時神清氣朗，雍雍穆穆，就是堯舜世界。日中以前，禮儀交會，氣象秩然，就是三代世界。日中以後，神氣漸昏，往來雜擾，就是春秋戰國世界。漸漸昏夜，萬物寢息，景象寂寥，就是人消物盡的世界。」我們當代人以此類推，夜氣清明時，是瑞士等中歐北歐世界；平旦時，或者是歐盟世界；日中以前，大概是美國；日中以後，該是當代中國了。只是我們個人很少能做到此一日多省，給予自己夜氣清明、平旦氣朗等時空的感覺。而以「《春秋》責備賢者」來要求王陽明，他很少去反省大明王朝是在一個什麼階段。

因此，王陽明才像艮山一樣矗立在那樣，他把黑暗寒冷擋在身後，他像明燈一樣燃亮在那裡，但他尚未能成為活的光明溫暖、普照人心。用我們今人的話，他不及孔子、朱熹們的教誨更切實，他是倫理的捍衛者，未能做天地歷史的推手。

當然，王陽明已經接近了歷史推手的邊緣，他是「五百年來第一人」，也許不僅顧王黃們，就是五四的陳胡魯蔡諸賢，與他相比也難以望其項背。但五四諸賢已經為王陽明做了最好的背書，即把他的良心良知之說跟個體自由打通。王陽明在宋明昏暗之際，發現了這種個體的時空之美，東方社會最寶貴的個人自由，他稱其為良知。「學者信得良知過，

不為氣所亂，便常做個羲皇上人。」可惜，「好個孩兒，可惜被道破」。孩童王陽明因此被改名為「守仁」，他發現了「個性的解放」而不再道破，以至於歷史演進到四、五百年後的五四諸賢，才道破這一祕密。

儘管艱難，但他光明磊落地活著，比起大明王朝「自皇帝以下，皆是奴才奴隸」來，王陽明活成了心靈極度自由的真正的個人。也許他同時代的權貴、名人、才子、官商成功人士，承認他的才學和能力，未必羨慕他，甚至在他受難受嘲笑受打擊的一生中有優越感；但他是世界秩序的真正維繫者，他也是他自己人生的真正推手。

我說，王陽明之路，即是自我之路，即是榮格 (Jung) 說的「阿基米德點」，即是時空宇宙大爆炸的奇點。只有從自我這一點出發，才能生成宇宙，才能做歷史的推友。王陽明多少做到了。

迄今為止，我讀王傳已有四部。這一部口人著述，再一次喚起我對王陽明先生的「理解之同情」。我願意佛頭著糞，把我對陽明先生的認知寫在這裡，並希望讀者有所會心。

是為序。

余世存

原書序

　　縱觀公私憎愛於天下人豈能無別，故而雜然者此人生千狀萬態，終歸難以衡量。看之大觀，無論上下貴賤、苦樂相伴，幸福則均一者耳。人之職分，實千種萬類者也。雖從其一，奏偉功、揚芳名，終不足耳。而大苦之下可見大樂，則可謂天道酬人。此可知至公至平。試看古來偉人之行跡，辛苦艱難，一難將去一難又至，多無寧日。此豈非大苦者耶？然又觀其一言一行能左右天下之氣運，知其一舉一動能震撼乾坤，亦能感其無上愉快耳。況英名赫赫照青史，千秋之下猶為人敬仰者是也。此豈非人生一大快事哉？吾輩碌碌之徒如是，行屍走肉、蠢蠢爾無所作為，飽食暖衣間度過一生，倦怠天賦之職分，失人生之真義，靜動存亡於社會毫無影響，墳土未乾其名早既為人所忘者也。此豈非人生悲痛之極哉？以知苦樂相伴、幸福均一之妄說，無能設令為震天撼地之大業，猶誓不廢一事一業，芳名終不能垂竹帛之上，猶盟失照稗史野乘。浮利虛名固希求不足，然空以醉生夢死畢，神聖之天賦奈之何也？唯陽明先生能為此大苦大樂之人也，身起為文臣，建蓋世之偉功，烝烝英名永照千秋。真是可謂百世之上至百世之下感奮興起者也。先生終世遭逢辛苦，吾人即其行跡，藉以磨練心膽、策振氣象之龜鑑者也。

　　凡聰明敏活、能洞察幾微，又能妙計案疊出者是有智之人；天真惻怛、感憤人類之不幸，感慨國家之非運者是有情之人；豪健勇猛、臨大節無為所動，大敵當前無懼者是有意之人。有智之人得不惑，雖時難免失於冷刻；有情之人待人接物有欽慕悅服之長所，然時難免馳於慷慨激

越；有意之人臨事有泰然自若之利，然時難免壓制弱者之弊。庸常之人大抵偏長三者之一而止，若能二者兼達，則必為傑士，得成命世之偉業，況於能三者調和發達之人哉？先生屬於如何種類之人哉？有智之人？有情之人？或有意之人？之於其事蹟所徵，或如長於智，或如長於情，或如長於意，其或三者完備之者乎？夫先生明代大宗，為古今諸家所等見，近者我邦（日本）學者之言所徵，齋藤拙堂翁曾評道：「明氏中業最者當推王新建，救戴銑，因忤劉瑾，謫遭杖恤，吾可見其氣節。能懷柔京軍無犯，阻許泰、張忠之計，吾可見其智略。南中數十年破定寇亂，旬月平朱宸濠，吾可見其用兵之神。《傳習錄》、《五經臆說》諸書難免遭後人議，然其要亦有一己見解，吾可見其學問之深。其餘，騎射之微，筆札之小，以一無不曉也。而文章雅健，為一代大宗，可稱朱明第一人物。誰人謂不可哉？」蓋謂當適評，陽明先生豪健是由其意志鞏固，思想深邃、武略縱橫是由其智力卓越，共語者感奮之、相接者悅服之是由其熱情所發，是由言語眉睫間之所表。茅鹿門評先生道「文成公百世殊絕之人」，亦固毫無溢美之詞。抑或成大業之人專乘機在者，人生百事皆以用兵比況成敗之機，只在毫髮之間。成功續以成功者則見機明敏乘之成勇壯者，但唯有拔群技倆，雖無一點邪慾之念，其舉動必醜陋不足觀。讀先生傳記者，復當見其明敏乘之機、勇壯其行、熟察其心事之高潔者也。

　　夫英傑之士無待刺激能感奮興起，然常人所不能。剛毅之士無待輔助能堅忍不拔，然庸人所不能。雖設令英傑剛毅之士，亦猶得刺激輔助，愈以得勇邁強健者也。然則讀古來偉人傳記，追想其人物事業，翻其遺書感其英靈，有觸及神韻之效果。由智愚所異是觀，庸常之士率智識淺劣意志薄弱，故每見聞其心志所從難免動搖變移，吾人以是常講求刺激輔助須得之策：或與當時傑士相交鑑其言動，或揭偉人肖像以強一

己敬慕之意，或翻先賢傳記以盛一己私淑之意，或誦聖賢遺訓為己修養之資，或玩哲人遺愛以賞其氣韻，或訪豪傑遺跡以追憶其之雄圖，或弔英雄墳墓，燒香獻花以慰其魂魄，孰可為精神修養一助也。若薄志弱行之徒為之，缺少適當刺激輔助，放闢邪侈無所不至，遂一生禽獸一無是處。若彪悍獰猛之徒為之，缺少適當制裁指導，殘虐暴戾無所不至，終必毒害至社會。

先生傳記有感奮人極大者，惰氣生時讀之生勇氣，邪念起時讀之歸正義之念，胸中沉鬱時讀之灑然如洗，志氣浮靡時讀之活動心生，厭世之念起時讀之歸樂大之念，人生不安之念起時讀之悟人生之穩健，怨恨嫉妒之心生時讀之恰如把雪片投諸烘爐，浮榮虛譽之念起時讀之忽焉歸恬淡高潔，陷玄遠空虛時讀之歸活用實學，流於支離散漫時讀之歸簡易直截，蓋先生一生極其多變又多趣。其多變多趣之所成，即於上述諸件及讀者的刺激輔助成其所以者。余甚好翻讀古今人物傳記，然未曾有見如讀先生的傳記，趣味津津令人感奮興起者也。故爾余不顧文采讉陋，斗膽論述先生詳傳之所以然，乞請讀者勿責文辭拙劣，於言外則當接近先生之風流餘韻耳！

高瀨惺軒

原書序

第一章　王陽明家世

　　大師王陽明先生名守仁，字伯安，其先祖可以追溯到三國魏晉時期的晉代光祿大夫王覽。由《王陽明年譜》可知，王覽原本是琅琊郡[001]人，到了他的曾孫王羲之的時候，王氏一族經遷徙定居在名為山陰[002]的地方。

　　據明朝文人湛若水[003]撰寫的〈陽明先生墓誌銘〉所載：文成公之父龍山先生，即大宗伯公，出身名貴。其祖上名人輩出，有如晉代高士王羲之（西元三〇三年至三六一年，一作西元三二一年至三七九年）、光祿大夫王覽（西元二〇六年至二七八年）等。就像莊子所說的那樣，「夫水土之積也厚，其生物必蕃」，真可謂是世代顯赫。

█ 遠祖王羲之

　　話說世人都有追慕先祖的嗜好，閱讀他們的傳記，甚至仿效他們的言行舉止，從中獲得勵志向上的信心。王羲之距離王陽明先生雖然有一千多年的時間，但仍然被記錄於王氏族譜之中。在王氏的族譜中，大概再沒有人比王羲之更為家喻戶曉，更為世人所崇敬和仰慕的了。

---

[001]　秦朝統一全國後，地方實行郡縣制，全國分為三十六郡。琅琊郡為三十六郡之一。

[002]　古地名，即今紹興（會稽、山陰）一帶。

[003]　湛若水（西元一四六六年至一五六〇年），明代哲學家、教育家、書法家。字元明，號甘泉，增城（今廣東省增城市）人。孝宗弘治間進士，選庶吉士擢編修。世宗嘉靖初，官南京祭酒、禮部侍郎。後歷南京禮、吏、兵三部尚書。少師事陳獻章，後與王守仁同時講學，各立門戶。王主講「致良知」，湛主講「隨處體認天理」。認為「吾之所謂心者，體萬物而不遺者也，故無內外；陽明之所謂心者，指腔子裡而為言者也，故以吾之說為外」（〈答楊少默〉）。強調以主敬為格物功夫，說：「故善學者，必令動靜一於敬。」（〈答于督學〉）。著有《湛甘泉集》。

　　王陽明先生出生的地方距離因王羲之而聞名於世的蘭亭遺址 [004] 極近，蘭亭正是王羲之當年與風流雅士們把酒賦詩的地方。〈蘭亭序〉數百年來膾炙人口，流芳百世。在蘭亭遺址附近，就是王右軍 [005] 書法樓以及王右軍府邸舊址。王羲之當年罷官後，和諸文人墨客交遊廣泛，透過這些古蹟不難看出王羲之當時是何等的風流雅趣。因此，後世之人經常以仰慕風流為名，至此流連忘返。當然，更有那些文人雅士前來憑弔、懷古，或尋找創作的靈感。

　　每次讀王陽明先生的傳記，或者讀王羲之的傳記，我都會獨自沉思品味。雖然與兩位王氏偉人相隔千餘年，但他們放浪形骸的風骨氣節和在精神世界裡的痴迷陶醉，實在令人難忘。王陽明先生也頗得祖輩王羲之先生的情趣，這也許就是源自他對先祖的追慕思懷。從祖輩們流傳至今的祖制家訓也極大地激勵了王陽明先生。

　　王羲之往下至二十三世孫王壽，官至迪功郎 [006]，這在王陽明先生的年譜和墓誌銘中都有相應記載。至於晉代的王覽是否為王陽明的祖上，根據目前已知資料尚且無法做出準確考證。時隔千餘年，要釐清其高祖究竟為何人，的確有些不易。

　　然而常言道：「積善人家，必有餘慶。」作為歷史上的名門望族，王家後裔繼承其綿延千年的血統，在中國歷史上也是不多見的。因此，我們不得不對此進行揣測，此事寧可信其有，也不能信其無！

---

[004]　蘭亭遺址最早建於「湖口」，後來又相繼被移至「水中」、「山椒」與「天章寺前」。進入明代後，尤其是在清代，蘭亭遺址不僅得到重建，而且得到較大規模的擴展，蘭亭之名亦因此日漸隆盛。明清格局的蘭亭遺址，占地三十餘畝。

[005]　王羲之曾任會稽內史，官至右軍將軍，人稱「王右軍」。

[006]　迪功郎是古代官名，又稱宣教郎，始於宋代。《宋史‧職官志八》：「迪功郎……為從九品。」

此乃〈忠義傳〉中人

王壽從山陰的達奚遷徙至餘姚定居，自此，其後世也都成了餘姚人。王壽的第五代孫王綱，在明史的〈忠義傳〉中就有相關記載：王綱，字性常，文武雙修，善於識鑑人物，與誠意伯劉基[007]交往甚為親密。

王綱曾經對劉基說：「你是個有抱負的人，而老夫我呢，只耽愛隱居山林之樂，祖祖輩輩都不願為官場所累。」於是劉基對王綱刮目相看，不久便向明太祖朱元璋舉薦。明洪武四年（西元一三七一年），王綱以文才被招到京師，這時他已經是七十二歲的高齡，明眸皓齒，猶若壯年。太祖見王綱一派仙風道骨，極為驚嘆，並向他求教治世之道。

不久後，王綱官拜兵部郎中。當時正趕上南方的潮州地區爆發農民起義，朝廷便委任王綱為廣東省參議，命其督管軍糧。王綱曾對身邊的人說：「我是用身家性命來為國家效力的。」寫下訣別信後，王綱奔赴廣東。

王綱帶著兒子王彥達同行，兩人騎馬趕赴潮州治理流寇騷亂。就在父子二人將要抵達增城的時候，不料被賊匪頭子曹真所抓獲。曹真便以鉅額的金銀財寶利誘王綱當眾強盜的軍師，王綱言辭喝斥：「你們想做什麼？現在皇上已經昭告天下，堅決剷除地方叛亂。你們應當洗心革面，改作良民，共享太平盛世。否則，就是自尋死路，遲早被朝廷誅滅。」

曹真大怒，立刻將其殺害。

王綱的兒子王彥達這年才十六歲，邊哭邊罵道：「你們這幫匪徒，也把我一起殺了吧！」

---

[007] 劉基（西元一三一一年至一三七五年），字伯溫，諡曰文成，元末明初傑出的軍事謀略家、政治家、文學家和思想家，明朝開國元勛，明洪武三年（西元一三七〇年）封誠意伯，人們又稱他劉誠意。

曹真見狀思量道：人們常說，父忠子孝，父子一併殺害恐有不祥，便釋放了王彥達。王彥達用羊革裹著父親的屍身，將他葬在禾山。

過了幾年，御史郭純將王綱橫死之事上報朝廷。皇帝聽後大為震驚，下詔在增城為王綱建造廟堂，以褒揚他的忠烈。

王綱是王陽明先生的五代祖先。本來王彥達憑藉父親的忠義之舉，也可謀得一官半職，事實上，朝廷也有此意。但是自從目睹了父親的慘死後，王彥達對做官之事再無興趣。王彥達不應徵召，一生粗衣惡食，歸隱不仕，號稱祕湖漁隱。

▋高潔超脫

王彥達膝下有一子，名叫王與準。王與準天資聰穎，對《禮》、《易》二經的研究造詣很深，他曾著有《易微》，全篇洋洋數千言，為當時人所稱道。永樂年間，朝廷下令遍訪遺賢高士，打算啟用王與準為官。王與準得知後立即逃入深山老林，堅決不肯踏上仕途一步，自號遯石翁，終老逍遙一生。

王陽明的曾祖父王世傑，此人也是無慾寡求，淡泊名利，自稱槐里子。王世傑因通曉明經，任教於太學，一直到其去世。

王陽明的祖父王倫，字天敘，自號竹軒公。後人曾經為竹軒公王倫著書立傳，將他與晉代的陶淵明、宋代的林和靖[008]等有隱逸志向的文人雅士放在一起，褒譽其高潔的品格，稱讚其「環堵蕭然，雅歌豪吟，胸次灑落」，實在是不同凡響。

竹軒公王倫迄今留下的遺作有《竹軒稿》、《江湖雜稿》等，為世人所

---

[008]　林和靖（西元九六七年至一○二八年），名逋，字君復，今寧波奉化人。北宋隱逸詩人，一生不娶不仕，以梅為「妻」，以鶴為「子」，有「梅妻鶴子」之說。書載性孤高自好，喜恬淡，勿趨榮利。後隱居杭州西湖，結廬孤山。

愛讀。竹軒公曾官拜翰林院修撰。因王陽明祖上的忠義事蹟，後兩代子孫皆被朝廷授任為嘉議大夫、禮部右侍郎等官職。

　　王陽明父親王華（西元一四四六年至一五二二年），字德輝，號實庵，晚年號海日翁。因王華常年在家鄉龍泉山的深幽之處讀書自修，後世的研究者們尊稱王華為龍山先生。

▌「欲借人間種」

　　龍泉山老家有一豪紳世族，聽聞龍山公王華的鼎鼎大名，於是前往山裡拜訪他，並請其出山，在山外為龍山先生修建書館，引為家府座上客。

　　有一天晚上，一個陌生的美麗女子來到龍山先生的書館求見。女子對龍山先生說：「龍山先生萬莫驚訝，我本是此家豪紳的小妾，主人多年膝下無子嗣，故而冒昧前來，打算借龍山先生雨露，以將香火發揚光大！」

　　龍山先生聞言大驚道：「承蒙你家主人厚意邀請，我才在此館留住。如此不義之事，實難從命！」

　　此女從袖中取出一扇，說：「這是主人的命令，龍山先生只須看扇面的題字便知。」

　　龍山先生接過扇子一看，果然是這家主人的親筆題字，上書：

　　欲借人間種。

　　看來面前此女的確奉命前來不假。龍山先生提起筆，在後面添上五個字：

　　恐驚天上神。

然後龍山先生措辭嚴厲，將其拒絕，女子無奈怏怏離去。此事無果而終，龍山先生的高潔美名於此可窺一斑。

成化十七年（西元一四八一年），龍山先生考取進士，名列甲等第一名。官拜南京吏部尚書，死後被封為新建伯。

龍山先生經常去山陰的風景名勝遊覽尋訪，在先祖們居住過的地方憑弔追思。後來他從餘姚遷至越城的光相坊，安居樂道，就如住在餘姚一般愜意。

成化七年（西元一四七一年）辛卯，龍山先生迎娶夫人鄭氏。第二年王陽明出生。王陽明後來曾在四明山鑿築陽明洞，陽明洞距離越城東南只有二里多路。

正是在此處，王陽明終有所悟，號稱陽明先生。

▍小結

王陽明先生祖輩的情形如何？從現存的資料來看，確實很難了解得比較詳細。在王氏的先人中，賢明的遠有王羲之，近有王綱、祕湖漁隱、遁石翁、槐里子、竹軒公、龍山公等，個個都不是等閒之輩。

從以上簡略事蹟可知，王陽明的祖輩們淡泊名利，動輒便會隱居山林壁洞；或者憑藉其聰敏果斷，洞察時事變遷；或者忠義當頭，為國家鞠躬盡瘁死而後已，不得不令人心生敬佩，感嘆不已！

毋庸置疑，王陽明一生的志趣選擇都得益於這些先賢們潛移默化的影響，尤其是他的祖母岑氏、父親龍山先生的教導訓誡，鑄就了他一生的儒者品格。

第二章　少年時代

大凡歷史上風流偉大、功業彪炳千古的人物，往往自孩童時代就開始引人注目。事實上，這一點卻經常為普通大眾所忽略，對於這方面的記載自然也就少之又少。而一旦有一天此人飛黃騰達，對社會做出重要貢獻，人們才會開始關注造就其成長的時代土壤。

幼年是一個人一生成長最為重要的階段。大凡那些帝王將相和偉人人物，其幼時的資質、少年時期的言行舉止，都會表現出與眾不同的一面。但是，要詳細地考察清楚這些帝王將相、偉大人物的生平經歷和不凡事蹟，且做到毫無偏差，實在是十分困難的事情。

對於王陽明先生，要獲悉他的幼時經歷自然也是如此。坊間流傳的不少事蹟，自然不乏後人的牽強附會及誇張之傳。同樣，要判斷其真偽也是非常困難的事情。本章節擇取筆者認為是正確的內容，對王陽明先生的幼學時代展開敘述。

成化八年（西元一四七二年）九月三十日，明憲宗在位時期，王陽明出生在浙江省紹興府餘姚縣 [009]。但凡偉大人物的誕生總有種種奇譚流傳後世。至於王陽明幼時獲得神僧點化，被相術士所評判的傳說，自然是後人看到其事業輝煌，為了向後世誇讚而胡亂杜撰的事情。

王陽明先生因此比一般的偉人還偉大多倍，最終得以揚威名於世間。

---

[009] 餘姚縣，今餘姚市。此處因有姚江，故陽明學也稱姚江學。姚江，又稱舜水，全稱為餘姚江，源頭是四明山支脈天平山，東流經餘姚至於寧波匯奉化江，最後合為甬江。

▌逸話

傳說王陽明出生的時候，太夫人鄭氏已經懷有身孕十四個月。這一日，王家祖母岑氏做了一個奇怪的夢，夢中有一隊身著緋衣的天神腰佩美玉，從雲中飄逸而來，吹奏著樂曲，敲打著鼓點，氣象萬千，十分曼妙。神人們從空裊裊而降，把懷裡的一個嬰兒遞交給岑氏。老太太在夢裡一驚，於是馬上醒轉過來。就在這時候，忽聞一聲嘹亮的嬰兒啼哭聲——王陽明就這樣帶著神幻色彩誕生了。

王陽明的祖父竹軒公王倫聞知此事，感到十分驚異，於是便替孫子取名為「雲」。不僅如此，事情不久便不脛而走，眾緊鄰鄉親都引以為奇觀。到了後來，大家甚至還將王陽明出生的房子稱作「瑞雲樓」。

王陽明到了五歲的時候，仍然不會說話，家裡人都暗暗著急。一日他與一群孩子在門外戲耍玩鬧，正好有一高僧路過，他看見了王陽明，便嘆了一口氣，說：「好個孩兒，可惜被道破。」

竹軒公王倫一旁聽聞，可謂一語驚醒夢中人啊，他連忙幫孫子改了個名字，為王守仁。幾乎是與此同時，接連五年都不能開口的王陽明立刻會說話了。

祖母的夢和祖父的改名故事，的確多少有些近乎怪譚。但在某種程度上，其與王陽明所受到的幼時教養，也是一種暗合。

▌越中文化

吳越地方在古時候是荒蠻偏僻之地。到了春秋末年，吳王夫差與越王勾踐在這裡交戰多年，幾度盛衰興亡的歷史為世人所共知。然而吳越的文運至此尚未正式開啟。

吳越地方氣候溫暖宜人，五穀豐稔，既有「陂池灌溉之利」，又有「絲布魚鹽之饒」，其西北諸州的情況自然遠不能超過它。

倘若越中地方文運開啟，其進步更將是一日千里。不過，這樣的隆興一直到了東晉才姍姍到來。到了唐朝，更是繁榮昌盛幾近頂峰。到了南宋時期，此地已經是人多地少，甚至都有些人滿為患了。勤勞好強的人們在此繁衍生息，繁榮興旺的文化也得以代代相傳。

▋地方生活的影響

敘述至此可以想像得到，吳越地方為人稱道的秀美山水和名勝古蹟，引得世間文人騷客駐足流連自然是不會少的。王陽明出生在這裡，受到吳越文化的感化自然不會少於一般普通人。且不說祖上的遺風早在他的心裡生根發芽、潛移默化，王陽明天性豪邁闊達，勢必會有一番大的作為。

這點絕非偶然。

古文有云：「橘生淮南則為橘，生淮北則為枳。」如孟子昔日云：「居移氣，養移體。」此話不假。地位和環境可以改變人的氣質，優越的生活條件同樣可以改變人的體質。正所謂是人隨著地位、待遇的變化也不斷發生變化。任何進化論者不論如何探索生活進化的規律，都逃避不了「適者生存，不適者被淘汰」這亙古不變的自然法則。

此處談論其故土生活的影響之大，並不是信口開河、胡亂一說的。人作為萬物之靈長，之所以能區別於其他萬物，那是因為人會追求自由的意志，並採取行動，遵循外部的生存環境，從而獲得生存下去的機會。其實這也是對起初敘述的印證。

　　當一個人遇到外圍條件變化的時候，他不僅在形體上，且在精神上也會受到很大影響。倘若史學家們都能秉承這一法則，來整理偉人們的事蹟，探索其本源，並將其地方生活的經歷參考進去，繼而斟酌考慮，必然會有大的斬獲。

　　眾所周知，中國的陸地幅員遼闊，南方與北方的地理氣候差異極大。北方氣候殘酷寒冷、蝕骨穿心、屢遭缺水等諸多自然災害困擾。[010]群山峭壁巍峨高聳，濁水汪洋四處流淌，佳卉良草較為少見，珍禽異獸更是難覓蹤跡。所以北方人自古就有隱忍自律的品性，其文化就多顯純樸篤實之貌。實際上，北方好多人都為衣、食、住、行等基本生活問題疲於奔命，深思遠慮和遠見卓識自然無暇顧及。

　　與這些形成對比，中國的南方地方氣候溫暖，土地肥沃，天空晴朗，江河清澈見底，空氣新鮮，山水秀麗美好，花鳥蟲魚更是數不勝數。中國大詩人杜牧曾對這一景象作詩〈漢江〉一首，謳歌漢江的風景宜人：

溶溶漾漾白鷗飛，綠淨春深好染衣。

南去北來人自老，夕陽常送釣船歸。

　　詩中展現了大詩人豔羨安逸，性情風流放蕩，不囿於規則掣肘，超然物外的情懷。就像上詩所寫的那樣，北方人在天性方面，易對浮華之事大肆追求，而南方人得益於天賜之豐饒萬物，有著充足的物質財富，其精神世界也十分豐富。中國六朝時代綺靡煩冗的文學表現形式就是其中一個重要展現。

　　越中及南方一帶也一度成為中國古代的文化中心之一，虛無玄遠的老莊思想在此大行其道，甚至達到了鼎盛。

---

[010]　此書作於一九一五年，該部分論述是原作者基於當時對中國的印象而寫，特此說明。——譯者注

後世居住江左的晉代人皈依老莊教諭者數量眾多，這點也絕非偶然。王陽明深受南方文化的影響，有著恬淡靜退的價值觀傾向。在他一生中，很多進退維艱的時候，他都能選擇脫離凡塵俗世、歸隱於山林壁洞，就是其明證。且不說王陽明耽愛佛教和道教，從其厭世思想也可窺見端倪。

朝廷風雲機變，王陽明遭到朝廷奸佞的跋扈陷害，後被貶黜至地方。面對盜賊蜂擁出現，且國運日漸衰落，厭世的念頭在王陽明心中逐日增長。這些在王陽明的言行舉止中也能屢次看到。

▌不為厭世家的緣由

然而王陽明先生終生不做厭世家，而是積極進取，為國效力，其緣由自然與王氏祖上實用活學的祖訓有很大關聯。

整體而言，有如下三點：

第一，家族忠孝的訓誡淵源深厚。

第二，文武兼備，時代的需求。

第三，豪健明敏，明察事理，有經國為民的抱負。

家庭教育極為完備，對王陽明的品行是潛移默化的薰陶。尤其忠孝二道是其精髓所在。王陽明一生不做厭世家是其忠君孝親的人生理念所支撐，尤其是祖母岑氏和父親龍山公王華的教諭，使得王陽明一生不敢也不能厭世，而是投身於社會活動之中報效國家。

據王陽明傳記資料所載，在其三十一歲、三十六歲、三十七歲、四十九歲的時候，王陽明上書給皇帝，請求返鄉歸省。然而每當此時，南方便出現騷亂需要出兵征討，在忠君的觀念的驅使下，王陽明總是能

臨危受命。例如一次南方發生騷亂，朝廷找不到前去剿滅的合適人選，於是當時的兵部尚書（即陸軍大臣）王瓊舉薦王陽明帶兵討賊。其實這個時候，王陽明本有意歸省求隱的，但是眼下國難當頭，萬分危急，於是他抑制住了內心厭世的念頭，選擇南下平賊，終立奇功。這就是以上觀點的一個明證。

王陽明性格豪健明敏，卻也喜歡沉思幽靜，這是尋常人所難以做到的。他智力明敏，對佛教和道教的思想頗有心得；能看透人生，但也深知人生的終極意義就是經國為民。

▌神童

王陽明七、八歲的時候，一日居然把竹軒公王倫曾經讀過的書的內容全部背誦下來。竹軒公王倫深為驚訝，就問其緣故。

王陽明回答道：「祖父您讀書時，孫兒時常在一旁聽誦，並暗自背誦了下來。」王陽明幼年聰慧如此，叫人感嘆。

成化十七年（西元一四八一年），龍山公王華考上進士，名列第一名（後文稱其為狀元，即所謂「嵬科高第」），奉召遠赴北京做官，這時王陽明年僅十歲。

龍山公王華到北京安頓妥當後，第二年準備迎養在故鄉越中居住的父親竹軒公。竹軒公於是帶著王陽明一起踏上了去北京的路途。十一歲的王陽明和祖父在鎮江金山寺夜宿，竹軒公識得一位同宿的過路人，想必二人聊得投機，後來飲酒共敘，談到興致高處，兩人文興大發，約好進行作詩應對。

此時，一旁觀看的王陽明脫口而出：

金山一點大如拳，打破維揚水底天。

閒依妙高臺上月，玉簫吹徹洞龍眠。

這一說不打緊，座上客人叫是大吃一驚：「這孩子真聰明，太了不起了！」於是決定再試一下他的才華，便以〈蔽月山房〉為題，讓王陽明應對。

不料，王陽明張口就來：

山近月遠覺月小，便道此山大於月。

若人有眼大如天，還見山小月更闊。

座上客人豔羨不已，當即對竹軒公王倫說道：「令孫詞章才華非比凡人，他日必以文章名為天下人所知。」

從以上兩首詩的內容來看，其藝術水準的確還沒有達到非常高的境界。但是對於一個年僅十一歲的孩子來說，已經是非常不簡單的事情了，贏得座間客人的驚嘆自然很正常。這兩首詩以物理層面的角度為獨特的著眼點，充分展現出了小詩人的天性。

在他十二歲的時候，父親送王陽明去私塾讀書，由於王陽明生性豪邁不羈，並不能專心讀書向學。他經常逃學跑出去，和一群孩子一起玩耍，他們製作了很多大大小小的戰旗，夥伴們圍繞著王陽明四散奔跑，如同戰陣態勢。而王陽明獨坐圈中，充任指揮的大將。孩子們按照王陽明的指派左旋右轉，如同布陣。

龍山公王華見兒子如此頑皮搗蛋、不知天高地厚，對此感到十分擔憂，生怕鬧出什麼事情來。而竹軒公王倫經歷金山寺的見聞，卻對孫子如此有悖於常人的行為表示默許，他知道自己的孫子「麒麟並非池中物」，成大事只是早晚的事情。

　　一日，王陽明和玩伴們一起在北京的小巷道玩耍，這時來了一個賣鳥兒的人，王陽明看上了這隻鳥兒，但賣鳥人死活不肯讓步，於是王陽明就與賣鳥人討價還價起來。

　　此時一個會看面相的相士路過，看到王陽明大驚，說道：「此子他日必有大富大貴，定會建立不朽功勳！」

　　於是相士自己花錢幫王陽明買了那隻鳥兒。相士把鳥兒遞到王陽明手裡，撫摸著他的腦袋說：「我替你相面，以後你千萬要記得今日我所說的話！」隨後對王陽明說道：

　　鬚拂領，其時入聖境。

　　鬚至上丹臺，其時結聖胎。

　　鬚至下丹田，其時聖果圓。

　　臨末相士又囑咐他說：「你應當好好讀書，立志高潔，我今天的話將會一一應驗。」

　　此事以後，王陽明經常思索相士所言，後來潛心向學，誦讀經書以求上進。自那以後，王陽明每每攤開書本，靜坐讀書的時候，都會陷入沉思。

　　在中國，那些偉大人物經歷相士相面的事蹟大都與此類似。當然，將此類傳聞歸為王陽明先生的生平事蹟的確有些不嚴謹，也不具有說服力。

　　自這件事後，王陽明開始認真思考，他曾經問自己私塾的老師：「天下何事為第一等事呢？」

　　私塾的老師回答他說：「唯有魁科高第，如你父輩等考取功名，中狀元光宗耀祖才是最大的事情！」

王陽明馬上質疑道：「蒐科高第者是常有的事情，這難道就是人生第一重要的事情嗎？」

私塾老師答道：「當然，如你所見，什麼事情都要成為第一名才好！」

王陽明分辯道：「登第及科恐未為第一等事，或讀書學聖賢之人吧。」

其父龍山公王華聽聞王陽明的話，笑著反問道：「你打算要成為聖賢之人嗎？」

這樣的事蹟在王陽明一生中屢見不鮮。然而，這樣的話語終成為他畢生堅持的座右銘，他為了成為聖賢而勤奮不已。

王陽明十三歲那年，其母親即太夫人鄭氏去世，卒年四十一歲。居喪期間，王陽明哭泣甚烈，母子之情令人動容。

█ 權謀

鄭氏殯天後，龍山公王華又續絃新娶，是王陽明庶母。此繼母對待王陽明並不好，王陽明對此心中也有頗多腹誹與牢騷。

一日，王陽明去街上玩耍，見一人用草繩綁縛著一隻貓頭鷹沿街叫賣。王陽明拿出錢將這隻鳥兒買了下來，又從懷中取出銀錢五文贈送給遇到的一個老巫婆。此時，王陽明心生一計，然後跑回家準備給繼母一個教訓。

王陽明悄悄地潛入繼母的臥室，將貓頭鷹塞入繼母的被窩。繼母一掀開被子，貓頭鷹就從被子裡飛了出來，在屋子裡盤旋飛翔，還發出令人恐怖的啼叫聲。

繼母見狀驚恐不已，打開窗戶想把貓頭鷹驅逐出去，耗費了很長時間家裡才恢復平靜。

在中國民間有一講究，十分忌諱野外的鳥兒飛入寢室，更何況是貓頭鷹這種叫聲不祥的鳥兒，但凡看見的人都以為不吉利，而藏在被窩裡更是忌諱中的忌諱。曲房深戶、重帷厚衾中怎麼會有貓頭鷹藏在其中？這一定有緣由。

於是繼母追問是否是王陽明搞的鬼。王陽明佯裝不知此事，說是聽到鳥兒奇怪的鳴叫，但自己不知道究竟是什麼緣故。

繼母於是找來巫婆卜算究竟。巫婆一進門便說王家有一股不祥之氣環繞，見了小夫人又發現原是小夫人氣色不佳，看來家中最近有不祥的事情發生。

繼母見狀，便把自己掀開被子飛出貓頭鷹的怪事情全盤托出。

巫婆就說：「我應該將此事向家神報告一下。」她馬上吩咐人備下香燭，叫小夫人在前面跪下來，然後要來神木將香燭點燃後，巫婆就假裝鄭夫人還魂附體，厲聲念道：「你對我兒苛刻，我已向天神稟明，那隻怪鳥就是我的化身，今日奉旨索你命來！」

小夫人信以為真，連忙磕頭求饒，表示懺悔，說自己以後再也不敢這樣虐待鄭氏的兒子王陽明了。

過了好長時間，巫婆甦醒，緩過神來。她告訴小夫人，大夫人因為小夫人苛待遺子而返回陽間。此次回來幻化為怪鳥兒要啄取小夫人的魂魄。所幸的是，小夫人已經了解自己的罪行，願意洗心革面、改過自新。「大夫人」看到此景後才從屋簷下飛起，穿過屋脊，從半空中盤旋幾圈後飛走。

小夫人也意識到了自己的過失，發誓自此要善待大夫人的遺子。而王陽明幼時的智謀韜略從此就可知一斑了。

立志學武

小小少年王陽明十四歲的時候，就開始學習騎射技術，研讀兵法書以求具備文韜武略。他曾說道：「讀聖賢書的儒者應該以不會用兵為羞恥。孔子也曾在《孔子家語》中說過，有文事者，必有武備；有武事者，必有文備。現在的很多儒者，往往以文章和詞句欺世盜名、獲得富貴。以華麗辭藻粉飾太平。國家出現危機重大變故時，則畏首畏尾，束手無策。實在是儒者的羞恥！」

第二年王陽明隨同父輩，私自出游居庸關（有上、中、下三關，此處號稱萬里長城第一關）。在那裡，他遊歷遍觀祖國的大好河山，「慨然有經略四方之鴻鵠大志」。在那裡，王陽明詳細勘察了各個蠻夷部落的地理位置，聽取將士的許多策略，甚至看見胡人路過，追逐著胡人進行騎射。胡人見狀，摸不著頭緒，最終不敢貿然回擊及有任何的輕舉妄動。

就這樣忙了一個月後，王陽明才意猶未盡地回到北京。一天夜晚，他做了個夢，夢境中，王陽明來到了伏波將軍的廟堂中拜謁。且說這伏波將軍原本是漢朝的大將軍馬援。馬援，字文淵，原是陝西省扶風人，因其一生戎馬生涯，後被追封為伏波將軍。在梧州建有廟宇，供後人懷念。故而後世常用此名。

今存王陽明賦詩為證：

卷甲歸來馬伏波，早年兵法鬢毛皤。

雲埋銅柱雷轟折，六字題文尚不磨。

常言道，日有所思夜有所夢。此話不假，王陽明上面這個夢夢到伏波將軍馬援，絕非偶然。這首詩很清晰地展現了王陽明內心世界的「尚武精神」。就在當時，很多地方水旱災害接踵發生，盜賊也趁機興風作

浪。京城中跟前有王英、王勇一幫盜賊不斷地群起滋事，陝西地方還有石和尚、劉千金等作亂，屢次攻占朝廷城池，掠奪府庫金銀軍餉，騷擾平民，而政府卻對這幫盜賊無可奈何、無計可施。

王陽明見狀，好幾次都要上書給朝廷，表明自己要像漢朝的名將那般衝鋒陷陣，率領精兵一萬人馬，征戰沙場，一定要攻破敵人城池，搗平逆賊的巢穴，使海內共享太平盛世。

龍山公王華得知此訊後，馬上出面制止。龍山公王華斥責王陽明太過狂妄，竟敢如此不羈地胡言亂語，這樣下去只能是死路一條。

自此，王陽明才對此事死心，最後全心全意投入到讀書求知中去了。

▋ 求學經歷

王陽明從十一歲開始，在北京生活了六年時間。關於此一時期王陽明讀書和遊學的情形，從本人查閱到的資料來看，並未存留太多的資料詳細記載，其中的具體細節就更難以判斷其真偽了。

〈送德聲叔父歸姚並序〉中記載了王陽明和叔父王德聲共學於家父龍山公王華的情形。根據序文記載，當時王陽明與叔父王德聲一起在龍山公座下研習學問。叔父經常將自己鎖在房間裡冥思學問，最後決定返回家鄉孝養父母。有一日，王陽明邀請叔父一起去遊學做官。王德聲於是笑著回答道：「古人都崇尚孝養雙親，拿再高的官職也不會交換。我又怎麼能拋棄老母而博取一個儒學的頭銜呢？」就在王陽明寫此文的夏天，王德聲來江西探視王陽明，住了三個月後，就興致勃勃地返回故鄉餘姚。王陽明再三挽留也無濟於事，叔父對姪子王陽明說道：「秋風菁鱸景色宜人，但是我了解你的志向。然而今日世事如此，我知道你不能離開

官場獨善其身，我也不能強拉著你一起回餘姚。這樣吧，我先回去，為你的陽明學先去做最基礎的工作，你覺得如何？」此情此景，令王陽明感慨萬千，叔父王德聲真可謂是王陽明的知己啊！臨行前，王德聲對王陽明說：「我馬上就要啟程了，你寫首詩送給我吧！」王陽明於是寫下了下面的這首詩：

猶記垂髫共學年，於今鬢髮兩蒼然。

窮通只好浮雲看，歲月真同逝水懸。

歸鳥長空隨所適，秋江落木正無邊。

何時卻退陽明洞，蘿月松風掃石眠。

從中可以窺知，王陽明在北京僑居的時候，除了向私塾老師學習外，還透過其他的學習途徑來提高自身修養。又比如在〈答儲柴墟書〉中，記載了早年王陽明和王寅之、劉景素共同遊學於太學的情形，翻譯為現代漢語大致如下：王陽明昔日與王寅之、劉景素遊學於太學，每次考試，王寅之的名次都排在劉景素的後面。於是王寅之便自認為自己的程度不及劉景素的好，後來便決定拜劉景素做自己的老師，行弟子之禮。知道此事後，王陽明甚為感嘆，認為做出如此舉動的王寅之真可謂是豪傑之士，也是自己學習的楷模。王寅之持之以恆地追求學問，這在古代先賢中也有先例，例如曾子病革而易簀，子路臨絕而結纓，橫渠撤虎皮而使其子弟從講於二程，這都是古代的前輩們為了追求學問，立志成為天下大勇之人的模範事例。王陽明自然是非常清楚的。自此，王陽明也更加堅信，那就是以聖賢之道為己任，首先要從求師問道這樣的小事情做起。

當然，在太學中，他們所學課程究竟包含哪些內容，在今日要搞清楚的確是件困難的事情。但是王陽明先生終生不厭學習修養卻是確有

其事，不管任何時候，發生任何事情，他都是只要 一息尚存，則學業不廢。

從今日王陽明生平傳記留存材料來看，王陽明早期沉溺於任俠仗義，後迷戀騎射，緊接著耽愛詞章文華，第四執著於尋仙問道，第五遁形於佛教經書。到了正德元年丙寅（西元一五〇六年），這一情況開始扭轉，他開始進修以儒教為代表的聖賢學說，這正是王陽明先生聞名遐邇的「五溺一歸正」說法的最早所出。

十六、十七歲的時候，王陽明仗劍走天涯的遊歷，正是其「初溺」任俠仗義和迷戀騎射時期的一個證明。

▌小結

對於王陽明先生幼時的求學經歷和言行舉止的記述如上讕陋之言，大多地方都是粗枝大葉，難窮盡其詳細。約略看來，一個血氣方剛的少年，其語言舉止的天真無邪和粗獷率真，其愛好趣味的廣泛雜多也不似常人，這是一般泛泛凡庸之輩畢生中可遇而不可求的。

如眾所知，王陽明家祖世代氣節高潔，注重人倫道理。王陽明一生言行的根本也都是出自忠君孝親的人文倫理。他執著於教化曉諭後人。得益於如此家教背景，王陽明卓越的天資素養受到了良好的薰陶，最終成為受後人景仰的豐偉人物。

第三章　志向動搖時代

　　本章要講的是王陽明十七歲至三十四歲之間，大概十七年時間裡面的言行紀錄。

　　在這一階段中，王陽明銳氣過剩，好多方面還顯得不是很成熟。期間他做了很多重要的事情，探討了很多學問上的疑問，還按自己的想法做了一些自以為正確的事情，發揮了自己的作用。也有輾轉反側中尋找自己理想的煩悶，也曾為了宋儒格物的學說走上科舉官場，還為了修養神仙養生之術建立陽明洞。為了探究六韜三義的深奧內涵萌生攘夷的策略，也曾有改饒舌諧謔的性格為嚴謹寡默，也曾有志於詞章誦唱的聖學實踐，也曾萬念俱灰打算遁世修行。

　　儘管如此，王陽明還是在孝親的傳統理念的召喚下，回歸俗界，如若不是忠君孝親這一人生理念的支撐，猜想他很早就成了方外之人了吧！

　　王陽明在這一階段經歷了人生中最大的變遷。儘管他一生中的起起落落不在少數，但是十七年的時間裡，如此頻繁往復，讓人不得不認為，這是王陽明一生中的志向動搖時代。

▌新婚夜出遊忘洞房

　　明孝宗弘治元年（西元一四八八年），王陽明十七歲。他返回故鄉餘姚，然後取道前往江西，暫住在親戚家中。這一年七月，他從洪都[011]迎娶新娘諸氏。

---

[011]　即今江西省南昌市。

　　這位夫人是江西省布政司[012]參議諸養和家的千金小姐。王陽明當時就暫住在這位準岳父家裡。古人都講究三十歲兒孫滿堂，這在如今看來的確是有點早婚的嫌疑。但是當時的風俗的確如此，更別說這位諸養和還是王陽明的表舅呢！這麼說來，他們還是近親結婚，這在當今社會更是大家所忌諱、所要避免的。

　　大家忙忙碌碌地準備好一切，也就到了王陽明和這位諸表妹的婚禮合巹良緣的吉日。正當大家興致勃勃地等待兩位新人拜天地入洞房的時候，意想不到的一幕發生了。大家找遍了府宅裡裡外外所有角落，就是找不到王陽明的蹤影。

　　諸準岳父馬上派人到外面去找。原來大婚那日早上王陽明出門逛街，不知不覺就走到了許旌陽的鐵柱宮。這許旌陽何許人也？許旌陽就是道教著名人物許遜（西元二三九年至三七四年），是東晉時代的名道，也是江西南昌人。他因出任過旌陽縣令，後人就以旌陽稱呼他，也叫做許真君。這可是位了不得的人物，被奉為淨明道、閭山派尊奉的祖師。而鐵柱宮是道觀的說法，如同佛教的寺廟，都是房舍，只是說法不同而已。

　　話說王陽明到了鐵柱宮，在殿側遇到一個老道，「龐眉皓首，盤膝靜坐」。王陽明對著道士行禮後，尊敬地問道：「道士，你為什麼在此處打坐呢？」

　　道士答道：「我原本是四川人，本是到此地訪朋問友，故而到得此處寶地！」

　　王陽明便問道士姓甚名誰，道士對答：「我從小離家求道，所以不知道自己的原名了。世人看見我經常靜坐念道，於是大家都將我稱作是無

---

[012]　日文為「布政使」，應為錯。

為道人。」

王陽明觀其精神矍鑠蒼勁，談吐聲若洪鐘，認為眼前的無為道人必是得道高人。於是他再次行禮，與他繼續探討神仙養生之術的具體內容。

無為道人回答道：「養生的祕訣獨在靜一字耳。老子好清淨，莊子崇愛逍遙，只有清淨後才能達到逍遙的狀態。」

隨後，無為道人還向王陽明傳授了成道的祕訣。所謂的仙家養生的方法，指的就是道家林林總總、各式各樣的呼吸法，如辟穀咽霞呼吸法等。

聞知此後，干陽明恍然大悟。原來道家的精髓就在於閉目靜坐，如枯槁木椿一般筆挺，不避晨昏，廢寢忘食。

而與此同時，諸養和派來尋找王陽明的人正翻天覆地地尋找新郎官的下落，誰能想得到他居然跑到道觀去和道人切磋養生之術了呢？

就這樣直到第二日天明，尋找的人才找到鐵柱宮。沒有辦法，王陽明不能和無為道人繼續深入地探討下去了。王陽明再看此時的無為道人，他一如昨日初見模樣，紋絲不動地靜坐在那裡，沒有絲毫的改變。

找他的人催促王陽明趕緊回去成親，王陽明依依不捨地與無為道人告別。無為道人只說了四個字：「珍重！珍重！」

王陽明性格豪邁跌宕前已敘述，不受陳規舊制的箝制到如今絲毫沒有改變。日本的尾崎愚明 [013] 曾對人說起這個故事，原話大致如下：

王陽明先生十七歲迎娶夫人諸氏，結婚洞房花燭夜卻不在家。新婚燕爾花燭搖曳，但是婚禮卻不能如期舉行。諸養和公派人多方尋找，搜尋其蹤跡，一直追查到深山之中，卻發現他正和一老道相談正酣。而王

---

[013]　日本明治時期陽明學的主要研究學者。

陽明卻對此解釋道：昨天晚上我正準備回家的時候，正好遇到了一位得道神僧。如此機緣巧合定是蒼天注定，我們便聊人生，談論人生最美好的佳境。我們將身外所有之事都拋至九霄雲外了，專心致志地交流，故而忘卻返回時間。每當我想起王陽明先生這個事情的時候，總會覺得無比地欽佩！

　　誠然如此，一個人專心致志地做某一件事情，而能夠超越塵俗的煩瑣羈絆，是何等愉快的事情！普通人合巹大喜的晚上，絕大多數都縱情於風流快活，其他事情都能一概忽略對待。王陽明先生卻居然忙裡偷閒，丟下一切跑出家門，到道觀裡與道士論仙。

　　不拘禮法的束縛，是王陽明先生獨特的特質。我也多次說起王陽明新婚夜訪仙問道的故事，到了後來，自己結婚的時候，也打算在新婚之夜效仿王陽明先生，但還是在最後走回家門，自然就不能體會到王陽明先生做自己喜歡的事情的時候那無上愉快的心境了。

　　如此看來，也只有王陽明才能做出這樣的事情，真是不走尋常路啊！

▌書法精進

　　諸養和的家裡保存了很多紙張。王陽明在洪都的這段時間，一有空就取來紙筆練習書法。等他從這裡返回餘姚的時候，其家人才發現好幾筐子的紙張都被王陽明使用一空。

　　王陽明的書法自然也是大有精進。後來王陽明對自己的弟子們說起自己練習書法時候的情形，他如是說道：「我開始練習書法的時候，是按照古人的書法臨摹的。但是我並不止於觀照著古人的字帖，單單從字形上追求形似。每次我下筆的時候，都要仔細思索，輕易不敢胡亂就落

筆。凝神屏息，平靜心情，在心裡思考這個字如何寫最好。時間久了就明白了這個道理。」

原來王陽明在閱讀程頤遺書的時候，讀到「吾做字甚敬，非是要字好，只此是學」時，暗暗對這位前輩的話表示認同。他說：「從這些事情上我就頓悟到，古人隨時隨事都善於潛心去學習，只要他的心獲得昭示，他寫的字隨之也有了精氣神！」

聽到此論者無不表示信服。後世的學者們在講到學習方法的時候，經常會引用王陽明的這個故事。在日本，王陽明的字帖和書法廣泛流傳，他的字豪宕橫逸，宇如其人。

古人有云：「寫字就是寫心。」

對此，我非常贊同。

▌練習詞章

第二年王陽明十八歲，偕夫人歸還餘姚府，途中在抵達廣信府下面的上饒縣時，拜訪了當時的儒學大家婁諒先生。

婁諒字一齋，生於西元一四二二年，卒於西元一四九一年，是明初理學家吳與弼[014]先生的高徒，對朱子學和心學頗有領悟。這次兩人間的結識是王陽明邁進儒學領域的代表性事件。兩人在交談中，婁諒向王陽明說及宋儒「格物致知」的精義，還告訴他「聖人必可學而至」的道理。

王陽明對此表示完全贊同。接下來他以此為契機，發憤圖強，以成為聖賢為畢生的最高理想。

---

[014] 吳與弼（西元一三九一年至一四六九年），初名夢祥、長弼，字子傅（一作子傳），號康齋，明崇仁縣蓮塘（今撫州市）人，崇仁學派創立者，明代學者、詩人，著名理學家、教育家。清代黃宗義在他的《明儒學家》一書中，把《崇仁學案》位列第一，又把吳與弼列為《崇仁學案》的第一人，顯示了吳與弼在明代學術思想界的重要地位。

　　但是王陽明返回餘姚後，很快又恢復了舞文弄墨的志趣，和周圍的文人墨客迎來送往，以喝酒對詩為樂。從王陽明的傳記來判斷，這正是他「耽愛詞章」的時期。

　　儘管如此，當時的記載是否可信至今仍存有疑處，但是王陽明縱橫捭闔的詩文創作的豪情卻是生動逼真至極。另外，他隨心所欲、信馬游韁式的詩文創作其實也是他發表一己之見的重要方式。此時他的文藻修練水準也不是一般人可以超越的。

　　王陽明的詩文，在中年時代以前，注意辭藻的修飾和選擇，對句式和選字亦頗多講究。到了中年之後，文章開始關注通順和達意，因而多為後人所效仿和讚賞。喜歡其中年以前文章的人，大多為其興味盎然的理致情趣所吸引，這是他晚年作品中所沒有的特徵。

　　世界上猜想再沒有人，像王陽明先生那般沉迷於文章的寫作和辭藻的錘鍊了吧！作為中國明朝屈指可數的文學大家之一，王陽明的文風流暢明快，一點都沒有停滯不通順的情況，而且文字富於變化，豪邁跌宕，真是十分了得！

　　這一點也許是得益於他對蘇東坡文章的喜歡吧！

▌變諧謔為嚴謹

　　時間很快又過去了一年，到了弘治五年（西元一四九二年）。就在王陽明回到餘姚不久，他的祖父王倫就去世了。龍山公王華居喪返鄉。喪事完畢，龍山公王華命令王陽明和王華的堂弟，即王陽明的堂叔王冕、王階、王宮，及姑父王牧一起準備三年一度的科舉考試，於是他們常常在一起研究經義。

王陽明白天和長輩們一起為了準備考試而鑽研學問，到了晚上則將祖父先輩們遺留下來的經史子集等各類書物整理歸類，經常一讀就忘了時辰，回過神來一看，已經是深更半夜。

長輩們將這些看在眼裡，被王陽明的學問和寫文章的本事而驚嘆得不得了。他們讚嘆王陽明的狀態是「已遊心舉業之外」，說道：「王陽明你這般努力準備考試，我們哪裡能超得過你呀！」

王陽明平日諧謔豪放，給人的印象向來是嬉笑怒罵、光明磊落、簡單率真，和大多數孩子不一樣，他有點不走尋常路的意思。

大家第二天再見面，突然發現這個孩子一夜之間發生了很大的變化。只見王陽明正襟危坐，除了探討學問，一句玩笑的話也不多說。平日裡喜歡饒舌搞笑的孩子突然嚴謹沉默，這麼一弄，大家都覺得有點意思，還有人為此暗自發笑。

但此時的王陽明不苟言笑，正色回敬質疑的長輩們道：「我過去放任不羈，如今知道自己錯了。春秋時期衛國人蘧瑗（字伯玉）說，活到五十歲才知道自己此前四十九年間的過失。我現在還不到二十歲，悔過自新還不晚吧！」

自從這件事以後，其他四人也都競相收斂，注意個人修為。而王陽明這嚴謹默然、正襟危坐的作風也一直得到保持，自始至終都沒有再發生改變。在後來的時日裡，天下的菁英豪傑們，爭先恐後地從中國的四面八方仰慕拜訪，猜想也都為王陽明先生的沉靜闊達的氣概所感動吧。

這一年（西元一四九二年），王陽明祖父竹軒公王倫卒於北京。父親龍山公王華居喪扶靈柩返回故鄉。就在這一年秋天，王陽明第一次參加

浙江省的鄉試，與後來的忠烈王孫燧[015]、尚書胡世寧[016]共同中了同榜的舉人，這在當時一度被傳為美談。

二十七年之後，在剿滅寧王朱宸濠的叛亂中，胡世寧挺身而出揭發其罪行，孫燧則被奸細所出賣殺身成仁。這已是後話了。

隨後在王陽明的帶領下，明軍平定叛亂，世人都將這段故事稱作奇譚。

▌潛心學問，第一次落榜

西元一四九二年，王陽明為了領悟宋代儒學的「格物致知」的精髓，跟隨父親龍山公王華返回北京侍讀，想方設法地搜尋朱子著述的遺留存闕，並打算就此發憤研究。

一日，他讀到程伊川的「眾物必有表裡精粗，一草一木，皆涵至理」，便陷入了沉思。眾所周知，程伊川即程頤（西元一○三三年至一一○七年），字正叔，北宋洛陽伊川（今屬河南省）人，後世稱其為伊川先生，是中國北宋時期著名的理學家和教育家。他當然也是「格物致知」思想的重要支持者之一。

在龍山公王華居住的府邸中，種植了大量的竹子，王陽明便每日對著竹子發呆。時日久了，他就命人拿來竹子，將竹子斫開檢視其內部究竟，然後思考裡面的道理。儘管王陽明廢寢忘食，消耗了很多的精力，

[015]　孫燧（西元一四六○年至一五一九年），明代官員。字德成，號一川，浙江餘姚人。弘治六年進士。歷仕刑部主事、郎中、河南右布政使、右副都御史、巡撫江西，七疏朝廷警王朱宸濠必反且曉以大義，悉被遮獲不得達，終反被害，卒追贈禮部尚書。

[016]　胡世寧（西元一四六九年至一五三○年），明代官員。字永清，號靜庵，浙江仁和人。弘治六年進士。任南京刑部主事，上書極言時政缺失。再遷郎中，與李承勛、魏校、余佑稱南都四君子。後遷江西副使，疏論寧王朱宸濠反狀，繫錦衣獄，減死戍遼東。嘉靖中，拜兵部尚書，加太子太保，陳兵政十事，又上備邊三事。後以疾乞歸，卒諡端敏。胡世寧為官清廉，疾惡如仇，為時人稱道。著有《胡端敏奏議》等。

但是仍未能想通聖賢書上所寫的道理。王陽明在內火外憂的多方焦慮下，終於病倒了。這就是王陽明「格竹子」的逸話所出之處。

格物的事情總算告一段落。向來意氣風發、年少輕狂的王陽明不得不面對自己悟道不出的失敗場面。原本他是一心要做聖賢的，但是第一個回合就敗下陣來，的確給他不小的打擊。王陽明甚至產生了這樣的想法：「自古以來聖賢被開始區分後，與此同時就應運而生了如何作辭章的學問。」於是他決定重新返回到文學報國的道路上去。

透過格物這件事，可以知道，王陽明此時對性理學還只是知其皮毛，尚涉入不深。他只知道程伊川的著述而沒了解到程伊川儒學的精要，而且簡單地透過對竹子來格物求知，實在是有些形上學的味道。這樣怎麼會格出真正的理呢？

朱子學派的人經常拿這個例子來指責王陽明的淺薄，然而進一步想，也正是他對程伊川學說的質疑與不解，才有了後來王陽明「心即理、心理合一」核心學說的橫空出世。當然了，王陽明在當時還沒有達到那麼高的境界，這一點也是不能忽略的。

第二年春，已經二十二歲的王陽明參加三年一度的全國性會試。這次他是信心滿滿，要當狀元的。但是王陽明卻意外地落榜了。

王陽明的好朋友們都跑來安慰他。當時的宰相李西涯、韓東陽鼓勵他參加下一屆的考試，說道：「你今年意外落第，沒有關係，你文采出眾拔萃，來年金榜高中，在文壇上叱吒風雲是遲早的事情。莫不如你先試著做一個〈來科狀元賦〉[017]吧？」

大家原本就是一玩笑話，沒想到王陽明聽完，立刻就一絲不苟地應對了一篇。

---

[017]　今已失傳，亦未被王陽明相關文集收入在內。

在場的人見狀，莫不驚訝：「天才！天才！」

當然，常言道：「木秀於林，風必摧之。堆出於岸，流必湍之。行高於人，眾必非之。」此話一點不假，知道了這件事，很多嫉妒王陽明的人私底下都議論道：「這小子絕對中不了榜，眼中太自大無人了！」

▌第二次落榜的態度

光陰荏苒，轉眼又是三年，又到了會試的關鍵時刻。「果為忌者所抑」── 由於那些嫉妒王陽明才華的人做了手腳，暗中打壓，王陽明又名落孫山了。與王陽明一起落榜的，還有他的幾個好朋友。

好朋友們知道了落榜的消息後，唉聲嘆氣，叫苦不迭。王陽明看到這個情形，還跑過去安慰人家，說：「世人都認為考試落榜是羞恥的，但是我覺得，由於考試的落榜自己動搖心性和氣節，喪失勇氣才是最可恥的呢！」

有識之士聽了王陽明的這番話，都為他的高深見解而感到欽佩。

會試的二度落榜已成定局難以挽回，王陽明就自己回到老家餘姚。回到家鄉以後，王陽明經常出入龍泉山寺廟，與周圍的文友們吟詩作對。不久他就在龍泉山寺廟組建了詩社，取名為龍泉詩社。

在詩社裡，王陽明他們縱情詩詞，耽愛山川，極盡風雅之能事。後來，一位叫做魏瀚的也加入進來。魏瀚早年是曾做過官的，並「以雄才自放」，待人接物豪放熱情，後來厭倦功名，歸隱山林。

王陽明和魏瀚雖然年齡有些懸殊，但是脾氣倒是相投，兩個好朋友一起登山觀高，一起對弈聯詩。王陽明自幼文思敏捷，在大自然的薰陶下，聯詩時佳句頻出。

魏瀚見狀，表示十分佩服，不得不撫鬚慨嘆自己才學不如眼前的翩翩少年王陽明，這可真是江山代有才人出啊！

以上就可知王陽明先生的詩文才華何等的出眾了。

熱衷武舉

王陽明二十六歲的時候寓居北京。當時中國邊陲遠地常有異族騷亂發生，急報頻傳，可謂是國家到了需要人才的時候。朝廷下旨命令地方的官吏們舉薦能帶兵打仗的人才，但是應者寥寥。

王陽明見此，感嘆道：「朝廷應該執行舉用武官的制度，否則招到的人大多是些會騎射技術或者臂力超人的蠻莽之輩而已。這些人都缺少文韜武略、排兵布陣的本領。」

上述王陽明兩次會試落榜，此時本應好好溫習功課，準備再考。平時他也顧不上研討軍事國術，況且備考的時間越來越短，他自然不能做到心有二用。

但是形勢的變化，使得王陽明內心的軍事熱情高漲起來。他十分關注國家軍事情況的最新進展，將很多的時間投入到軍事研討之中。他私下甚至閱讀了不少談用兵策略的指揮祕典。

說一個有趣的例子。每每參加宴會的時候，總能看見王陽明捯飭一大堆果核的情景。為了模擬戰場布陣局勢，他收集了很多的果核，按照兵書的解說布陣埋兵，指揮陣勢的縱橫捭闔。這為他後來鍛造帶兵打仗的基本素養做好了重要的鋪墊。

一天傍晚，王陽明做了一個夢。威寧伯王越在夢中贈授給他一把尚方寶劍。夢醒後，王陽明記起了所夢到的事情，便對周圍的人說道：「威

寧伯囑咐我統帥軍隊報效國家，將來必定會名垂青史。我以後一定要按照他的囑咐行事。」

自此，王陽明有了以武報國的志向，就更加努力進取了。

▋疏淡學問，從事心學

恍惚間，一年又條忽而去。王陽明仍寓居在北京，還在修學詞章詩賦，以求早日登科及第，為國效力。

王陽明自然也知道，僅僅修學詞章詩賦尚不能探求出人生的真諦所在。於是他四處訪親問友，探討聖賢精要。儘管如此，所收穫的和所期待的差距仍然太大，王陽明倍感苦惱，不能求解。後來偶爾一次，他讀到朱晦庵 [018] 的《朱子語類》，讀完後反覆玩味。再後來，他又讀朱子上書給宋光宗皇帝的〈上光宗疏〉，其中載道：「居敬持志，為讀書之本。循序致精，為讀書之法。」

王陽明暗自沉吟，恍然大悟：「原來一直以來，自己只是一個勁地讀東讀西，卻獨獨沒有做到循序以致精，所以雖然看的書目很多，可得到的感悟卻少之又少。看來無論什麼事情，都要遵循其發展規律，然後再求融會貫通，最終做到事物的道理和我的心境合二而一，達到統一，否則就背道而馳，如油水不能相容。」在王陽明看來，這是與做聖賢有關的問題。假若心與理為二，理在外物而不在吾心，則「即物窮理」。這就是古書上記載的「物理吾心終若判而為二者也」的出典所在。

王陽明鬱鬱寡歡的時日久了，導致早年的舊病一併復發。由於自己尚沒領悟到聖賢的深刻含義，他便認為「聖賢有分」，自己不是做聖賢的

---

[018] 朱熹（西元一一三〇年至一二〇〇年），江南東路徽州婺源人。行五十二，小名沈郎，小字季延，字元晦，一字仲晦，號晦庵，晚稱晦翁，又稱紫陽先生、考亭先生、滄州病叟、雲谷老人，諡文，又稱朱文公。南宋理學家，理學集大成者，後世尊稱為朱子。

料，於是對自己產生了懷疑。為此，王陽明十分苦惱。後來，他聽說有一道士談養生之說，便愉悅自得地前往拜訪。見到道士後，他甚至一下子萌生了要遺世入山的想法。

在王陽明的許多傳記中，大多將這一時期認為是王陽明早年「沉溺神仙之道」的階段。

▌進士及第，夢想照進現實

弘治十二年（西元一四九九年），王陽明二十八歲。他的主要活動地點仍然是在北京。這年春天，他參加了朝廷組織的新一屆的會試。將近而立之年的王陽明終於金榜題名，在南宮舉辦的會試中名列第二等第二名，殿試上「二甲進士出身第七名」。朝廷命他去「觀政」工部，即在工部實習。

在王陽明還沒有考中的時候，有威寧伯王越曾託夢贈劍的事情。等他考上了，恰好是王越去世之年，朝廷授命他護送王越靈柩回王越家鄉浚縣安葬，負責監督修建威寧伯王越的陵墓。王陽明一路上都是騎馬前往，沒用車轎。後來在山路險要的地方，馬匹受到驚嚇，王陽明就從馬上摔了下來。

當時王陽明口吐鮮血，隨從驚恐萬分，請求王陽明使用轎輦代步。王陽明卻一副大丈夫氣概，根本不予理睬，依舊我行我素騎馬前行。他對周圍人解釋道，這是練習自己的騎馬技術呢！

等到了浚縣，見到了威寧伯王越的後人，王陽明還不忘向他們仔細討教威寧伯生前用兵打仗的祕法。

威寧伯的後人據實以告，王陽明立刻來了精神，他按照兵法分配造

墳的兵士和建築工人的分工。他還制定了輪番休息、工作的制度，以求
達到事半功倍的效果。

果然，他的安排很快產生了效力，工事的修建大大加速。督造工程
完畢後，威寧伯的後人獻上金帛布匹表示感謝，王陽明悉數拒絕，不肯
接受。後來，這家人拿出一柄寶劍，說這是威寧伯生前所佩戴的寶劍，
願以此表示對督造墳塋的感激之情。

這時，王陽明想起原先的夢境，簡直和其如出一轍，於是他就欣然接
受了。從此也能約略看得出，王陽明武力報國的念頭是何等的強烈了。

▌建言時事

督造威寧伯墳塋工事結束後，王陽明向朝廷覆命報告。此時，天空
中某顆星星發生異變，觀測星宿的官員立刻上報朝廷，朝廷十分重視這
件事，於是下詔全國，要求官員們發表意見，為國分憂。

此時邊陲韃靼蠢蠢欲動，經常侵犯朝廷邊關人民的生命財產安全。
王陽明得知這個情況後，十分氣憤，於是起草了〈陳言邊事疏〉，後收錄
於《陽明全集》的第九卷。通觀全文，言辭極其激切，主要對邊關的政務
提出了八條建議，摘其要如下：

一曰蓄材以備急。

二曰捨短以用長。

三曰簡師以省費。

四曰屯田以足食。

五曰行法以振威。

六曰敷恩以激怒。

七曰捐小以全大。

八曰嚴守以乘弊。

以上，王陽明先生洞察時事之準確可見一斑。王陽明二十九歲的時候，獲命刑部雲南清吏司主管一職，這是王陽明官場生涯的肇始。

▌得遇神仙道人

弘治十三年（西元一五〇〇年），王陽明時年二十九歲整，接受朝廷指派，去江北調審刑事案件的審案卷宗、平反冤獄。王陽明一去，很多冤假錯案得以昭雪。當地的人民群眾都說王陽明判案公平、處置合理，這不得不使人聯想到王陽明先生的深厚家學，當然更重要的是他自身性格的原因。

公務處埋完畢後，王陽明順便取道佛教四大名山的九華山遊玩，期間作有賦、詩各一首，收錄在今日王陽明的文集之中，值得一讀，今援引如下：

循長江而南下，指青陽以幽討。啟鴻蒙之神秀，發九華之天巧。非效靈於坤軸，孰構奇於玄造。遷史缺而弗錄，豈足跡之所未到。白詩鄙夫九子，實茲名之所筆。予將窮祕密於崔嵬，極玄搜而歷考。涉五溪而徑入，宿無相之窈窕。訪王生於邃谷，淘金沙之清潦。凌風雨乎半霄，登望江而遠眺。步千仞之蒼壁，俯龍池於深窅。吊謫仙之遺跡，躋化城之飄渺。飲鉢孟之朝露，見蓮花之孤標。扣雲門而望天柱，列仙舞於晴昊。儼雙椒之關門，真人駕雲而獨。翠蓋平臨乎石照，綺霞掩映乎天姥。二仙升於翠微，九子鄰於積稻。炎歊起於玉甑，爛石碑之文藻。回澄秋於枕月，建少微之星旄。覆甌承滴翠之餘瀝，展旗立雲外之旌纛。下安禪而步逍遙，覽雙泉於松杪。逾西洪而憩黃石，懸萬丈之灝灝。瀨流觴而縈紆，遺石盤於潤道。呼白鶴於雲峰，釣嘉魚於龍沼。倚透碧之嶔岏，謝塵寰之紛擾。攀

齊雲之巉峭，鑑琉璃之浩溔。沿東陽而西歷，餐九節之蒲草。樵人導余以冥探，排碧雲之瑤島。群巒翳其繆靄，失陰陽之昏曉。垂七布之沉沉，靈龜隱而復佻。履高僧而厭招賢，開白日之杲杲。試朝茗於春陽，汲垂雲之淵湫。凌繡壁而據石屋，何文殊螺髻之蟠糾。梯拱辰而北盼，隳遺光於拾寶。緇裳迓於黃魄，休圓寂之幽悄。鳥呼春於叢篁，和雲韶之鸁鸁。喚起促余之晨興，落星河於簷橑。護山嘎其驚飛，怪遊人之太早。攬卉木之如濯，被晨暉而爭姣。靜鐩聲之剝啄，幽人劘參蕨於冥杳。碧雞喊於青林，鵰翻雲而失皓。隱搗藥於樛蘿，挾提壺餅焦而翔繞。鳳凰承盂冠以相遺，飲沆瀣之仙醥。羞竹實以嬉翔，集梧枝之梟梟。嵐欲雨而霏霏，鳴淜淜於蕢葆。躡三遊而轉青峭，拂天香於茫淼。席泓潭以濯纓，浮桃瀉而揚縞。淙漸漸而落蔭，飲猿猱之健狡。睨斧柯而升大還，望會仙於雲表。憫子京之故宅，款知微之碧桃。候金光之閃映，睫異景於穹坳。弄玄珠於赤水，舞千尺之潛蛟。並花塘而峻極，散香林之回飆。撫浮屠之突兀，泛五釵之翠濤。襲珍芳於絕巘，梟金步之搖搖。娑羅躑躅芬敷而燦耀，金幢引玉女之妖嬌。搴龍鬚於靈寶，墮缽囊之飄搖。開仙掌於崴嵌，散青馨之迢迢。披白雲而躔崇壽，見參錯之僧寮。日既夕而山暝，掛星辰於窿嶅。宿南臺之明月，虎夜嘯而羆嗥。鹿麏群遊於左右，若將侶幽人之岑寥。迥高寒其無寐，聞冰壑之洞簫。溪女屬晴瀧而曝術，雜精芩之春苗。邀予觴以玉液，飯玉粒之瓊瑤。溘辭予而遠去，颯霞裾之飄颻。復中峰而悵望，或仙蹤之可招。乃下見陵陽之蜿蜒，忽有感於子明之宿要。誓予將遺世而獨立，採石芝於層霄。雖長處於窮僻，迺永離乎阽隉。彼蒼黎之緝緝，固吾生之同胞。苟顛連之能濟，吾豈靳於一毛。矧狂胡之越獗，王師局而奔勞。吾寧不欲請長纓於闕下，快平生之鬱陶。顧力微而任重，懼覆敗於或遭。又出位以圖遠，將無誚於鴟鴞。嗟有生之迫隘，等滅沒於風泡。亦富貴其奚為，猶榮蕣之一朝。曠百世而興感，蔽雄傑於蓬蒿。吾誠不能同草木而腐朽，又何避乎群喙之呶呶。已矣乎，吾其鞭風霆而騎日月，被九霞之翠袍。摶鵬翼於北溟，釣三山之巨鰲。道崑崙而息駕，聽王母之雲璈。

呼浮丘與子晉，招句曲之三茅。長遨遊於碧落，共太虛而逍遙。

亂曰：蓬壺之巍巍兮，列仙之所逃兮。九華之矯矯兮，吾將於此巢兮。匪塵心之足攖兮，念鞠育之劬勞兮。苟初心之可紹兮，永矢弗撓兮。

（題為〈九華山賦〉）

春宵臥無相，月照五溪花。

掬水洗雙眼，披雲看九華。

巖頭金佛國，樹梢謫仙家。

彷彿聞笙鶴，青天落絳霞。

（題為〈遊九華山〉）

沿著羊腸小道遊覽完畢這個景點後，緊接著途經五溪、望華亭、二聖殿，土陽明還相繼遊歷了附近的無相寺、化成寺等佛道廟宇，所到之處必會夜宿參悟。也就在這一日，他偶然邂逅了一位姓蔡的道士。蔡道士蓬頭垢面，破衣爛衫，卻端端正正地盤坐在寺廟大堂的正中央，神態自若。

一般人看到道士這衣衫襤褸的情景，都以為其神志不清，稱其瘋癲無狀。王陽明一看，卻心裡暗暗稱其迥異於常人。話說這位蔡道士，對方外之術頗為熟悉，侃侃而談，對王陽明以尊貴賓客之禮對待，禮節上極為恭敬。

王陽明於是藉機詢問何為得到神仙之術。蔡道士搖搖頭，說道：「你尚未達到至高境界！」

王陽明見狀忙叫左右退下，邀請蔡道士移步去後面亭子，然後施以大禮，請求道士告知其詳細。

蔡道士又搖了搖頭，說道：「你尚未達到至高境界！」

王陽明再三懇求，都沒有得到道士的傳授。後來這位蔡道士對王陽明說：「我初見你，看你衣著打扮得體尊貴，便知道你心仍屬意於官場。雖然有心問道，但還是六根未淨，心牽掛凡塵，對於方外之術只是徒慕其表而已。」

王陽明聽完仰天大笑離寺而去，繼續自己的遊覽。等路過地藏洞的時候，他聽說在懸崖峭壁的巔峰上有一位得道高人，姓甚名誰誰也不知道，大家都說這位高人長年累月在老松樹的落葉叢裡打坐，風餐露宿，看上去不是一般的人。

王陽明獲悉後，馬上前往拜訪。他立刻攀沿著懸崖峭壁，一路來到山頂。那位高士正在酣睡之中。王陽明便默默不言，坐在高士旁邊，輕輕地撫摸他的足底和掌心，一直到這位道人甦醒。

道人睜開睡眼，看到眼前有人十分驚訝，問道：「這上來的道路如此險峻難行，你是如何上來的呢？」

王陽明對答說：「我一心要和高士談論道家要髓，正是這個信念的指引才使我能夠抵達彼岸。怎麼能怕辛苦而畏縮不前呢！」

兩人自此時開始一見如故，暢談佛教和道教的要義精華，還探討了儒家的思想。說到儒家思想的時候，說及周濂溪、程明道，二人不禁稱讚這些前輩，他們可以說都是儒家學說的集大成者。又說到朱考亭，即朱熹的時候，二人認為朱熹雖然也悟到儒學的一些精要，但是距離一乘妙旨的境界仍相去甚遠。

王陽明對道士的談吐非常喜歡。兩人不禁惺惺相惜，相談甚歡，天色很晚還不願辭別。待到第二日，王陽明再去原地拜訪，卻發現昨天和自己交談的高人已不知去向。王陽明當即賦詩一首：

路入巖頭別有天，松毛一片自安眠。

高談已散人何處，古洞荒涼散冷煙。

隨後，王陽明在兩首抒懷的詩（〈重遊化城寺二首〉）中寫道：其一：

愛山日日望山晴，忽到山中眼自明。

鳥道漸非前度險，龍潭更比舊時清。

會心人遠空遺洞，識面僧來不記名。

莫謂中丞喜忘世，前途風浪苦難行。

其二：

山寺從來十九秋，舊僧零落老比丘。

簷松盡長青冥乾，瀑水猶懸翠壁流。

人住層崖嫌洞淺，鳥鳴春澗覺山幽。

年來別有閒尋意，不似當時孟浪遊。

從上詩中的「會心人遠空遺洞」一句可以看出，王陽明對當年與道人的邂逅，真是感嘆不已，同樣對那位道人的追慕之情也溢於言表。

徹悟詩文之弊

弘治十五年（西元一五○二年），王陽明三十一歲，他完成在江北地方犯囚的審錄工作，回到北京覆命。此時朝廷中的舊交名士紛紛模仿古體詩詞吟詩作文 [019]，引為時尚。這幫文人還成立了詩社，熱情邀約王陽明加入。

王陽明對此表示拒絕，而且還嘆息著對周圍的人說：「我怎麼能把有

---

[019]　即明朝的復古主義文學思潮，為首者為明朝前七子的李夢陽，「倡導復古，文自西京、詩自中唐而下，一切吐棄，操觚談藝之士，翕然宗之」。後稱之為「學古詩文」。──譯者注

限的人生精力花費在那些沒有任何意義的虛詞空文中呢？」

不久，王陽明便向朝廷上疏，告病請辭，在奏疏〈乞養病疏〉中如是寫道：

臣原籍浙江紹興府餘姚縣人，由弘治十二年二甲進士，弘治十三年六月除授前職，弘治十四年八月奉命前往直隸、淮安等府會同各該巡按、御史審決重囚，已行遵奉奏報外，竊緣臣自去歲三月，忽患虛弱咳嗽之疾，劑灸交攻，入秋稍愈。遽欲謝去藥石，醫師不可，以為病根既植，當復萌芽。勉強服飲，頗亦臻效；及奉命南行，漸益平復。遂以為無復他慮，竟廢醫言，捐棄藥餌；衝冒風寒，恬無顧忌，內耗外侵，舊患仍作。及事竣北上，行至揚州，轉增煩熱，遷延三月，尪羸日甚。心雖戀闕，勢不能前；追誦醫言，則既晚矣。先民有云：「忠言逆耳利於行，良藥苦口利於病。」臣之致此，則是不信醫者逆耳之言，而畏難苦口之藥之過也。今雖悔之，其可能乎！

臣自唯田野豎儒，粗通章句；遭遇聖明，竊錄部署。未效答於涓埃，懼遂填於溝壑。螻蟻之私，期得暫離職任，投養幽閒，苟全餘生，庶申初志。伏望聖恩垂憫，乞敕吏部容臣暫歸原籍就醫調治。病瘳之日，仍赴前項衙門辦事，以圖補報。臣不勝迫切願望之至！

（以上參見〈乞養病疏〉）

▋陽明洞專修神仙道

王陽明終於得到朝廷的同意，返回故鄉越中地方。後來，返鄉的王陽明在家鄉四明山南側挖掘了一個洞穴，稱作陽明洞，常日裡在此修養仙術。這裡風景雅緻，山清水秀，王陽明非常喜愛這裡，於是他選擇在此隱居。後世因此稱王陽明為陽明先生。

王陽明說：「我曾經在結婚當夜訪道鐵柱宮，一直將仙道的教諭謹記

心中。所以要在此修煉神仙導引的養生術。」

　　周圍的人紛紛傳說王陽明修煉的地方是神仙們聚會的場所，這其實也是王陽明為了躲避那些人世間的迎來送往的故為之事。王陽明在此修身養性，整日裡練習靜坐養氣。

　　這在當時的中國是極為普遍的。由於中國獨特的地理環境，很多厭世之人都能尋找到一塊屬於自己的靜謐場所，遁隱山林，與世外隔絕，不相往來。對於王陽明而言，此時他遁隱的心思還沒有那麼強烈，有朝一日他是否會重新回到凡塵中去呢？此時這還是不能確定的事情。

▎厭世之人向社會活動的轉變

　　靜坐日久，王陽明的想法果真發生了很大變化。「此簸弄精神，非正道者也。」他迫使自己不去想心中新生的念頭，力求身心重新恢復寧靜。慢慢地，他內心開始平靜，脫離了對世俗凡塵的糾葛，暫時獲得了內心的超然。

　　時隔不久，王陽明開始想念起祖母岑夫人和父親龍山公王華了。祖母和父親對自己的恩愛和撫養不斷地縈繞在他的腦海。輾轉反側，想來想去，王陽明對此還是猶豫難決，不知道怎麼辦才好。

　　何去何從？

　　這的確是個艱難的選擇！但是他又想：子女盡孝道是人間第一等重要的事情。「此念生於孩提。此念若可去，是斷滅種性矣！」

　　多年以來，王陽明一直受到傳統儒家思想的教化。儒教摒除佛家和道家的精義人所周知，然而回過頭來再思考，這三教中只有儒家尊崇孝養，也只有儒學是「至正之道」了。

　　想到這裡，王陽明幡然醒悟。他重新返回人世間，建立一番事業的志向又勃勃生發了。透過查閱王陽明傳記來看，這正是所謂的「正德丙寅年元年，始歸正聖賢之學」的一個時期。

　　就這樣，悔悟後的三年時間裡，王陽明一直在家盡孝道，贍養父母。倘若這個時期，王陽明缺失來自家庭的薰陶，孝親的觀念逐漸淡漠，那麼他終會捨棄人倫親情，失去人性的本真所在，只能是成為方外之人。

　　所幸的是，祖母岑氏老夫人和父親龍山公王華對其訓誡有方，運籌帷幄無不準確，使得王陽明在人生關鍵時刻保持住了對人生美好的信念，終於回歸到正道上來。所謂孝悌的內涵，透過這樣一件事情就能明白其中精要。

　　接下來的二十年時間，王陽明進入了他一生中的黃金時代。他富於進取之心，熱衷於功名濟世之舉。如果他還像以前那樣，飄逸於塵俗之外，是獲得不了後來的一番豐功偉業的。

　　當然，他偶爾也會暢想神仙之術。由於自幼年以來，一直患有嚴重的咳疾，王陽明有時候也會多愁善感，陷入矛盾的境況。於是他就以神仙養生之術自我修煉，他還參考了佛教中安身立命的精義。《王陽明傳記》中將這一時期稱為「耽愛佛教」時期，其所指就是王陽明人生中的這段時間了。

　　通觀王陽明一生，即使是在不斷地修煉交替時期，他也從來沒有荒廢過學業。王陽明對字義訓詁的苦澀學術也有拓展之功，這也是他一生中非常用心思的地方。從王陽明的一生經歷來推測，此時的王陽明將儒學、佛學和道教的思想雜糅在一起，互相糾纏，這也是他思想的一個表現。

王陽明早年崇尚佛教和道教的精義，但是隨著閱歷的增長和對人生的體悟，他越來越對這些玄妙莫測的東西感到疑惑。如前所述，人生不能為了成為聖賢而成為聖賢，自古以來的聖賢都是為了天下蒼生而祈望不休，從而成為聖賢。可以說，佛教和道教的修行，卻使得王陽明體悟到了佛教和道教的局限之處，從而更清晰地看到了自己的人生道路。

曉諭禪僧，以求孝養

之後第二年，王陽明搬至錢塘江（今浙江杭州）西湖側畔靜養身體。眾所周知，西湖以風光秀美聞名天下，附近的名勝古蹟和名寺古剎也是數不勝數。前面提過，王陽明一生走遍大江南北，在很多地方留下自己的腳步，而獨獨鍾情於古剎廟宇，一旦經過必然少不了去參觀一番。

一日，王陽明在一個叫做虎跑寺的古剎中遊覽。就在這古剎中，果真又遇到一個禪僧。這位禪僧在此坐關三年，三年來一語不發、一物不視，人都稱奇。王陽明獲悉此事後，對著參禪的禪僧立刻厲聲呵叱：「這和尚口巴巴說什麼？終日眼睜睜看什麼？」

這位禪僧被嚇了一跳，對著王陽明略施一禮，然後才說：「我在此平心靜氣坐關三年。你為什麼卻說我『這和尚口巴巴說什麼？終日眼睜睜看什麼』呢？」

王陽明不理這些話，轉過話頭卻問道：「你是哪裡人？」

禪僧答道：「我本是河南人，現離家已有十餘年之久。」

王陽明再問：「你家中難道就沒有別的親戚朋友了嗎？」

禪僧答道：「只有一老母，只不過現在不知道她是生是死。」

王陽明追問：「那你是否曾想念在家裡牽掛著你的母親呢？」

　　禪僧回答道：「怎麼能不想念呢！雖然每日一言不發，但是我在心裡默默想念。雖然終日目不視一物，但是母親的形象在我心中卻越發的真切！」

　　說到這裡，禪僧恍然大悟，於是合掌連忙致謝，並說道：「檀越之言，實在是高論！請先生再說詳細些！」

　　王陽明繼續說道：「父母和子女間的感情是人之常情，作為人，又怎能隨隨便便就將它摒棄。你今日想念母親的念頭已經萌生，就是你的原本真性的再次發現。終日枯坐只能使你的心緒越發蕪雜混亂。」

　　王陽明反覆以孝養老母的道理訓誡這位禪僧，未說完，禪僧就已淚流滿面、泣不成聲，說道：「檀越的故事真是太好了。我明天一大早就返回老家，以後好好孝養父母！」

　　第二天早上，王陽明再去虎跑寺，禪僧已不見蹤影。其他留守的和尚告訴王陽明，昨日的禪僧一大早擔著行李，人已經返回河南老家了。

　　王陽明聽聞此事後十分高興，說：「看來『此念生於孩提』對於禪僧也是顛撲不破的真理呀！實在是靈驗得很呢！」

　　如上所述，禪僧幸遇王陽明，受到他的訓誡，終於選擇返回家鄉孝養老母，這正是人性中最本真的孝悌觀念的影響所在。但是，就在這後不久，王陽明又萌生遁世的念頭，企圖過隱士般的生活。把這件事情和他訓誡禪僧的事情進行對比，我們也會感到，其回歸聖賢的道路也絕非是那樣堅不可摧的。

始論經世思想

弘治十七年（西元一五〇四年），王陽明三十三歲的時候，他受朝廷指派至山東任職。當地有個叫做陸偁[020]的巡按督查御史聽聞過王陽明的鼎鼎大名，於是就派人去請王陽明到自己府邸交流。

轉眼就迎來了山東省的鄉試，王陽明被陸偁聘請為主持考試的主考官。透過考試選拔，穆孔暉[021]中了解元（成績優異——原作者注），後來穆孔暉成為廣為人知的名臣。

實際上，山東省這次鄉試的考題均出自王陽明一人手筆。具體的考試題目，比如有：「明朝禮樂之制」、「老佛害道，源自聖學不明」、「綱紀不振，源於名器氾濫」、「用人太急，求效甚過」，還有「土地分封」、「以清兵戎」、「抵禦外夷」、「平息訟訴」等國家治理和軍事等各個方面的問題[022]。

這些考題大部分都是針對時局的實實在在的問題，從鄉試的試題題目也可以看得到王陽明先生頗具經世之才，以及對佛道二說的態度，那就是探求如何學以致用。王陽明中年時代寫作的文章已經達到了巔峰，到了晚年，他更注重達意，在文章修辭上頗為考究和著意，一點也讓人感覺不出來有粗製濫造之嫌。

眾所周知，思想和學術上的進步主要依靠一步一步，日積月累，最

---

[020] 陸偁（西元一四五七年至一五四〇年），明朝政治人物，字君美，浙江行省寧波府鄞縣（今鄞州區）人，一說為慈溪人。

[021] 穆孔暉（西元一四七九年至一五三九年），字伯潛，號玄庵，山東堂邑人。明朝官員。弘治十八年（西元一五〇五年）進士。選庶吉士，任檢討，為劉瑾所惡，遷調南京禮部主事。劉瑾敗後復官。歷升國子監司業、翰林院侍講、春坊庶子、學士、太常寺卿。

[022] 此處據錢德洪《陽明先生年譜》弘治十七年「主考山東鄉試」條，原文為：「巡按山東監察御史陸偁聘主鄉試，《試錄》皆出先生手筆。其策問，議國朝禮樂之制：老佛害道，由於聖學不明；綱紀不振，由於名器太濫；用人太急，求效太速；及分封、清戎、禦敵、息訟，皆有成法。錄出，人占先生經世之學。」「老佛害道」以下全是撮錄「答卷」中的文意，並不是考題。此「答卷」收入《山東鄉試錄》，實為主考官王陽明擬作。

終走入最高境界。因此有人認為，王陽明先生著述的精微所在正是其晚年大作，而此時《王陽明全集》所記載的山東鄉試中的全部題目僅給予人秀逸之感。

▌終以聖學為己任

同年（西元一五○四年）九月，王陽明被重新委派職務，調任為兵部武選清吏司主管。王陽明不得不從山東返回北京就任。當時的學者都耽愛陳腔濫調的復古文潮，根本就不知道經國利民的實用之學究竟為何物。

王陽明此時帶頭講學，倡導實用之道，即所謂的身心之學。他主張透過身心之學，「要使人立必為聖人之志」，大凡執贄 [023] 來求學拜師的，王陽明便敞開胸襟，廣開門戶而將其收納。為了使門生在這裡樹立遠大的志向，王陽明不斷地開設講座。

在當時的大背景下，由於「師道久矣」而有荒廢的傾向，而王陽明如此大的動作，必然會招致同僚們的非議，說他以此博取名聲。

此時只有翰林庶吉士湛甘泉（字若水）與王陽明來往頻繁，一見如故。他們兩人終日興致勃勃地探討聖學之事，最終結成莫逆之交，終生交好。

後來王陽明去世，湛若水親筆題寫墓誌銘，全文收錄於《陽明全書‧附錄篇》中。對於他們當時的往來，王陽明也曾賦詩留世，題為〈贈陽伯〉，內容如下：

陽伯即伯陽，伯陽竟安在？

大道即人心，萬古未嘗改。

---

[023]　本義為古時初次求見人時所送的禮物，即見面禮。

長生在求仁，金丹非外待。

繆矣三十年，於今吾始悔！[024]

▌小結

寫到這裡，王陽明先生的方針謀略大部分已經呈現出來。迄今三十餘年的星霜歲月，其可謂是遭遇了萬種變遷。透過爬梳王陽明一生中嗜好興趣的不斷遷移，我們也可窺察得到陽明先生的心力是何等的豐富。他無論沉溺於游俠生涯，還是熱衷於騎射之術，或者辭章之學，或者神仙道術，或者後來的耽愛佛教，萌發隱居山林、山家遁隱之意，他其實都是苦惱於人生方向的不斷抉擇。

儘管一路挫折，王陽明還是波瀾不驚地從各種困境中走了過來，他甚至在很多方面獲得了令人矚目的成就，自己的身心也因此獲得愉悅和超然。

王陽明的一生道路沒有坦途，礁石險灘隨處可見。他生命中的風雲機變如此繁多，如何面對人生的困難和境遇，這是他不得不面對的問題。

但是，從書中的故事也能看到，王陽明面對這些問題時候的人生態度：泰然處之，樂觀面對，一切問題最終都會圓滿解決。這大概就是王陽明先生的過人之處吧。

也有人說王陽明的性格屬於多血質那種型別，也有人認為，與其說王陽明是多血質，倒不如說是神經質才合適。但是我們看看周圍患有神經質的人，大多都是患得患失、憤慨抱怨之人，失去了堅守自己本分的自我。這都是他們的弊病所在。

---

[024]　此詩明顯不是贈給湛若水的。

　　然而，再回過頭來看王陽明，他性格灑脫豪爽，幽默風趣，還能和普通人談笑風生，胸襟寬廣。每每讀到王陽明先生的生平事蹟，我無時無刻不感受到他性格的光輝照人。「忙中日月閒中度，八萬塵勞樂天地」，正是王陽明先生氣度超凡的寫照。不論遇到什麼難事，他都能夠以自己的聰明睿智巧妙周旋，用力化解。不論遇到什麼難關，他也都會全心全意，一絲不苟，直到最後的成功。

　　經歷了那麼多人生的歷練，王陽明的才幹也在其中獲得磨練和薈萃。無論是國家大事，還是一己之利，他都能夠處變不驚，沉靜泰然。當然王陽明也有過挫折和蹉跌，但是他強韌的意志力，給予他處理困難的百折不撓的氣概。王陽明先生的非凡資質以及人生中數不盡的豐富歷練，都使得他能夠判測出事情的輕重緩急和表裡深淺程度。即使是面對源源不斷的外部刺激的時候，王陽明都能夠集中心力，使用節制無不精妙。

　　自此以後，王陽明先生作為一個堅持純粹聖賢學問的大師，幾乎沒有對任何事物盲從和沉溺過。可以說，過去的三十年生涯，對於王陽明而言，就是一個自我修養提高的過程。而最終能力的實踐和展現，還有賴於接下來二十多年的人生來檢驗！

第四章　精神歷練，龍場悟道

　　本章節所講述的主要內容是從王陽明三十五歲那一年二月上書「建白書」被投入獄開始，到其三十九歲那一年二月赴任龍場驛為止，前後大概四年間的言語和行動。雖然時間跨度僅僅為四年，但是期間王陽明卻遭受了千辛萬苦，當然，他的精神也得到歷練，達到大徹大悟的境界，奠定了以後得以安身立命的寶貴基礎。

　　這一時期是我最喜愛熟讀玩味的部分，其中難窮究竟的趣味終覺得有一種無盡言說的妙處。

▌國勢日頹

　　明朝建立的時候，太祖朱元璋考察歷代弊制，嚴禁宦官主政，而燕王朱棣篡位之後，懷疑老將舊臣中有不服從自己的人，便委任宦官來充任皇城中的內應。後歷代皇帝越發給予宦官們信任，漸漸使得宦官左右了朝廷的政權。

　　明英宗朱祁鎮在位時先有宦官王振，後有曹吉祥；英宗之子明憲宗朱見深在位時有宦官汪直；憲宗後的孝宗至武宗期間，宦官劉瑾專政，大力排斥賢臣異己，結果導致朝政大亂。此外，更有奸佞鉤心鬥角，對百姓課以重稅，以結交宦官。民間怨聲載道，盜賊更是四起。直隸的山東、河南、湖北、湖南等地的人民幾乎沒有過上一天安寧的日子。當時的有識之士十分氣憤，於是上奏朝廷闡明「上憂宦官弊政，下憂流賊猖獗」的顧慮。此時的王陽明面對國家上下如此的困境，感到心力交瘁也

自然是不能避免的。

　　弘治十八年（西元一五〇五年），孝宗皇帝朱佑樘患病日益嚴重，於是召見內閣大臣劉健、李東陽、謝遷等，明孝宗緊握著劉健的手託付後事，說道：「你們為了國事辛勞不已，朕當皇帝以來件件都看在眼裡。如今的東宮太子年幼，喜好逸樂之事，請你們以後要教養太子讀書，並輔佐他成為一代明君。」劉健、李東陽、謝遷等感泣接受孝宗皇帝朱佑樘的遺命。待孝宗駕崩後，其子嗣武宗皇帝朱厚照即位執政。

　　武宗朱厚照還是東宮太子的時候，身邊侍從劉瑾、谷大用、馬永成、張永、魏彬、羅祥、丘聚、高鳳八人得八虎稱號。武宗即位後重用八虎，國家前景每況愈下。閣老劉健、謝遷、韓文、李夢陽相繼準備對劉瑾一黨進行打擊，根據其罪過，按照法典進行懲處。但是他們卻沒有利用好時機，就在要動手的時候，機密洩露，劉瑾與其同黨一起跑至皇帝面前訴苦，一行人環繞在皇帝御座之下，跪著哭泣道：「下臣膽敢直諫皇上，那是因為司禮監無人掌管的緣故。」

　　皇帝朱厚照不明事理，反而聽信這幫人的讒言，命令劉瑾執掌司禮監，因此權力逐漸旁落到宦官劉瑾手中。

　　自此劉瑾更加作威作福，一時權傾朝野。而劉瑾卻小人得志，不久便罷免韓文之職，劉健、謝遷、劉大夏等幾人一看形勢不妙，紛紛上表向武宗皇帝表明自己辭官的意願。在這幾個人裡面，唯獨李東陽因為和劉瑾早年有舊交情，幸運地得到了保全。

▎憤慨時勢，言事下獄

　　正德元年（西元一五○六年），南京科道官戴銑[025]、薄彥徽等上疏朝廷彈劾宦官劉瑾。上奏說道：「皇上新政宜親君子遠小人，不宜輕斥大臣，任用閹寺（指宦官）。」

　　劉瑾聽說後大怒，立刻在皇帝面前誣奏戴銑、薄彥徽等人，編造戴銑等所奏言論太狂妄，有欺瞞皇帝的嫌疑。戴銑等人便被逮捕入獄。

　　王陽明當時任兵部主事，目擊此事後憤慨之情難禁，於是率先上朝諫疏搭救戴銑。在其疏中原文如此寫道：「臣聽聞君仁則臣直。如今戴銑等居為諫司官，因為直言相諫而獲罪。事實上，假使戴銑說的話正確，那麼陛下就應該嘉納採用；即使戴銑所說的不妥，那陛下也應該包容，以此打開忠讜言官的言路。但是陛下您今日赫然下令，遠事拘囚戴銑，造成了很大的轟動。對陛下而言，此舉不過是稍微要昭示下懲創的決意，並非對戴銑惱怒。但是普通的民眾他們不了解實際情況，這樣就容易妄生疑懼，請陛下三思為上！如果戴銑遭到牢獄之災，自是而後，哪還有人再敢跟陛下稟明情由？陛下您聰明超絕，如果能念及此處，怎麼會讓您的臣民們寒心？在這裡，我真心祈求您追收前旨，讓戴銑等仍舊擔任以前的職位，來宣示陛下您的寬仁之心，明改過不吝之勇；聖德昭布，您的臣民也都會歡欣鼓舞，這將會是多麼讓人快慰的事情！」

　　從王陽明的奏疏內容來看，他企圖透過仁君仁政之說勸告皇帝廣開言路，以仁慈之心寬宥戴銑，同時也是為戴銑開脫罪責。結果王陽明此舉又觸怒了劉瑾一黨敵對勢力。不久王陽明也遭到無端誣陷，緊接著被

---

[025]　戴銑（？至西元一五○六年），字寶之，江西婺源人。明朝進士、政治人物。武宗即位，宦官劉瑾等橫暴專權。正德元年（西元一五○六年），劉瑾逐劉健、謝遷，激起士人共憤，戴銑與給事中艾洪、御史薄彥徽等二十一人，或獨自具名，或幾人聯名，上疏請求保留劉、謝二人。最後皇帝將這二十一人全部逮捕，各廷杖三十。戴銑死於杖下，蔣欽三次被杖，三天後死在獄中。著有《朱子實紀》、《峰文集》。

捕下了大獄，還被廷杖四十[026]。

劉瑾暗使心腹監視罰杖的過程，廷杖者便下手特別重，王陽明一度氣息奄奄。王陽明在獄中的抒情詩有十四首，皆悲憤之至。今選錄其中二首：

見月

屋罅見明月，還見地上霜。

客子夜中起，旁皇涕黏裳。

匪為嚴霜苦，悲此明月光。

月光如流水，徘徊照高堂。

胡為此幽室，奄忽逾飛揚？

逝者不可及，來者猶可望。

盈虛有天運，嘆息何能忘。

屋罅月

幽室不知年，夜長晝苦短。

但見屋罅月，清光自虧滿。

佳人宴清夜，繁絲激哀管。

朱閣出浮雲，高歌正悽婉。

寧知幽室婦，中夜獨悲嘆。

良人事游俠，經歲去不返。

來歸在何時，年華忽將晚。

蕭條念宗祀，淚下長如霰。

---

[026]　中國書記載多為三十，此處存疑。——譯者注

▌貶謫龍場驛

被貶為貴州貴陽龍場驛驛丞時，王陽明時年三十五歲。作為禮部侍郎的龍山公王華當時居於北京，聞此消息卻大喜，對身邊的人說道：「吾子為忠臣，將名垂青史，得此吾心願已足。」

第二年，王陽明三十六歲，即將赴任龍場驛時，劉瑾又派心腹分兩路跟蹤，觀其言語行動。王陽明到達杭州府時，正值夏日酷暑，再加上一路勞苦積聚，大病一場，於是暫時歇息於勝果寺[027]。

留詩（〈移居勝果寺〉）為證，如下：

江上但知山色好，峰迴始見寺門開。

半空虛閣有雲住，六月深松無暑來。

病肺正思移枕簟，洗心兼得遠塵埃。

富春咫尺煙濤外，時倚層霞望釣臺。

▌險遭殺害之時，投江

王陽明在勝果寺一住就是兩個月，一日午後，王陽明一個人在廊下納涼，隨身的僮僕正好都出外辦事去了。突然，有兩個兵卒打扮的人從外面走進來，上前問王陽明道：「你是王主事[028]嗎？」

王陽明對他說道：「是的，我正是兵部主事王陽明。」

二卒於是說道：「我二人有要事要對王大人講。」說完就架著王陽明向大門外走去。

---

[027]　據舊志記載，勝果寺在修武縣城南門內，初建於唐代，北宋紹聖年間重修，有殿宇寮舍七十二間，並建寺塔九層一座，即今天的勝果寺塔（又名宋塔）。

[028]　指王陽明。此處稱呼官職。

　　兩人一路裹挾著王陽明同行，王陽明喘著氣問道：「你們這是要把我帶到哪裡去啊？」

　　二卒不理王陽明的問題，只是說：「你只要向前走就知道了。」

　　王陽明說：「我正在生病之中，不能走路太多。」

　　二卒說道：「王大人先勉強支撐一下，路不遠，我們也可以左右相扶，很快就到了。」

　　王陽明無計可施，只好任其所為，大約走了一里地的路程，後面突然又有二人飛馳而來。

　　王陽明觀其相貌，這二人好像是自己熟悉之人。等這二人上前來，對王陽明說道：「王大人是否還認識我們？我們正是居住在勝果寺的鄰居沈玉和殷計，素聞王陽明是當今的賢者，平時未敢當面拜見。剛才聽說有官府僕卒挾持王大人而去，我們擔心他們對大人不利，特追隨至此，以檢視王大人下落。」

　　二卒聽了之後，大驚失色，便對沈、殷二人說道：「此人是朝廷的罪人，你們怎麼能夠親近？」

　　沈、殷二人說道：「朝廷已貶謫王大人的官職，又有什麼理由疊加罪名呢？」

　　二卒不理沈、殷二人的問話，只顧挾持王陽明繼續往前走，沈、殷二人見狀也只能尾隨其後。

　　天色漸進黃昏的時候，五人一起行至江邊一室中。二卒祕密地對沈、殷二人說道：「我們其實是奉了朝廷太監劉公公[029]的命令，到這裡是為了殺害王陽明大人的。你們二人萬萬不要橫加干涉，趕快回去！」

---

[029]　即劉瑾。

沈玉說道：「王公是當今大賢，怎能讓他死於刃下？」

二卒說道：「你所言有理。」說話間解開腰間所帶青色細繩，長一丈有餘，他把繩子遞交給王陽明，說道：「我們允許你自縊而死，這下好很多了吧？」

沈玉又說道：「繩上之死和刃下之死，其慘虐程度是沒有區別的。」

二卒頓時大怒，手拔利刀，厲聲對沈、殷二人說道：「此事如果不完結，我們也無法回去覆命，必然會死在劉公公手中。」

殷計說道：「足下不必發怒，讓王公夜半自己投江而死，既保留了全屍，又不會累及我們地方，你們也可以完成任務，向你們的主人劉公處覆命，豈不妙哉！」

二卒低聲議論片刻，少頃便收刀入鞘，說道：「這樣還差不多。」

沈玉於是又說道：「王大人性命於今天晚上將盡，你們且買酒來同飲，醉了就會忘記這樣悲慘之事。」

二卒表示同意，於是將王陽明封鎖於一室內。

王陽明呼沈、殷二人說道：「我今天必死無疑，只是還要麻煩你們向我的家人通報一聲，幫我收屍。」

沈、殷二人說道：「我們願意通報給大人的家屬，還請大人親筆書信方可！」

王陽明說：「恰好我袖中有白紙，遺憾的是沒有毛筆。」

沈、殷二人說道：「我們理當幫你向酒家討要！」

沈玉和一卒一起去市中買酒，殷計則和另外一卒一起在王陽明門外把守。

沒過多久，買酒者歸來，一卒打開門，兩人各自帶了一個酒盅。沈

玉斟滿一杯酒敬獻給王陽明，還未說話就已潸然落淚。

王陽明說道：「我得罪朝廷，死是我的宿命，我一點都不感到悲傷，你又何必為我悲傷呢？」說完，王陽明便舉杯一飲而盡。

殷計又敬獻一杯，王陽明也是一飲而盡。王陽明酒量不是多麼的大，如是再三，於是便推辭說道：「我真的是不勝酒力了。承蒙你們二位的厚意，願意幫我傳遞家書，接下來我要去寫家信了。」

沈玉把筆遞給王陽明。王陽明從袖中拿出白紙，頃刻間寫詩一首。此詩（題為〈絕命詩二首〉）今留，如下所示：

學道無成歲月虛，天乎至此欲何如。

生曾許國慚無補，死不忘親恨有餘。

自信孤忠懸日月，豈論遺骨葬江魚。

百年臣子悲何極，日夜潮聲泣子胥。

王陽明吟興未盡，於是再作一首，如下：

敢將世道一身擔，顯被生刑萬死甘。

滿腹文章寧有用，百年臣子獨無慚。

涓流裨海今真見，片雪填溝舊齒談。

昔代衣冠誰上品，狀元門第好奇男。

二詩寫完之後還有絕命辭，據說在信紙後作有十字篆書，可惜並未保留下來。

沈玉、殷計通報給二卒，說道：「王陽明已決意投水自盡。」

事實上，這二卒本不識文字，只見王陽明揮筆如飛，片刻未停，兩人面面相顧，驚嘆王陽明真是天才。王陽明一邊寫一邊吟誦，還時不時替這二卒斟滿酒杯，不久二卒就有了醉意。四人互相勸酬，二卒很快便

喝得酩酊大醉。

等快到夜半的時候，雲月朦朧，二卒乘酒興，打算逼迫王陽明投水完事。王陽明向二卒感謝保全自己全屍的恩情，然後直接走向江岸，回過頭對沈、殷二人說道：「請一定轉告我的家人！請一定轉告我的家人！」

話說完，王陽明踏著岸畔的沙泥向江中走去。二卒一來醉酒甚重，二來江灘潮溼不便緊跟著。於是兩人站立在岸上，遠遠地看著這邊發生的一切。突然聽到有物墜水之聲後，便說王陽明已投江了。一響之後四周寂然無聲，曠夜一片淒涼。

二卒在江岸站立多時，仍放心不下，害怕王陽明不死，於是行至下灘搜尋蹤跡，只見江灘上脫有鞋子一雙，又有紗巾浮在水面上，其中的一個便說道：「王大人果然死了！」

持此二物打算走的時候，沈玉說道：「請留下一物，來這個地方的人發現後，就會知道王大人跳水溺亡的事情。等此事傳至京城，也可以成為你們的證人！」

二卒回答道：「言之有理。」於是二卒扔下已經拿在手裡的兩隻鞋子，只攜帶水中漂浮的紗巾回去覆命。

卻說之前外出的僮僕，等他們歸回到勝果寺之後，一看不見王陽明蹤影，問遍了寺廟的所有僧侶都沒人知道王陽明的下落。於是他們立刻徹夜提燈各處去搜尋，然而依舊不見王陽明的人影。其時適逢鄉試之年，王陽明的弟弟王守文正在省（杭州省府）應試。

僕人連忙將此情況報告給王守文。王守文馬上報官，並報請公差以及該寺廟的僧侶們四下尋訪王陽明下落。

正在此時，恰遇沈、殷二人也來尋找王守文報信。王守文接過絕命

詞及二詩一看，馬上就判斷出其果真是自己兄長王陽明的親筆書信，一時間悲傷哀慟。沒過多長時間，又有人在江邊發現了王陽明的兩隻鞋子前來報官。官員將這兩隻鞋子交付給王守文，到這個時候大家都確信王陽明已經跳江死亡。

一時間眾人哄傳王陽明的確已被溺死。王守文送書信到家中，王陽明舉家驚駭悲痛，慘悵之情自不必說。

龍山公王華派人到江邊發現鞋子的地方，命令漁舟趕緊打撈王陽明的屍身，但是一連數日竟無所獲。王陽明的門人聽到這件事情後無不感到悼惜，這時候唯有徒弟徐愛[030]卻這樣說道：「王陽明必然死不了！」

別人問起緣故，徐愛答道：「天生陽明，為其再興千古絕學。怎麼會因此等小事就死了呢？」

▍果真未死

回過頭來再說王陽明果然不曾投水一事。當時很多人都以為王陽明已經溺江身亡，二卒也因完成劉瑾之命而安心。事實上王陽明當初脫下一雙鞋子，留做假象讓人以為自己溺了江，又將紗巾拋棄在水面，然後取石塊向江心投擲而去。

黃昏之後，遠觀不甚分明。二卒只聽到「撲通」一聲響，根本不知事情的真偽，便以為差事已畢。王陽明此時還沒有死的事情非但二卒不知道，連沈玉、殷計也不知道。

卻說王陽明循江灘而去，先是藏身於岸坎之下，看著眼前四個人漸

---

[030]　徐愛（西元一四八七年至一五一八年），明代哲學家、官員，字曰仁，號橫山，浙江省餘姚馬堰人，為王守仁最早的入室弟子之一，據說也是王守仁的妹夫（一說娶其妹王守讓）。明朝正德三年（西元一五〇八年），進士及第。曾任祁州知州，南京兵部員外郎，南京工部郎中等職務。

行漸遠。第二天他搭上一艘商船。船夫可憐眼前這個人沒有鞋穿，還將自己的草鞋贈送給王陽明。七天後，船行至浙江的舟山島。當天夜裡他又搭上另一艘船，不料卻遭遇大風。

經過一晝夜的顛簸終於到了一個地方，登岸問路過的人，王陽明才得知自己來到了福建東北地界。巡海兵船上的士兵見王陽明看上去不像是商賈之人，覺得可疑，就上前拘捕了他。

王陽明說道：「我是兵部主事王陽明，因得罪朝廷受廷杖，被貶為貴州龍場驛驛丞。自念罪重，便打算自己了斷，投身於錢塘江中，誰承想卻沒有死得了，輾轉來到此處。」

士兵聽了面前這個人的話，被王陽明的奇遇所感動，便以酒食款待，然後當即派遣一人往報有司（官府差官）。

王陽明擔心事涉官府，不能脫身，便伺機溜之大吉。

▌投宿虎穴

王陽明沿著山徑無人之處，狂奔三十餘里，等看見一古寺時，天已昏黑，於是叩寺門請求投宿。但是寺僧設有禁約不留夜客歇宿，拒絕了王陽明的請求。

寺旁有一野廟，殘破已久，有虎穴居其床下。曾經就有一行客不了解情況，誤夜宿此廟，結果遭猛虎獵食。王陽明去寺中投宿不得，沒有辦法只能就地宿於野廟之中。此時的王陽明早已筋疲力盡，不久便熟睡於香案之下。夜半群虎繞廟環行，卻沒有一隻敢進去的。

天將明時分，四周寂靜。寺僧聽聞有虎嘯聲，以為昨夜前來借宿的客人早已葬身虎腹，於是一干人結伴進入此廟，打算取其財物。王陽明

尚未清醒，寺僧認為昨夜的客人必死無疑，於是拿著手杖輕輕擊打客人的腳底板。王陽明驚醒，蹶然而起身。

寺僧被嚇了一大跳，說道：「你真的非比平常人，不然怎麼可能有入虎穴而不受傷的呢？」

王陽明茫然不知，忙問：「你說的虎穴在哪裡呢？」

寺僧回答道：「就在你此刻露宿的地方啊。」

破廟成為虎穴是可以相信的，不知這裡是虎穴而投宿其中也是可以相信的。然而，在群虎咆哮的曠野中竟有僧寺一事，始終不能令人信服。我認為這個故事是後人牽強附會猛虎一事，以增王陽明軼事的神怪之感。

寺僧心中十分驚異，立刻邀請王陽明順道去自己的寺廟共進早膳。

▌再遇仙道，接受警策

餐畢，王陽明獨自一人步行至殿後，發現在那裡有一老道正在打坐。老道看見是王陽明突然前來，十分驚訝，趕緊起身說道：「貴人您還記得無為道人嗎？」

王陽明仔細觀之，這位老道原來是二十年前鐵柱宮所見的無為道人，時光荏苒，但他的容貌儼然如昨，不差毫髮。

無為道人說道：「我之前告訴你我們二十年後相見於海上。我當年沒有欺騙你吧。」

王陽明十分喜悅，這真可謂是他鄉遇故知，因此與無為道人對坐，問道：「我今與逆臣劉瑾結下了怨仇，所幸的是劫後餘生。我現在打算隱姓潛名，隱遁世間。但是不知道何處可以容身，還請道人您給指點

一二！」

　　無為道人說道：「你不是還有親人在俗世嗎？萬一有人說起你不死，你的敵對遷怒到你的父親。如果他們誣告你的父親在北邊私通胡，南走越。到那個時候你們百口莫辯啊！你勢必將進退兩無據呀。」

　　無為道人於是為王陽明作詩一首。詩曰：

　　二十年前已識君，今來消息我先聞。

　　君將性命輕毫髮，誰把綱常重一分。

　　寰海已知誇令德，皇天終不喪斯文。

　　英雄自古多磨折，好拂青萍建大勳。

　　王陽明佩服無為道人的孝親之言，又感動於他鞭策鼓勵自己的心意，於是決意奔赴謫地，之前索筆題一絕於殿壁。詩曰：

　　險夷原不滯胸中，何異浮雲過太空。

　　夜靜海濤三萬里，月明飛錫下天風。

　　　　　　　　　　　　　　　　　　（原題為〈泛海〉）

　　在困難悲痛之巔卻反而激發出了王陽明豪健有力的精神，誦讀此詩令我也頓生天空海闊之感。

　　後來，王陽明打算向老道辭行。

　　無為道人說道：「我知道你現在沒有旅資了。」說話間從衣囊中取出銀錁一錠（通貨銀片 —— 原作者注）為贈。王陽明得此盤纏，於是從山間小道遊覽武夷山，路過鉛山。從廣信府經過上饒縣時，他還去拜見了故交婁一齋。

　　婁一齋見到王陽明大驚，說道：「之前聽聞你溺斃於江水。後又傳因你為仁得以救之。正未知虛實，今日得相遇，實在是斯文有幸。」

王陽明說道:「我幸而不死,現在打算前往謫地。只是未見老父之面,十分擔心他因為我的事情憂悒成病。這是我唯一的牽掛。」

婁一齋說道:「你的敵對劉瑾遷怒於你的父親,已降其官為南京宗伯(神祇官)了。此去歸途你可與父親一見。」

王陽明大喜。婁一齋公留王陽明一宿,並資助路費數金。

王陽明徑往南京,歸省途中拜見了父親龍山公王華先生。父子二人相見出自意外,恰如枯木逢春,喜不自勝。然後王陽明再繞道折回老家餘姚,探訪疼愛自己的祖母。王陽明居住數日後不敢再作長時間停留,即於正德二年(西元一五〇七年)十二月底辭別親人立刻向貴州龍場驛出發,去那裡擔任驛丞之職。一行僕從總共有三人。

▌收徐愛為門人

此時徐愛、蔡宗兗、朱節、冀元亨、蔣信、劉觀時等人都來執贄拜師,王陽明便將這些人悉數收納為門人,並且以此為樂事。這是王陽明先生招收的第一批弟子。

其中,徐愛是王陽明的妹夫,師徒之情十分親密,如同顏回之於孔子。因為王陽明將要趕赴龍場,徐愛更加刻苦向學。徐愛、蔡宗兗、朱節三人都在鄉試中考取貢生,王陽明作〈別三子序〉贈送給他們,以作紀念。全文如下:

自程、朱諸大儒沒而師友之道遂亡。《六經》分裂於訓詁,支離蕪蔓於辭章業舉之習,聖學幾於息矣。有志之士思起而興之,然卒徘徊諮嗟,逡巡而不振;因弛然自廢者,亦志之弗立,弗講於師友之道也。夫一人為之,二人從而翼之,已而翼之者益眾焉,雖有難為之事,其弗成者鮮矣。一人為之,二人從而危之,已而危之者益眾焉,雖有易成之

功，其克濟者亦鮮矣。故凡有志之士，必求助於師友。無師友之助者，志之弗立弗求者也。自予始知學，即求師於天下，而莫予誨也；求友於天下，而與予者寡矣；又求同志之士，二三子之外，邈乎其寥寥也。殆予之志有未立邪？蓋自近年而又得蔡希顏、朱守忠於山陰之白洋，得徐曰仁於餘姚之馬堰。曰仁，予妹婿也。希顏之深晉，守忠之明敏，曰仁之溫恭，皆予所不逮。三子者，徒以一日之長視予以先輩，予亦居之而弗辭。非能有加也，姑欲假三子者而為之證，遂忘其非有也。而三子者，亦姑欲假予而存師友之饋羊，不謂其不可也。當是之時，其相與也，亦渺乎難哉！予有歸隱之圖，方將與三子就雲霞，依泉石，追濂、洛之遺風，求孔、顏之真趣；灑然而樂，超然而遊，忽焉而忘吾之老也。

今年三子者為有司所選，一舉而盡之。何予得之之難，而有司者襲取之之易也！予未暇以得舉為三子喜，而先以失助為予憾；三子亦無喜於其得舉，而方且憾於其去予也。漆雕開有言：「吾斯之未能信」，斯三子之心歟？曾點志於詠歌浴沂，而夫子喟然與之，斯予與三子之冥然而契，不言而得之者歟？三子行矣，遂使舉進士，任職就列，吾知其能也，然而非所欲也。使遂不進而歸，詠歌優游有日，吾知其樂也，然而未可必也。天將降大任於斯人，必先違其所樂而投之於其所不欲，所以衡心拂慮而增其所不能。是玉之成也，其在茲行歟！三子則焉往而非學矣，而予終寡於同志之助也！三子行矣。「沉潛剛克，高明柔克」，非箕子之言乎？溫恭亦沉潛也，三子識之，焉往而非學矣。苟三子之學成，雖不吾遇，其為同志之助也，不多乎哉！

增城湛原明宦於京師，吾之同道友也，三子往見焉，猶吾見也已。

這篇文章，清晰地說明了他招收這幾位弟子的經過與初衷，同時這也是他留給弟子們的臨別期望。如前述，在隨後的考試中，徐愛、蔡宗兗、朱節三人都在鄉試中考取貢生。

話說此時的王陽明銳意講授學問，雖說門人隨之興起，但是卻沒有

挺身而出以承擔聖學為己任者，今得徐愛挺身而出，承擔此任，且與而後徐愛輔佐王陽明，關係頗為重大。

正德三年（西元一五〇八年）春，王陽明主僕一行抵達龍場驛。

▌謫居的困苦

龍場驛地處偏僻的貴州西北部，隸屬於朝廷派遣的宣慰司管轄範圍。萬山叢棘中，蛇虺成堆，魍魎晝見，瘴癘蠱毒，真可謂是苦不可言。尤其是當地夷人使用的語言又如鳩舌[031]（如不明鳥的語言）難辨。據說言語相通者大都是來自中土的亡命之徒。他們居無宮室，只有累土為窟，然後在其中住宿下來。這是當時的文獻記載情況。

王陽明初至此地，便開始教當地人伐取范木為墍，架木作房梁，刈草當屋頂，然後建成屋宇。周圍的人都紛紛仿效他們。於是這個地方開始出現了真正的棲息之所。後來由於王陽明所居地方湫隘卑溼，當地人就另外為王陽明伐木構室，建造出了更為寬敞的住宿場所。於是就先後有了寅賓堂、何陋軒、君子亭、玩易窩等建築。這些建築後來統稱龍岡書院。王陽明先生還在龍岡書院的周圍種植上檜竹，蒔種上芬芳鮮豔的卉藥。為了苦中作樂，他還寫了一首詩記錄當時的窘況和心路歷程，如下：

> 草菴不及肩，旅倦體方適。
> 開棘自成籬，土階漫無級；
> 迎風亦蕭疏，漏雨易補緝。
> 靈瀨響朝湍，深林凝暮色。
> 群僚環聚訊，語龐意頗質。

---

[031]　即伯勞鳥。

鹿豕且同遊，茲類猶人屬。

汙樽映瓦豆，盡醉不知夕。

緬懷黃唐化，略稱茅茨跡。

（原題為〈初至龍場無所止結草菴居之〉）

王陽明整日在山林間吟詩頌詠，並漸漸地學會了當地的方言，還教當地人禮義孝悌，很多其他地方的夷人特地跑過來聽講。王陽明悉心開導，毫無倦怠之色。在龍場的這段時間，王陽明還作了一首詠誦竹子的詩作〈猗猗〉，表達了自己的精神信仰：

猗猗澗邊竹，青青巖畔松。

直幹歷冰雪，密密留清風。

自期永相托，雲壑無違蹤。

如何兩分植，憔悴嘆西東。

人事多翻覆，有如道上蓬。

唯應歲寒意，隨處還當同。

過了一段時間，王陽明收到家信，信中提到敵黨劉瑾已經知道王陽明沒死，而且也知道了王陽明父子在南都（今南京）的事情，正在想辦法繼續報復王陽明。不久劉瑾一黨矯旨命令龍山公王華致仕還鄉。

自此，王陽明孝親之念更加強烈了。

▍大悟的狀態

王陽明說道：「劉瑾的惱怒尚未得到消除。得失榮辱，我都可置身度外，唯獨生死一念，我時常獨自省悟，覺得自己尚未能獲得超脫。」

王陽明便在居住地後面山上鑿石為槨，晝夜端坐其中。胸中灑然，

若將終身夷狄患難一一淡忘。隨行的僕人卻不習慣貴州地方的氣候生活，經常患病。王陽明親自採薪汲水，作粥相照顧，還擔心僕人憂鬱積懷，經常為其做心理疏導，或作詩吟歌，或作越州俗曲，相互間說著詼諧有趣的事情，使自己的心情獲得放鬆。

王陽明本來是豔羨古聖人，卻無端遇此艱難，想必有比這更為先進的方式成為聖賢吧。每每想到這裡，王陽明就認為：自己格致的工夫尚沒有到火候吧！

一晚，夢寐恍惚之間，王陽明忽然夢到「格物致知」的奧祕。這一切好似夢中有人告訴他，他不覺歡呼跳躍起來，跟隨他來到這裡的正在熟睡的僕伴皆被驚醒，自始王陽明胸中灑灑，終至豁然大悟之境。

也有這樣的趣聞，說王陽明在這一時期，夢到孟子向其講述良知的真意，後來以訛傳訛，居然成了王陽明聽到了上天的聲音。

王陽明在此間的文章中如此寫道：「聖賢為什麼會左右逢源，那是因為他們以良知二字為自己的行為準則。所謂格物，就是格頭腦中的良知。所謂致知，就是要達到這個目標。不思而得，那還能有什麼收穫呢。不勉而中，同樣會一無所獲。只有你篤信良知，對於周圍的一事一物，都認真面對，根據其不斷的變化，摒除自己的障礙，就像聖人孔子從心不踰矩，方是良知滿用。因此我們常言道，無入而不自得焉。如果能達到這個境界，世間還有什麼窮通榮辱死生之見。這都是良知和格物所帶給我們的啟示。」

至此，王陽明始知聖人之道在於自己的心性之中，以前向心外之事求「理」，是多麼大的錯誤。王陽明於是默記五經，以自證其旨。因不吻合，於是寫出了《五經臆說》。

王陽明所倡導的「心即是理」的學說，一言以蔽之，即：聖人之道，

吾性自足,向外物尋求理實大誤。詳細說來便是自己的心性是為人的根本標準,不應向外界的事物尋求其他的「理」。因此王陽明認為「格物」是在視、聽、言、動、思五事之中。「致知」是致向人生來固有的良知。

王陽明「格物致知」的解釋和朱子學有很大的不同,這是王陽明迥異於其他儒者的地方。王陽明此次悟道其實可以看作是陽明學產生前的曙光。自此以後,王陽明日日進步,終於到達陽明學說之大成。

▍夷人來服

王陽明主僕三人久居龍場驛地,當地的夷人也常常來訪,當然其中不乏學者來遊學,動輒一群人在一起聚集。就在此時,思州太守派遣使者去龍場驛侮辱王陽明,在場的夷人個個都憤怒不已,群情激奮之下一起毆打了使者。

思州太守勃然大怒,便將王陽明的言行報告給更高級別的官吏毛憲副長官,毛憲副讓王陽明向思州太守賠罪道歉,並以福禍相逼,王陽明以書信(即〈答人問神仙〉)的形式回答思州太守:

詢及神仙有無,兼請其事,三至而不答,非不欲答也,無可答耳。昨令弟來,必欲得之。

僕誠生八歲而即好其說,今已三十餘年矣,齒漸搖動,髮已有一二莖變化成白,目光僅盈尺,聲不聞函丈之外,又常經月臥病不出,藥量驟進,此殆其效也。而相知者猶妄謂之能得其道,足下又妄聽之而以見詢。不得已,姑為足下妄言之。

古有至人,淳德凝道,和於陰陽,調於四時,去世離俗,積精全神;遊行天地之間,視聽八遠之外,若廣成子之千五百歲而不衰,李伯陽歷商、周之代,西度函谷,亦嘗有之。若是而謂之曰無,疑於欺子矣。

　　然則呼吸動靜，與道為體，精骨完久，稟於受氣之始，此殆天之所成，非人力可強也。若後世拔宅飛昇，點化投奪之類，譎怪奇駭，是乃祕術曲技，尹文子所謂「幻」，釋氏謂之「外道」者也。

　　若是謂之曰有，亦疑於欺子矣，夫有無之間，非言語可況。存久而明，養深而自得之；未至而強喻，信亦未必能及也。蓋吾儒亦自有神仙之道，顏子三十二而卒，至今未亡也。足下能信之乎？後世上陽子之流，蓋方外技術之士，未可以為道。若達摩、慧能之徒，則庶幾近之矣，然而未易言也。足下欲聞其說，須退處山林三十年，全耳目，一心志，胸中灑灑不掛一塵，而後可以言此；今去仙道尚遠也。妄言不罪。

（參見《王守仁全集》卷十二）

　　從上述王陽明先生對於佛老神仙學說的體悟，也能看出此時他已經將生死置之度外，思州太守一讀之下，大感慚愧和佩服。

　　同樣一個例子，水西（地名）安宣慰，很早就仰慕王陽明的名氣，一直苦於無緣得見，於是派遣使者送來米肉、鞍馬和金帛。

　　王陽明將這些餽贈一一推辭，不肯接受，他寫給安宣慰的書信（〈與安宣慰〉），流傳至今，傳為佳話。

　　宋氏有一個酋長叫阿賈阿札，他背叛安宣慰後成為地方上的一處大患，王陽明對此十分憂心，就寫了一封書信詆諷安宣慰，安宣慰看完信後，謹慎地帶領人馬平定了叛亂，人民賴此得以安寧。夷人紛紛高傳王陽明的大義，對待王陽明更是禮敬有加了。

　　這一階段的文章可以參閱《陽明全集》裡面的相關內容。

▋謫居中對門人倡導知行合一

正德三年（西元一五〇八年），王陽明三十七歲。

貴州提學副使席書，號元山，他一生潛心於理學，向來敬仰王陽明。第二年，他特地派人迎接王陽明到貴陽府城中做客，求教朱陸異同之辨。王陽明沒有詳細闡述朱陸之學，而是告訴席書他所悟得的「知行合一」的學說。這就是王陽明倡導「知行合一」的開始。

席元山懷著疑問回去了，第二天又回來，問道：「致知和力行，是一層工夫，還是兩層工夫？」

王陽明說道：「知行本自合一，不可分為兩事。就如稱其人知孝知悌，必是已行過孝悌之事，大概才能領悟得到。又如知道痛楚，必然是自己已經痛過了，知道寒冷也必然是自己已經感覺到寒冷了。知是行的主意，行是知的工夫。古人只為世人貿貿然胡亂行去，所以先說個知，不是化知行為二。如果缺少行的環節，仍然是不知道，知和行二者仍然不能達到合一的狀態。」

王陽明且舉出五經之語來進行證明，席元山漸漸省悟，據說往返數次之後也恍然頓悟，謂「聖人之學復睹於今日；朱陸異同，各有得失，無事辯詰，求之吾性本自明也」。於是席元山與當地長官毛憲副修葺書院，身率貴陽諸生，以師禮尊崇王陽明，一有空暇即來聽講。

▋邪黨全滅正黨復興，貶謫獲免

正德五年（西元一五一〇年），安化王朱寘鐇謀反，以誅滅劉瑾為名。朝廷派遣都御史楊一清、太監張永率領朝廷軍隊進行討伐。

沒過多久，朱寘鐇中了指揮使仇鉞的計謀被擒獲。就在向朝廷進獻

俘虜的時候，仇鉞背地裡勸說張永伺機向皇帝密奏宦官劉瑾的惡行。張永依計從事。武宗皇帝聽張永之言，誅滅了劉瑾，並剪除了劉瑾的黨羽張文冕等一夥人。凡因劉瑾升官的悉數被罷斥，而召見曾經直諫的大臣，替他們復官。

此時的王陽明被貶謫貴州，已經在龍場驛謫居兩年時間。辛苦艱難自然嘗盡，始至豁然頓悟，已經超脫得失榮辱之境，又貫徹生死之「理」，到達「盡人事、聽天命」的境界。唯恃自己心性，勿以依賴外物。王陽明精神修養至此已經日臻成熟，泰然自若。

不管遭遇多麼困難的事情都巋然不動；廓然大公，物來則順應之，因地制宜，隨機應變。如明鏡止水，寂然不動則鏡子能保持衡平，徹動靜語默，存良知靈明。王陽明就是成語典故「艱難玉汝」的最好展現。

王陽明的學德修養的精進，片刻也不曾停止。如果沒有這謫居的兩年，恐怕王陽明是不會有如此重大的進步的。思及此，以前三十年的修養，遇此機緣，才一度開花結果吧。

▋西辭龍場

正德四年（西元一五〇九年）年底，王陽明升任廬陵縣知縣。

兩年多的貶謫時光隨之結束，臨行之際，縉紳士民送者數千人俱依依不捨。想當日初到龍場驛的時候，隨地講學，現在即將歸去，過常德辰州，一路講學從遊者甚眾。見到門人冀元亨、蔣信、劉觀時輩俱能卓立，王陽明非常喜悅，說道：「謫居兩年時間裡，沒有能夠傾訴心語的人，歸途有幸能認識你們這些朋友！記得當初在貴陽提倡知行合一的教義，不同的觀點很多，也不知從何而起。這次歸來與各位朋友靜坐僧寺，使自己在靜寂中體悟心之本體，恍恍惚惚就像是接觸到了本體。」

途中王陽明又寄書於冀元亨，說道：「之前在寺中雲靜坐悟道，並非打算坐禪入定。這大概是因我自己平日為事物紛擾，未知為己，打算以此補小學『收放心』的一段工夫。明道云，『才學便須知有用力處，既學便須知有得力處』。各位朋友宜於在靜坐悟道上下工夫，這樣才會有所進步。」

當然，為了避免後進者又陷空禪的窠臼，王陽明多次一覺起來就寫詩抒懷，留有詩為證，如下：

紅日熙熙春睡醒，江震飛盡楚山青。
閒觀物態皆生意，靜悟天機入窅冥。
道在險夷隨地樂，心忘魚鳥自流形。
未須更覓羲皇事，一曲滄浪擊壤聽。

（題為〈睡起寫懷詩〉）

▌小結

不入虎穴，焉得虎子。不陷死地，怎能體會生死之味。王陽明歷經此番歷練，其艱難困苦非一般常人所能承受，因此，王陽明所得經驗也頗叫人讚嘆。

另外，王陽明在此番經歷中顯示出的熱誠：節義、忍耐、智謀、決斷、修養、安心立命、寬恕等品格，對於時至今日社會中的我們而言也是非常有裨益的。

當我，王陽明的經歷無法複製，吾輩今人各自的道路也不適去盲目模仿，且無須拘泥於王陽明的行跡，而應當專心取其精髓內涵！

第五章　第一次講學時期

　　王陽明先生的講學一日也不曾荒廢，大體看來，王陽明先生的人生階段也可分為自我修養時期、專事門人教育時期、一心征討時期和專心講學時期，總共四個階段。當然，各個時期的劃分並沒有嚴格界限。

　　根據手頭資料，我把龍場驛謫居，即王陽明先生三十八歲為止的時期劃為自我修養時期；把任職廬陵知縣時期，即王陽明先生三十九歲那年的三月到四十五歲那年的九月劃為第一講學時期。但是，要說王陽明先生真正向世人發表自己的學說，那都是龍場驛謫居以後的事情了。

▌政績

　　王陽明先生三十九歲既至廬陵縣[032]為政。王陽明先生不依仗嚴酷的刑罰樹立自己的威信，唯獨以開導人心為本。在剛剛臨任之際，王陽明便私底下諮詢老吏以省察各方貧富奸良之實。諸種訴狀積於案頭卻不輕易斷案。

　　王陽明考察明朝初期舊制，多番考量後，選拔里正三老在叫做申明亭的地方辦公，凡來訴訟的人都委派里正三老先委曲勸諭。百姓有盛氣而來，終悔訴而走，亦有涕泣而歸者。由此圄圉日清，風俗大變。

　　王陽明在廬陵縣七個多月，發告示十六回，大抵是諄慰父老，教化

---

[032]　廬陵縣地處江西中西部、贛江中游，秦始皇二十六年（西元前二一一年），始置廬陵縣，屬九江郡。明洪武元年（西元一三六八年），廢吉安路，置吉安府，領廬陵、泰和、吉水、永豐、安福、龍泉、萬安、永新、永寧九縣；洪武二年（西元一三六九年），太和改為泰和，吉安府領廬陵、泰和、吉水、永豐、安福、龍泉、萬安、永新、永寧九縣。

子弟勿放蕩淫僻。當時城中多火災，因此在城中各所設防火器械，修濬水路，據說以此火患久絕。王陽明任期雖短，其設施卻不少，傳及後世，後世都紛紛效法王陽明先生的施政法則。

這年冬天十一月，王陽明獲准回到京城覲見皇帝，路上下榻於大興隆寺，與湛甘泉、儲柴墟（諱瓘）等一起探討「致良知」之精義。進士黃宗賢（黃綰，字宗賢）[033] 當時為後軍都督府都事。因儲柴墟請見，王陽明與他們交談，驚喜地問道：「此學失傳已久，你們是怎麼知道這些的？」

對方回答道：「我們只是空懷一腔抱負，至今一無所成。」

王陽明說道：「人唯一害怕的是無志，而不是沒有成就。」

黃宗賢深深嘆服。（按語：黃宗賢是嘉靖六年春執贄的門人。）

正德五年十二月，王陽明先生升南京刑部主事。湛甘泉擔心他們的講座會荒廢，於是將情由報告給了當時的宰相楊一清[034]，楊一清出面邀請王陽明繼續留任北京。

正德六年（西元一五一一年），王陽明先生四十歲。正月，楊一清奏請王陽明先生改任北京吏部驗封司主事。此時王陽明先生便不用再去南京赴職，從這個時期開始論述朱晦庵、陸象山[035] 之學。

---

[033] 黃綰（西元一四七七年至一五五一年），字宗賢、叔賢，號久庵、石龍。浙江省黃岩縣洞黃（今溫嶺）人。黃孔昭之孫。少時求教於謝鐸，刻苦治學，卓有所得。後承祖蔭官後軍都督府都事。

[034] 楊一清（西元一四五四年至一五三〇年），字應寧，號邃庵，別號石淙，祖籍雲南安寧。成化八年進士，弘治十五年以南京太常寺卿都察院左副都御史的頭銜出任理陝西馬政。後又三任三邊總制。歷經成化、弘治、正德、嘉靖四朝，為官五十餘年，官至內閣首輔，號稱「出將入相，文德武功」，才華堪與唐代名相姚崇媲美。

[035] 陸九淵（西元一一三九年至一一九三年），號象山，字子靜，書齋名「存」，世人稱存齋先生，曾在貴溪龍虎山建茅舍聚徒講學，因其山形如象，自號象山翁，世稱象山先生、陸象山。江西撫州人。在「金溪三陸」中最負盛名，是著名的理學家和教育家，與當時著名的理學家朱熹齊名，史稱「朱陸」，是宋明兩代「心學」的開山祖。明代王陽明發展其學說，成為中國哲學史上著名的「陸王學派」，對近代中國理學產生深遠影響，被後人稱為「陸子」。

收方叔賢為門人

同年二月，王陽明先生擔任會試考試官，他片刻未曾廢棄讀書講學，門人聽講者頗多。當時有吏部郎中方叔賢（諱獻夫），位雖在王陽明先生之上，聽聞王陽明先生論學多有成績後，也以師禮前來拜會。

王陽明先生贈以詩云（〈別方叔賢四首〉）：

一

西樵山色遠依依，東指江門石路微。
料得楚雲臺上客，久懸秋月待君歸。

二

自是孤雲天際浮，籠中枯蠹豈相謀。
請君靜後看羲畫，曾有陳篇一字不？

三

休論寂寂與惺惺，不妄由來即性情。
笑卻殷勤諸老子，翻從知見覓虛靈。

四

道本無為只在人，自行自住豈須鄰？
坐中便是天臺路，不用漁郎更問津。

同一年十月，王陽明升為文選清吏司員外郎。也就在當年，王陽明寫文章鼓勵湛甘泉講學。第二年，王陽明先生四十一歲，三月升考功清吏司郎中。

這一時期他座下弟子的數目不斷地增多，門人穆孔暉、顧應祥、鄭

一初、王道、梁谷、萬潮、陳鼎、魏廷霖、蕭鳴鳳、唐鵬、路迎、林達、陳洸、黃綰、應良、朱節、蔡宗克、孫瑚都是當時弟子中的佼佼者，其他人不可盡述，從略不談。

徐愛等弟子也來到了京師，一同聽王陽明的學術講座。

▌徐愛大悟

十二月，王陽明先生升為南京太僕寺少卿，從貶謫期滿到此時兩年時間，王陽明先生的官職有了大幅度的提升。官職晉升後，王陽明先生到南京赴任之際便決定取道家鄉探望親人。

徐愛同一年以祁州知州期滿進京，升南京工部員外郎。徐愛與老師王陽明同舟返回越地，一路上聽王陽明先生討論《大學》的宗旨。

親耳聽聞王陽明的高論後，徐愛高興得手舞足蹈，心中甚感酣暢淋漓，如狂如醒數日，胸中混沌復開。他反覆研究堯、舜、三王、孔、孟千聖等賢達的立言軼事，人各不同，但他們的人生目標卻都是一致的。

這就是現今流傳的《傳習錄》所載首卷部分的內容。徐愛在自敘中如此寫道：

徐愛因舊說被世俗所湮滅，才開始學習王陽明先生的教義，當時實在是駭愕不定、無處入心。過了一些時間，學習的時間久了，慢慢地開始嘗試著自己去實踐體悟，然後開始篤信王陽明先生的學問本是孔門學說的嫡傳，點點滴滴都是精華。譬如說格物是誠意工夫，明善是誠身工夫，窮理是盡性工夫，道問學是尊德性工夫，博文是約禮工夫，唯精是唯一工夫，諸如此類，最初皆是落落難以融合。其後思之既久，不覺手舞足蹈，其美妙之處只有自己才能體會得到。

徐愛是最為尊敬王陽明先生的一個人，也是最篤信先生學問的弟子。

正德八年（西元一五一三年）春天，王陽明先生四十二歲，在越中居住。

王陽明起初打算到家之後就與徐愛同遊天臺雁蕩山水，但由於家人和鄉親的牽絆纏身而被耽擱下來。

到了五月末，王陽明與徐愛等數友相約，等候黃綰未至，於是幾個人從上虞入四明山，觀白水，尋龍溪之源；登杖錫，至雪竇，上千丈巖，以望天姥之華頂，他們打算於此地取道奉化至赤城，然恰逢長久乾旱，山野天地都龜裂不堪，眾人慘然，都悶悶不樂，於是又從寧波一同回到餘姚。

黃綰以書迎王陽明先生，王陽明先生在回信中寫道：「和諸位朋友一起的這次旅行，我有一些心得，但是沒有大的體悟。其中最讓我覺得遺憾的是黃宗賢沒能同行。年輕的後輩們習氣已深，雖有美好特質，但是卻逐漸消失殆盡。此事正如浪裡淘沙，會有見金時，但眼下暫時卻還不能得到。」

王陽明此番遊玩雖為山水，實則注意教化徐愛、黃綰二弟子。王陽明先生所點化的門生最有收穫的時候就是在登遊山水間聆聽王陽明先生的感悟的時候。

▍講學盛況

這年冬天十月，王陽明先生到達任地滁州[036]。

滁州地方山清水秀，是名副其實的名勝佳地。王陽明在此地監督馬政。滁州地方地理偏僻，王陽明的官務也因而閒散。王陽明白天與門人遨遊於琅琊境內的滾泉之間，夜晚環繞龍潭而坐者數人，其歌聲震徹山

---

[036] 位於今安徽省東部。

谷。諸生隨地請教，王陽明先生就當今時事教化之，每個人都有大的收穫，於是踴躍歌舞樂之。舊學之士，亦來此地增進學養。

可以說王陽明先生從遊者眾是從滁州開始的。

省察克治

孟源問：「靜坐中思慮紛雜，不能強禁絕！」

王陽明回答道：「紛雜思慮，也是不能夠強禁絕的；只就思慮萌動處省察克治，到天理精明後，有個物各付物的意思，自然精專無紛雜之念。這正是《大學》所謂的『知止而後有定』。」

孟源打算依靠靜坐而除去繁雜之念，而王陽明先生的諭示則說明，透過動靜一貫的修煉才能達到最好的境界。思慮萌動是我們的常態，為何要強加禁止呢？唯有順合天理才是正道。靜坐的工夫有時並非無益，但專依此計則容易陷入枯禪之偏頗。

惜別諸友

正德九年（西元一五一四年），王陽明先生四十三歲，繼續留任安徽滁州。

四月，王陽明先生被朝廷升為南京鴻臚寺卿。滁陽諸友依依惜別，送至烏衣江，不能忍別，留居江浦，目送王陽明先生渡江。

為敦促他們早日歸去，王陽明先生填詞道：

滁之水，入江流，江潮日復來滁州。

相思若潮水，來往何時休？

空相思，亦何益？

欲慰相思情，不如崇令德。

掘地見泉水，隨處無弗得。

何必驅馳為？千里遠相即。

君不見堯羹與舜牆？

又不見孔與蹠對面不相識？

逆旅主人多殷勤，出門轉盼成路人。

上詞中其真摯情感令人佩服。

教導法大變

五月，王陽明抵達新任所南京。

不幾天徐愛也來到南京，師徒同門之間的交流日益親密。黃宗明、薛侃、馬明衡、陸澄、季本、許相卿、王激、諸偁、林達、張寰、唐俞賢、饒文璧、劉觀時、鄭騮、周積、郭慶、欒惠、劉曉、何鰲、陳杰、楊杓、白說、彭一之、朱箴等，同聚師門，朝夕相處思索講學之道，砥礪不懈。

與此同時，有人對之評論道：「在滁州遊學的弟子中有不少人喜歡空談闊論，也有人事實上已經背離王陽明的學說了！」

王陽明先生對此的回答是：「我多年來一直打算懲世俗之卑猥汙濁，導引學者多就高尚幽遠之法，以救時弊。今見學者漸有流入空遠玄虛，為求超脫新奇之論，對此我的確有些遺憾。因此現在我在南京論學的時候，只教學者存天理、去人慾，這些都是為了省察克治實功。」

可見，王陽明先生的反思是時刻進行，且不斷發生改變的。

▌辨明仙佛儒

當時王嘉秀、蕭惠好談仙佛，王陽明先生曾經警告這二人道：「我幼時求聖學不得章法，也曾嘗試著寄託於仙、佛二氏。其後居南方龍場驛夷地三載，才始見聖學的端緒，到現在我十分後悔在仙佛之道上錯用功二十年。仙佛的學說，其精妙之處與聖人的距離只有毫釐之間，故不易被辨解，唯篤志聖學者始能究析其隱微，而並非測億其所及。」

這都是王陽明先生根據自身經驗得出的論斷，十分精妙。

正德十年（西元一五一四年），王陽明先生四十四歲，在京師。正月，上疏自陳辭職，依舊沒有得到允許。這一年朝廷對兩京官吏進行考察，王陽明照例上疏請辭。

此時他立姪子王正憲為後嗣。正憲字仲肅，是王陽明先生的季叔王易直（字袞）[037] 之孫，也就是西林王守信的第五子。王陽明此年已經四十四歲，與諸弟王守儉、王守文、王守章兄弟四人都沒有子嗣，故在龍山公王華的建議下，為王陽明選擇王守信之子王正憲，將其過繼給了王陽明。王正憲時年僅八歲。

是年御史楊典推薦王陽明改任祭酒司一職，王陽明先生對此沒有答覆。

▌擬作〈諫迎佛疏〉

八月，王陽明擬著〈諫迎佛疏〉。

當時皇帝命太監劉允於烏思藏樹幡供諸佛，奉迎佛徒。劉允奏請鹽七萬俵引以為路費，皇帝許之。輔臣楊廷和等與戶部及諫官各疏執奏，帝不

---

[037]　應為王袞，字德章，號易直。

聽。王陽明先生希望皇帝採納忠言，於是欲作〈諫迎佛疏〉上奏，後中止。

〈諫迎佛疏〉也是王陽明先生的傑作之一，收錄在《陽明全書》裡面。由於篇幅過長不作引中，請讀者白行閱讀。

同一年，王陽明先生的祖母岑太夫人九十六歲，王陽明向皇帝上疏，乞求恩准歸鄉探望，以為訣別。疏文多次輾轉上遞，言辭也甚為懇切。然而可惜的是，他的奏請卻自始至終都沒有得到皇帝的允許。

我們可以屢次從祖母岑氏身上發現王陽明先生的孝親之念。現今歸省之志未能如願，王陽明先生心中的擔憂可想而知。王陽明先生此時的教學已經漸漸發揚光大。關於王陽明先生的學說，學界對其公認正是始於此時。

▌小結

第一次講學時期時間跨度約有七年。這個階段王陽明先生多向世人宣傳自己的學說。各種說法亦稱這個時期王陽明是講授懇切篤信、從遊樂多的時期。然而現在我卻不知因為何故而倍感寂寥。

王陽明至此已為大悟之人，講授也不是不懇切。然而與奏下赫赫戰功的第二次、第三次講學的兩個時期相比，此時王陽明先生的聲望還不是很高，世人尊崇王陽明先生之念也不是很深。這就是我讀這一時期未免有寂寞感的緣由吧！

嗚呼，這如何不叫人為之動容！自學成才難，授之於人更難，建功揚名則是難上加難。王陽明先生的教學與功名無關。世人卻多以為王陽明先生依此為輕重。古人道：「道不虛行，待人與之。」這是我在王陽明先生講學時期所得到的經驗。

其實應當講述的內容很多，然而囿於學養不足，只能寫出一些皮毛的內容。這又是寂寥感的一個原因吧。

第六章　第一次靖亂時期

　　本篇講述的是王陽明四十五歲那年的十月至四十七歲那年的三月，大概一年半時間裡王陽明先生的人生事蹟。其功績最著名的要算安定中國南部的亂民，即平鎮橫水、桶岡、三浰等地的蟊賊流寇。

　　王陽明尚武既久矣，然而可惜的是，大丈夫志向遠大，卻很少有用武之地，時局的向前發展，終於給了他大顯身手的好時機。恐怕世界上再沒有能比王陽明先生更喜愛軍事且用兵如神的人了吧！

　　受命後，他慨然趕赴前線去征討敵寇。在此後的戎馬生涯中，他也想方設法，窮盡思考，避免了與敵寇的兵戎相見。就盧珂戰役而言，他不費一兵一卒，就將池仲容招降至麾下，這是最著名的事例。

　　就在後來第一次靖亂時期，猶有這樣的坊間傳聞。王陽明極為注重文韜武略，以文教訓誡其門人。這真可謂是左手不釋卷，右手不離劍，如同二十世紀的「胡蘿蔔加大棒」政策 [038]，二者相較真是有過之而無不及也。

▌受命平定漳南巨賊

　　正德十一年（西元一五一六年），王陽明四十五歲，當時他還身處南京。

---

[038] 「胡蘿蔔加大棒」（Carrot and Stick）一詞最早在一九四八年十二月十一日《經濟學人》（*The Economist*）發表，後收錄於《牛津英語詞典》（*Oxford English Dictionary*）增訂版，附圖有一隻驢和一個胡蘿蔔。胡蘿蔔加大棒是一種以「獎勵」（胡蘿蔔）與「懲罰」（「大棒政策」即「Big Stick Policy」）同時進行的一種策略，又被稱為獨裁者的懷柔政策。一個流行的說法是，此語的原型出自美國總統老羅斯福（Theodore Roosevelt）在一九〇一年參觀明尼蘇達州博覽會時的演說：「Speak softly and carry a big stick, and you will go far.」（「溫言在口，大棒在手，故而致遠」），這是一句非洲諺語。此處涉指十九世紀美國干涉拉丁美洲內政的歷史。

就在此時，在中國南方的汀漳地方和下面各郡，賊寇的騷亂頻頻發生。於是在當時兵部尚書王瓊的舉薦下，王陽明被任命為都察院左檢都御史，作為朝廷的欽差大臣，巡撫中國南方的贛南、汀漳等地。當時王瓊的舉薦理由是，王陽明滿腹安邦剿賊的韜略，才幹又卓越超群，欽差之職非王陽明莫屬。

同年十月，王陽明便踏上了南歸的路途，順便回故鄉越中省親。此時他還得空拜見了祖母岑老夫人和父親龍山公王華。就在此時，王思輿[039]對當時在場的季本[040]說道：「王陽明此行必然會樹立功名。」

季本不相信，問道：「這你是怎麼知道的？」

王思輿笑著回答道：「我曾暗暗觀察，王陽明此行的目標十分明確，而且意志堅決。你也知道，王陽明文韜武略，滿腹才學，而且心思鎮定，非常人可比。之所以到現在還默默無名那是因為長時間以來，王陽明沒有用武之地而已。」

就在此時，大明的國威日漸式微、每況愈下，流寇在各地虎視眈眈，蠢蠢欲動。最嚴重的就是正德六年發生在江西省下面的各郡裡的大騷亂。南昌、贛州等地不斷出現敵寇割據，這些土匪占山為王，經常跑出來燒殺搶掠，無惡不作。附近的普通群眾聞之皆膽顫心驚。

剷除這夥賊寇刻不容緩，於是朝廷委派一個名叫陳金的左都御史統管軍務前去征討。左都御史陳金領命後，立刻就調兵遣將趕往江西，透過一番征討後江西民眾獲得了暫時的安寧。

但是陳金有個毛病就是居功自傲，獲得成功後，他依仗著自己的軍

---

[039] 原文為「王思輿」，當為錯訛。另有可能為明朝清官王思，王思（西元一五四九年至一六〇八年），字子睿，號慎庵，曲陽壇南社人。他治學嚴謹，革除陋習，培養了一大批在朝中頗具影響的官員名士。此處存疑。── 譯者注

[040] 季本（西元一四八五年至一五六三年），字明德，號彭山，會稽（今浙江紹興）人。從王守仁學。官至長沙知府。解職還鄉後寓禹跡寺講學。詩存《康熙會稽縣志》。

功，就在當地橫征暴斂，戕害無辜平民。比起那些被消滅的賊寇真是有過之而無不及。陳金不僅沒有管理軍隊在當地的胡作非為，而且好逸惡勞，民間私底下怨聲載道。

在這種情況下，朝廷就委派王陽明先生巡撫贛南、汀漳等地方（包括中國的南安、贛州、汀州、漳州等多地），希望挽回已有局面。

▍訓誡流寇

正德十二年（西元一五一七年）初，王陽明四十六歲。

就在去贛南赴任之際，王陽明路過吉安府萬安縣，恰好遇到了數百人的劫匪幫派。這幫匪徒在光天化日之下就跑出來燒殺搶掠，以至於附近經商的商人們都心驚膽顫，生怕一不小心遇到了有身家性命之憂。簡言之，就是躲避都唯恐不及，還有誰敢貿然出來與這些匪徒抵抗呢？

王陽明獲悉了這個情況，決計要剷除他們，為民除害。於是王陽明想出了一個好主意，他命令這些遭遇敵寇侵擾的商船聯結起來，擺出要和匪徒們血拚到底的樣子。一時間，旌旗翻滾，鼓聲齊鳴，如同發動了對劫匪們的衝鋒號角。

那夥匪徒哪見過這等陣勢，見狀立刻明白自己的逍遙日子過到頭了，他們還以為是朝廷下令剿滅自己的官兵現身了，個個嚇得魂飛魄散，跪在岸邊求饒：「我們原本也是本地的饑荒災民，之所以選擇落草為寇，那是為了得到朝廷的救濟而迫不得已啊！」

王陽明了解到其中情由後，便命令將船泊岸，對那些匪徒們說：「你等傳話給其他匪徒，朝廷已經知道你們遇到饑荒的事情，我原本是朝廷委派的欽差大臣，等我到達贛州官衙後，會立刻處理賑災的事宜，我會

向朝廷稟明實情，幫你們申請救災糧餉。你們這幫土匪，今日速速散去，等待朝廷的救濟，不得再聚眾滋事。倘若你們仍不知悔改，膽敢再禍害百姓，必然會招致滅頂之災！」

聽到王陽明如此嚴厲的申斥，土匪們無不噤若寒蟬，趕緊作鳥獸散。

就在這一年的正月十六，王陽明抵達贛州的就職所在地。到任後，他終日開府辦公，命令下轄地方公平分派救災物資，招撫流民，還在大堂之前樹立了兩個匾額，上面分別刻上：

求通民情

願聞己過

▌偵識奸賊

汀漳地方有兩個名叫詹師富、溫火燒的土匪頭目，他們占山為王多年，氣焰極其囂張跋扈。於是王陽明與湖廣、福建和廣東三地的地方士紳協商，約好了時間一起發動征討。

有一點王陽明起初有所忽略，那就是在贛州這個地方，官兵中很多人與這些匪徒暗中有所來往。這些人接受土匪們的賄賂，向土匪們通風報信，於是就經常出現這樣的狀況：官府還沒有開始採取行動，敵人就已經知道官府的動向，早早地便做好了防範。

在王陽明的府衙就有這麼一位老衙役，十分狡點奸猾，經常從事這樣的勾當。王陽明透過調查得知這一情況後，把老衙役叫到自己的臥室裡面，對他說：「你暗中通賊，向他們通風報信，這已經是犯下了死罪。如果你能洗心革面、戴罪立功的話，我可以放你一條生路！」

老衙役立刻求饒。王陽明便命令他供述出奸賊們的名單和最新動向。老衙役也深知自己所犯的罪行,立刻口頭求饒,表示願意合作,於是很快把奸賊的名單如數供出,還把土匪們的最新情報報告上來。

老衙役的反水,使得王陽明剿滅賊匪的計畫勢如破竹,他也按照之前的允諾,赦免了老衙役的罪行,從而爭取到了獲得勝利的主動權。

誠然,當時的政治局勢複雜多變,不僅賊匪橫行,很多受災的良民也夾雜其中,於是土匪和良民互為雜糅,很難區別出來究竟誰本來是土匪,而誰又本是良民,即使會用兵打仗的謀略之人對之也是束手無策。

在這種情況下,就需要官員的隨機應變之才略了。前已周知,王陽明先生是文臣出身,雖有志於武舉治國,但是他仍能將二者結合起來,發表溫和的法治政策。這也正是王陽明的過人之處。

▌十家牌法

對於土匪的不斷侵擾,王陽明日思夜想,終於想出一個好辦法,那就是推行「十家牌法」政策。

王陽明「十家牌法」的主要內容為:每十家劃分為一牌,每戶門前又設置一小牌,查實造冊報官備用。規定每日每人執牌挨戶察糾情況,如有異變隨時報官。如有隱匿的情況發生,處於同一牌的十戶人家都會連坐。具體內容如下文:

本院奉命巡撫是方,唯欲剪除盜賊,安養小民。所限才力短淺,智慮不及;雖挾愛民之心,未有愛民之政;父老子弟,凡可以匡我之不逮,苟有益於民者,皆有以告我,我當商度其可,以次舉行。今為此牌,似亦煩勞。爾眾中間固多詩書禮義之家,吾亦豈忍以狡詐待爾良民。便欲防奸革弊,以保全爾良善,則又不得不然,父老子弟,其體此意。自今

各家務要父慈子孝，兄愛弟敬，夫和婦隨，長惠幼順，小心以奉官法，勤謹以辦國課，恭儉以守家業，謙和以處鄉里，心要平恕，毋得輕意忿爭，事要含忍，毋得輒興詞訟，見善互相勸勉，有惡互相懲戒，務興禮讓之風，以成敦厚之俗。吾愧德政未敷，而徒以言教，父老子弟，其勉體吾意，毋忽！

（參見〈十字牌法告諭各府父老子弟〉）

王陽明的「十家牌法」政策很快達到了立竿見影的效果。這與日本的「五人一組制」如出一轍。「五人一組制」興起於日本的江戶幕府時期，它是基於當時，為了更嚴格地管理全國內的村落，在日本最低級別的行政組織——村落中建立的自治組織形式。大概就是將近鄰的五戶人家編為一組，互相負有連帶責任。他們不僅要一起預防火災、盜賊，抵抗天主教，還要互相擔保納貢，互相扶助，如同常說的「有福同享，有難同當」。

「十家牌法」規定極其嚴密，實施也非常嚴厲，而且王陽明還輔助性地制定了〈諭俗四條〉，具體內容如下。

諭俗四條

第一條：為善之人，非獨其宗族親戚愛之，朋友鄉黨敬之，雖鬼神亦陰相之。為惡之人，非獨其宗族親戚惡之，朋友鄉黨怨之，雖鬼神亦陰殛之。故常言之「積善之家，必有餘慶，積不善之家，必有餘殃」。

第二條：見人之為善，我必愛之；我能為善，人豈有不愛我者乎？見人之為不善，我必惡之；我苟為不善，人豈有不惡我者乎？故凶人之為不善，至於隕身亡家而仍不悟者，由其不能自反也。

第三條：今人不忍一言之忿，或爭銖兩之利，遂相構訟。夫我欲求勝於彼，則彼亦欲求勝於我；仇讎相報，遂至破家蕩產，禍貽子孫。豈若含忍退讓，使鄉里稱為善人長者，子孫亦蒙其庇乎？

第四條：今人為子孫計，或至謀人之業，奪人之產；日夜營營，無所不至。昔人謂為子孫作馬牛，然身沒未寒，而業已屬之他人；仇家群起而報復，子孫反受其殃害。是殆為子孫作蛇蠍也。吁，可戒哉！

（參見《王陽明全集》）

▌變更兵制

因為贛州地方自古以來山高林密，盜賊割據，如果要調兵遣將，那更是費事至極。根據史料記載，如果地方要上書請朝廷派兵支援的話，從出兵到援軍抵達，前前後後沒有一年時間是根本不行的。費時間且不說，還要花費令人瞠目結舌的天價軍事開銷。朝廷的軍隊到達地方，驕橫倨傲，不服管教的情況也時有發生。這樣算下來，他們帶來的損失幾乎要超過帶來的收益。

王陽明針對這個情況，也做了仔細的考察。他就在民兵預備役上想辦法。後來他命令所轄四省從所屬區域內，從民兵預備官中選拔出驍勇之士，集中在府州縣衙訓練。這些勇士稱為鄉勇，意即由民間挑選出來的壯丁組建成的部隊。

每個縣府多的推選十來個人，少的也有七、八個人，最後集結起來。福建和江西兩省分別挑選出來五、六百名，湖廣和廣東兩省也有四、五百名，氣勢十分可觀。這些選來的鄉勇中才略出眾者後來也有人被擢升為軍官將領統率軍隊。剩下的兵士們則駐紮訓練，沒有戰事的時候他們戍守城池；如果有突發情況出現，他們立刻展開救急，展開機動式迎戰。這為王陽明最終剿滅賊寇打下了堅實的基礎。

▌討賊

王陽明到任贛州十幾日，其文韜武略之才就展露得淋漓盡致。例如倡議建立護城士兵。平時部隊駐紮在村莊裡面，遇到賊寇騷擾的時候馬上進入臨戰狀態，這一制度實行後，部隊很快就獲得了很多次勝利。賊寇聞風落荒而逃，逃遁到象湖山地域，王陽明命令士兵們乘勝追擊，最後在一個叫做蓮花石的地方雙方展開了鏖戰。

由於山賊們一開始做了相應的準備，剛一交戰，剿賊隊伍的兩員大將就接連殞命沙場，其他將士見狀內心多有不安。這時候就有人沮喪了，跑來見王陽明，對他說：「到現在我們都沒有蕩平賊寇，我覺得還是等待朝廷援兵到來，等到秋天再來一起進攻才是最好的辦法！」

王陽明聽取了這位將士的諫言，於是下令接下來在江州府上杭縣紮營休整，對外揚言要大力犒賞三軍將士。之所以這麼做，一者讓軍隊休養生息，將士們也可以養精蓄銳；二者對敵人造成假象，他們是正在等援軍到來，等集結在一起再發起總攻。

王陽明暗中還派密探溜入敵人的地域一探虛實，密探回來報告說，山賊們又跑回去占據了象湖山[041]。只怕是官兵們一出兵他們又跑得不見蹤影，待官兵撤走他們復出，繼續燒殺掠奪，為非作歹。

王陽明見時機成熟，於是下令各軍自查軍紀軍法，凡是違反紀律者一律嚴厲追查責任，絕不寬恕。那些和敵人私下苟且的士兵也允許他們戴罪立功。然後他將所有士兵分為兩支隊伍，同時在二月二十九日突然對敵人發起了攻擊。他們一鼓作氣勢如虎，長驅直入象湖山敵人的巢穴。

---

[041] 象湖山位於閩粵贛邊區，歷年為兵家征戰之地。

　　不料這些賊寇負隅頑抗，準備與將士們對抗到底。王陽明就親自帶兵出戰，他領導麾下的兵士們奮勇抗敵，對象湖山展開了猛烈的進攻。戰爭的場面雄渾壯烈，令守城的敵人聞風喪膽。

　　王陽明率領著自己親手訓練出來的來自三個省地的軍士們從一條林間密道攀緣上了懸崖，然後分散隱蔽在山上的密林叢中。軍士們如同不計其數的螞蟻，一時間密密麻麻地出現在敵軍的面前，賊寇們頓時如落花流水般棄甲逃跑。軍士們則乘勝追擊，最終獲得象湖山剿匪的大捷。

　　王陽明緊接著下令眾將士們繼續追剿餘賊寇，先後剿滅了四十多個賊寇幫派，然後對詹師富、溫火燒等七十餘名山賊頭目處以斬首的極刑，那些被俘虜的小毛賊也均得到了相應的處罰。繳獲的軍需物資則充公，用於軍隊建設。

　　至此，漳南地方為期十餘年的賊寇之患終於悉數被鎮壓。二月出兵，四月「班師回朝」，凱旋。自古以來能如此迅速地獲得戰爭的成功的人，猜想也不多吧。

　　王陽明的軍隊在上杭縣駐紮的時候，正趕上長時間的乾旱，一直沒有下雨。官軍所到之處，接連三日都喜降大雨。駐地的百姓們歡呼雀躍，都認為是王陽明的到來為他們帶來了寶貴的雨水，後來人們把王陽明待過的行臺 [042] 命名為「時雨堂」。這也正是「王師若時雨」典故的出處。

▌〈時雨堂記〉

　　王陽明先生以短文的形式記敘了此篇寫作的前後原委：

　　正德丁丑三月，奉命平漳寇，駐軍上杭。旱甚，禱於行臺；雨日夜，民以為未足。乃四月戊午班師，雨；明日又雨；又明日大雨。民乃出田。

---

[042]　舊時地方大吏的官署與居住之所。

登城南之樓以觀，民大悅。有司請名行臺之堂為「時雨」，且曰：「民苦於盜久，又重以旱，將謂靡遺。今始去兵革之役，而大雨適降，所謂『王師若時雨』，今皆有焉。請以志其實。」嗚呼！民唯稼穡，德唯雨，唯天陰陟，唯皇克憲，唯將士用命，去其螣蜮，唯乃有司實耡獲之，庶克有秋。乃予何德之有，而敢叨其功！然而樂民之樂，亦不容於無紀也，巡撫都御史王守仁書。是日，參政陳策、僉事胡璉至，自班師。

此一時期，王陽明先生又曾作詩歌〈喜雨三首〉，來抒發自己的感慨，全詩茲摘錄如下：

其一：

即看一雨洗兵戈，便覺風光轉石蘿。
順水飛檣來賈舶，絕江喧浪舞漁蓑。
片雲東望懷梁國，五月南征想伏波。
長擬歸耕猶未得，雲門初伴漸無多。

其二：

轅門春盡猶多事，竹院空閒未得過。
特放小舟乘急浪，始聞幽碧出層蘿。
山田旱久兼逢雨，野老歡騰且縱歌。
莫謂可塘終據險，地形原不勝人和。

其三：

吹角峰頭曉散軍，橫空萬馬下氤氳。
前旄已帶洗兵雨，飛鳥猶驚卷陣雲。
南畝漸忻農事動，東山休共凱歌聞。
正思鋒鏑堪揮淚，一戰功成未足云。

▌頒布隊伍法

王陽明在平定漳南地方的山賊後，深深地感覺到自己麾下的士兵們存在著缺乏紀律意識、機動性差的問題。因此，戰事一結束他就馬上對隊伍進行了改革。這就是他所號召的隊伍的「習戰之法」的最初提出。起始時間是在當年的五月分。

王陽明這次軍事改革的主要內容如下：

每二十五人[043]編為一個小分隊（原稱「伍」），每個小分隊設一個小分隊長（「小甲」），即伍長。每兩個小分隊組成一個隊伍，設置一個負責人，稱作隊長（「總甲」）。四個隊伍總共二百人，然後組成一個「哨」，配備「哨長」一名、軍師（「協哨」）兩名。四百人為一個營，配備「營官」一名，參謀二人。三個營總共一千二百人，為一「陣」，每陣設置一名偏將。每兩個陣總共兩千四百人，合為一軍，每軍設置副將。偏將沒有固定人數，每遇到戰事臨時設置。小分隊長從隊伍裡擇優選拔，隊長從小分隊長中選拔而出，哨長則從官員中選拔，同理，營官則從哨長中提拔，並給予豐裕的待遇。偏將和副將則根據實際需求臨時設置。同時也規定，如有事故發生，副將可以問責偏將，偏將往下責罰營官，營官責罰哨長，哨長責罰隊長，隊長責罰小分隊長，小分隊長可以責罰普通的士兵。以此就可以做到「務使上下相維，大小相承，如身之使臂，臂之使指，自然舉動其一，治眾如寡，庶幾有制之兵矣」。到了最頂端，自然就是王陽明統率全軍了。

為了加強隊伍間的緊密性，每個隊伍中還分發了兩塊木牌或者竹牌，每五個人一塊，上面標記了同一個隊伍的所有人的姓名，一塊交由

---

[043]　原文為十五人，但根據前後文，一小分隊十五人的話，兩小隊才三十人。譯者在參閱了王陽明的相關資料後，糾正為二十五人。譯者猜想是原作者記錄錯誤所致。

隊長管理，一塊保存在巡撫衙門，將之稱作「伍符」。往上的級別也有對應的「哨符」、「營符」。一塊交由負責人保管，另外一塊仍然保存在巡撫衙門。

如果突發緊急戰事，這些「符」就發揮相應的效力。既便於調遣部隊，又有利於識辨奸佞叛徒。由於王陽明的軍隊平日訓練有素，因此真正到了戰場上，在其運籌帷幄的指揮下，兩者互為配合，發揮了很大的效用。

▌賞罰分明

接下來，王陽明開始上疏給朝廷，要求嚴厲施行賞罰制度，從而激勵軍隊的士氣。其中一段這樣寫道：

「凡是兵士臨陣退縮的，領兵官即軍前立刻斬首。領兵官不按照軍令執行的，總兵官即軍前斬首。其有擒斬功次，不論尊卑，全部都進行升賞。」

從上文可以看到部隊的體制也沿用了前面十家牌法中「連坐」的嚴厲軍紀，明確地展現出有功必賞、有過必罰的核心思想，這在當時是十分有效的。

接下來王陽明向朝廷許諾，奏章若得到朝廷允准，而由於兵不精而沒能剿滅賊寇的話，他甘願領受來自朝廷的嚴重懲治。在同一奏章裡，王陽明還議論了割南靖、漳浦之地設縣，建議於大洋波建立縣治，增設巡簡司一職務，協同自己的軍隊一起鎮壓反叛。

王陽明一生中的知己，即朝廷中兵部尚書王瓊認為王陽明的諫言十分正確。他對這件事發表意見說，如果要從根本上解決贛南的賊患，就

必須按照王陽明的建議，滿足王陽明的要求。他又上奏給皇帝，請求賜王陽明所奏請的地方縣名為清平，改巡撫為提督軍務，請皇帝下詔賜給旗牌，有便宜行事的權力。

王陽明平定漳南地方的匪患有功不言而喻，接下來就是朝廷的論功行賞了。王陽明的俸祿因此漲了一級，王陽明自此益得發舒其志，可謂是春風得意馬蹄疾啊！自此他也更加堅定了憑藉自己的經略之才全力鎮撫賊寇的信念。

明正德十三年（西元一五一八年），朝廷下令設置平和縣，任命王陽明為都察院右都御史兼巡撫。到任後，王陽明在一個叫做河頭的地方建造了官衙，然後讓河頭的巡檢司遷移至枋頭。這是因為河頭是諸賊寇的咽喉重地，而枋頭則是其唇齒。隨後他發表了水上運輸法規，以此對南贛地區的商稅進行統一整理。

除此之外，王陽明還非常重視當地人民的教育問題，教導人們與人為善。王陽明先生一生中文德先行，也不失威武，這些自始至終都沒有發生改變。

▌平定橫水賊寇

在橫水這個地方有個叫做謝志珊的賊寇頭目，每次探聽到消息得知朝廷派督查追剿的時候，他都能獲得先機，在與官兵的周旋中其勢力始終沒有受到太大的削弱。隨後，謝志珊大破南康府，打算乘虛一舉打入湖廣省境內。

此時，湖廣省任職的巡撫都御史陳金向朝廷上疏，要求增派福建、廣東二省兵力配合湖廣，合力在桶岡地方夾擊謝志珊賊孽。王陽明針對此形勢，沉著冷靜地分析道：「桶岡、橫水、左溪的諸賊危害三省多地。

其危害是一樣的，但是每個地方的形勢卻不盡相同。」

　　就湖廣省而言，桶岡歷來是其腹心之患。就江西省而言，橫水、左溪是賊寇的腹地，桶岡為賊寇的兩翼。不管怎麼講，燃眉之急就是進兵橫水、左溪，先去除心腹大患，然後再一起合攻桶岡。而湖廣省巡撫都御史卻上疏合攻桶岡，顯然是不懂兵法，分不清輕重緩急。

　　按照計畫，湖廣的兵力將在十一月初一如期集結完畢。如今尚在十月分，橫水的賊寇自然早已知道三省夾攻的政策。他們認為到時候朝廷肯定會施行夾攻桶岡的策略，再者，朝廷的兵馬尚未集結完畢，距離出兵之日為時尚早，自然還不急著做抵禦的準備。

　　王陽明獲悉這一情況，於是決定將計就計，明著宣稱攻打桶岡，實際上暗中要攻取橫水。就在這一年十月初七，王陽明祕密調動軍隊，以迅雷不及掩耳之勢直搗敵寇巢穴。敵軍在毫無防備的情況下潰不成軍那是自然，那可叫得上勢如破竹。

　　就在攻打橫水的時候，王陽明擔心浰頭的賊寇伺機作亂，於是在精密安排後對防守部下曉之以利害，最後派遣黃表去招撫黃仲容等，勸誡他們認清形勢，戴罪立功，而且賜給他們金銀布匹，叫他們放下心理負擔。

　　一時間賊寇黨首們被王陽明真誠的勸誡之辭所打動，例如山賊頭子黃金巢就率領部下，跟隨著黃表投了降，表達自己願意殺賊立功。

　　王陽明對其好言相待，進行了安撫，然後從投降來的隊伍中選出精壯之士五百，成立新的隊伍，編入自己的軍隊征討賊寇。

　　王陽明既然定下了出師的具體日期，就按照原先的計畫將隊伍分為「哨」隊，祕密地告訴他們作戰方略，沒過多久，十路軍馬在十月十七日按照「哨」的規制統一發兵。

▌神機

都察院的兵士也幾乎是同時配合著朝著一個方向出發。號令已經發出，但是戰場表面上卻一片安靜，聽不到任何的風吹草動。

其實，王陽明之前在贛州擔任都察院御史的時候，曾經向門下諸弟子和學生也講過這樣的策略。平日裡經常練習武功，等到要發兵的前一日，他卻和諸弟子徹夜談論學養修行之術。等到第二天學生們依然按照往常去書院集合，等待王陽明老師向他們講課。可是到了大門口，卻被守門人告知，王陽明大人一大早未來得及睡個囫圇覺，就已經率領著手下的兵士出外打仗去了，此刻大概已經出了城門有二里遠了吧！當然，具體去了哪裡、所為何事，守門人自然不能知道。

王陽明的神機妙算竟達到了如此地步，令人瞠目。

▌用人訣竅

十月九日，王陽明在南贛如期發兵，隊伍浩浩蕩蕩地逼近南康府。在這支隊伍中有兩個部下，分別叫做李正巖和劉福泰，這兩個人私下與賊寇偷偷摸摸有所來往，也經常將官府的情報出賣給敵人。

王陽明得知這個重要消息後，便將此二人祕密地召到自己的官邸，叫他們趕緊交代自己的罪行。不料，李正巖和劉福泰二人異常冥頑狡猾，他們死活不肯認帳。

王陽明見狀，對他們說：「即使是你們真的有過向賊寇們通風報信的事情，也不是沒有戴罪立功的機會的。我仍可以將你們留在府衙任職。你們再好好想想吧！」

到了晚上，士兵向王陽明報告說，李正巖和劉福泰這兩人在衙門外

求見，說有緊要的事情稟告，請求大人能夠抽時間見他們一面。

王陽明就命人帶他們進來。李正巖和劉福泰一進門，就馬上跪在地上叩頭求饒，然後齊聲對王陽明說：「聽說我軍打算攻打桶岡，此事萬萬不可，否則定會遭到敵寇的埋伏。在必經之處有一個叫做十八面的地方，此地十分險要，山嶺高聳，通路狹隘。官兵們根本不可能順利經過。我們現在可以向大人推薦一個人，就是木匠張保。他曾在敵營中常年待過，參與過山寨的工程建設工作，其中的很多設計都出自他手，他還十分清楚敵營的地理位置。」

王陽明立刻問：「必須立刻找到此人，你們可知道此人現在何處？」

兩人齊聲答道：「真是天助我也，張保已經被我等擒獲，現在正在衙門外候著。沒有大人的命令，我等不敢擅自將張保帶進來面見大人。」

王陽明立刻吩咐將張保帶入衙門裡來，然後將他請到一個沒有人的屋子。王陽明對張保說：「聽說敵寇的山寨皆出自你的設計，你這是死罪啊！」

張保聽聞，連忙俯首認罪，回答道：「小人本是依靠手藝討一口飯吃的，誤入敵寇巢穴，一時間貪生怕死，才無奈上了賊船，在賊寇們的逼迫下不得不替他們賣命，這真的是沒有辦法的事情！」

王陽明見目的達到了，就說道：「這個事情我暫時就不追究你的罪責了。你在賊營多年，他們建設營寨必然選擇在地勢險要的地理位置。你就把他們重點活動區域在地圖上如實標記下來，還有要把營寨附近前後左右所有能與外通達的道路全部供述出來！」

張保趕緊欣然答應。王陽明取出紙和筆墨，任張保將具體情況一一道來。事後，王陽明如約赦免了這三人的罪行，後來還給他們一官半職為國家效力。

如此就是王陽明先生知人善用的妙處所在。

乘勝追擊

　　王陽明的部隊經歷了十天的行軍，終於抵達了一個叫南坪的地方。在此地官兵上下奮勇殺敵，於此大破賊巢。

　　此時王陽明隊伍的探子回報，敵寇深知自己不能與官兵相對峙，於是打算退守到營寨地方，依仗各處天險來和官兵的剿殺相對抗。他們打算將各個巢穴存活的賊寇兵力集結起來，與官兵們一決雌雄。

　　王陽明這邊的大將們，看這個陣勢，就互相傳言道：「攻擊桶岡的時間是十一月初一，現在距離這個時日到來也不遠了。我們就不用那麼著急了吧！」

　　王陽明聽見後，答覆道：「我們現在駐紮的地方，到桶岡還有十餘里路程。一路上山路崎嶇難行，猜想得三日時間才能全部抵達。憑藉我們的實力，如今自然不能將餘孽全部剷除，但是如果我們提前移兵至桶岡地方，因勢利導休養生息，也可以囤積兵力，我認為是沒有什麼不妥的！」

　　就在這時候，在外面搜山的官兵們俘獲了一個小毛賊，將其五花大綁了帶到王陽明的帳前。經過審問才得知，這是桶岡的賊寇派來的奸細，他之所以潛伏到橫水是為了打探官兵們的最新進展。

　　眼前的賊匪叫做鐘景。王陽明對他說：「如今我軍士所到之處戰無不勝攻無不克，你也應該很清楚，所以攻破桶岡也只是時間上的問題。如果你願意留在我們的隊伍中戴罪立功，我可以赦免你的罪過！」

　　鐘景聽言連忙叩首，表示願意歸降。王陽明藉機詢問了桶岡周圍的地理位置，鐘景就其所知的消息全盤供出，而且還詳細地標示出了通行至桶岡的所有交通要道。從這件事情做判斷，王陽明覺得鐘景這個毛賊

還是可以留用的。於是他親自解開鐘景身上的繩子，賞賜給他美酒珍饈，並留鐘景在自己帳下供職。

接下來就是王陽明發揮自己軍事才能的時候了，他命各軍傳令下去，兵分多路，一路在賊寇正面作佯攻狀，一路在其背後偷襲。他們在南方濃密的霧氣的遮蔽下，馬不停蹄地連夜行軍，經過全軍上下的齊力奮戰，最終用十三天時間，攻陷賊寇的老巢，一舉將所有的敵寇剿滅。在整場戰鬥中，戰士們殺敵和俘虜敵人無數。其中一個山賊頭子謝志珊見狀也自知回天乏力，便伺機逃往桶岡，途中被大將邢珣活捉。王陽明獲悉此事後，立刻下令將謝志珊押至城門外梟首示眾。

▋一心平定巨賊

臨刑前，王陽明問謝志珊道：「身為一介小民，你卻要聚眾為賊，做出這麼多傷天害理的事情來。你是用什麼辦法聚眾之多呢？」

謝志珊答道：「此事也實在不是件容易的事情。」

「如何不容易？」王陽明問。

謝志珊答道：「平生我見到世間的英雄好漢，絕對不會輕易放過，而是要千方百計地與他結識，然後收買到我的陣營裡面。好酒者就給他美酒，有難者就為其解決困難。我和自己的兄弟們坦誠相待、肝膽相照，有福同享、有難同當。如此這般，他們沒有一個不願意追隨我的！我們向來是齊心協力做事的。在我的部下裡面，能舉起千金之物的人就五十多位，卻全部為你一一誅殺。如今我才束手就擒，到了現在這地步。這可真算得上大明天子的洪福了，我覺得這不算是我的過錯！」

到了行刑的時間，謝志珊閉上眼睛等待被斬首。此後略去不談。

王陽明後來對自己的門人說起過這件事情，說道：「我們受儒學教養的人一生中都在尋找朋友，能夠做到這樣就可以了。」後人論此語，不但學者求朋友當如此；雖吏部尚書為天下求才，亦當如此。有詩四句云：

同志相求志自同，豈容當面失英雄。

秉銓誰是憐才者，不及當年盜賊公。

平定桶岡之賊

謝志珊的事情告一段落，全軍上下戰情激奮，諸將士紛紛請纓要乘勝追擊一舉攻破桶岡。王陽明對諸將士說：「桶岡地方有大險四寨的天然屏障，平時與外界聯絡都要在溝壑間懸掛懸梯。如要通過，那可真是一夫當關萬夫莫摧。裡面最平坦的地方是上章，那也要花費十天半個月的時間才能抵達。我們這樣貿然前往，敵人肯定做好了準備，請君入甕。我們接下來就在這附近駐紮軍隊，養精蓄銳休養兵力，則會安穩無虞，沒有後顧之憂。賊寇看到我們的不斷勝利，必然膽顫心慌，這個時候我們可曉知以利弊勸諭他們降服。如果他們不思悔改，我們就果斷地進攻，與他們一決死戰！」

接下來，王陽明派遣部下李正巖和之前投降的鐘景去勸降。當月二十八日，二人連夜趕往桶岡，去詔安藍天鳳等一干賊寇。意即他們如果願意歸降，則可饒恕他們不死，最後期限是十一月初一上午，送降書來見。

對此，王陽明還特地寫了一紙書信，全文不加修飾，不賣弄辭藻，曉知以利弊，動之以情，內容如下：

本院巡撫是方，專以弭盜安民為職。蒞任之始，即聞爾等積年流劫鄉村，殺害良善，民之被害來告者，月無虛日。本欲即調大兵剿除爾等，隨往福建督征漳寇，意待回軍之日剿蕩巢穴。後因漳寇即平，紀驗

斬獲功次七千六百有餘，審知當時倡惡之賊不過四五十人，黨惡之徒不過四千餘眾，其餘多係一時被脅，不覺慘然興哀。因念爾等巢穴之內，亦豈無脅從之人。況聞爾等亦多大家子弟，其間固有識達事勢，頗知義理者。自吾至此，未嘗遣一人撫諭爾等，豈可遽爾興師剪滅；是亦近於不教而殺，異日吾終有憾於心。故今特遣人告諭爾等，勿自謂兵力之強，更有兵力強者，勿自謂巢穴之險，更有巢穴險者，今皆悉已誅滅無存。爾等豈不聞見？

　　夫人情之所共恥者，莫過於身被盜賊之名；人心之所共憤者，莫甚於身遭劫掠之苦。今使有人罵爾等為盜，爾必怫然而怒。爾等豈可心惡其名而身蹈其實？又使有人焚爾室廬，劫爾財貨，掠爾妻女，爾必懷恨切骨，寧死必報。爾等以是加人，人其有不怨者乎？人同此心，爾寧獨不知；乃必欲為此，其間想亦有不得已者，或是為官府所迫，或是為大戶所侵，一時錯起念頭，誤入其中，後遂不敢出。此等苦情，亦甚可憫。然亦皆由爾等悔悟不切。爾等當初去後賊時，乃是生人尋死路，尚且要去便去；今欲改行從善，乃是死人求生路，乃反不敢，何也？若爾等肯如當初去從賊時，拚死出來，求要改行從善，我官府豈有必要殺汝之理？爾等久習惡毒，忍於殺人，心多猜疑。豈知我上人之心，無故殺一雞犬，尚且不忍；況於人命關天，若輕易殺之，冥冥之中，斷有還報，殃禍及於子孫，何苦而必欲為此。我每為爾等思念及此，輒至於終夜不能安寢，亦無非欲為爾等尋一生路。唯是爾等冥頑不化，然後不得已而興兵，此則非我殺之，乃天殺之也。今謂我全無殺爾之心，亦是誑爾；若謂我必欲殺爾，又非吾之本心。爾等今雖從惡，其始同是朝廷赤子；譬如一父母同生十子，八人為善，二人背逆，要害八人；父母之心須除去二人，然後八人得以安生；均之為子，父母之心何故必欲偏殺二子，不得已也；吾於爾等，亦正如此。若此二子者一旦悔惡遷善，號泣投誠，為父母者亦必哀憫而收之。何者？不忍殺其子者，乃父母之本心也；今得遂其本心，何喜何幸如之；吾於爾等，亦正如此。

　　聞爾等辛苦為賊，所得苦亦不多，其間尚有衣食不充者。何不以爾為賊之勤苦精力，而用之於耕農，運之於商賈，可以坐致饒富而安享逸樂，放心縱意，遊觀城市之中，優游田野之內。豈如今日，擔驚受怕，出則畏官避仇，入則防誅懼剿，潛形遁跡，憂苦終身；卒之身滅家破，妻子戮辱，亦有何好？爾等好自思量，若能聽吾言改行從善，吾即視爾為良民，撫爾如赤子，更不追咎爾等既往之罪。如葉芳、梅南春、王受、謝鉞輩，吾今只與良民一概看待，爾等豈不聞知？爾等若習性已成，難更改動，亦由爾等任意為之；吾南調兩廣之狼達，西調湖、湘之土兵，親率大軍圍爾巢穴，一年不盡至於兩年，兩年不盡至於三年。爾之財力有限，吾之兵糧無窮，縱爾等皆為有翼之虎，諒亦不能逃於天地之外。

　　嗚呼！吾豈好殺爾等哉？爾等苦必欲害吾良民，使吾民寒無衣，飢無食，居無廬，耕無牛，父母死亡，妻子離散；吾欲使吾民避爾，則田業被爾等所侵奪，已無可避之地；欲使吾民賄爾，則家資為爾等所擄掠，已無可賄之財；就使爾等今為我謀，亦必須盡殺爾等而後可。吾今特遣人撫諭爾等，賜爾等牛酒銀兩布匹，與爾妻子，其餘人多不能通及，各與曉諭一道。爾等好自為謀，吾言已無不盡，吾心已無不盡。如此而爾等不聽，非我負爾，乃爾負我，我則可以無憾矣。

　　嗚呼！民吾同胞，爾等皆吾赤子，吾終不能撫卹爾等而至於殺爾，痛哉痛哉！興言至此，不覺淚下。

（參看〈告諭浰頭巢賊〉）

　　再說駐紮在浰頭的賊寇首領池仲容，其綽號池大鬢，原是龍川縣的大戶出身。因被仇家陷害，官府昏聵無為，一時氣憤，於是與其弟仲寧、仲安偷偷潛入那戶人家，一連殺了仇家十一口人，然後哥兒仨亡命天涯，後來到了三浰落草起義。期間他們的隊伍屢敗官軍，在周圍的影響很大。哥哥池仲容自號金龍霸王，偽造符印，還以兵力脅遠近居民，

將壯丁收為部下，富者則借貸銀米，稍有違抗，焚殺無遺。

另外，龍川有其他流民領袖，如盧珂、鄭志高、陳英三個人十分有本事，各自聚眾千餘人，保守鄉村。仲容曾經打算招這幫人入夥聚義，不料盧珂等不願意合夥，於是他們之間展開了仇殺。

王陽明委派嶺東地方的兵備官，先對盧珂等三家進行招撫。這三家立刻表示願意接受招撫，也願意出力剿賊。

王陽明對此表示同意，於是讓他們留守在本村，與龍川縣駐守軍士一起協同備禦。

對於盧珂等人的所作所為，池仲容憎恨得咬牙切齒。後來再到黃金巢等人出降，其他的賊寇也萌生了投降的想法。此種情景之下，只有池仲容不肯接受安撫。他對眾賊說道：「我等做賊，也不是一年的時間了。官府這次來招安，也不是第一次才有的事情。王陽明的話未必就一定可信。我們且再等等，看看黃金巢等投降的後果再作打算。到時候我們再去投誠，也是為時不晚的事情。」

等到十月十二日官兵已破橫水，池仲容開始有點害怕了。就在這個時候，王陽明又派遣使者送書信招撫黃金巢等人。

池仲容於是對其黨羽高飛甲說道：「現在官軍已經攻陷橫水，他們勢必會乘勝直搗桶岡，接下來就該輪到我們浰頭大禍臨頭了，這可怎麼辦才好？」

高飛甲對答道：「先前督撫也曾遣人來招安，而且聞黃金巢等也被朝廷招安錄用，不若我們也派遣一個人出去投降吧，一來可以延緩王陽明的來攻，二來也可以窺探王陽明軍隊的虛實。如果說官軍勢力強盛，招安也的確是真心實意的，我們再作計較。再不濟，我們留你的兄弟池仲安安插在朝廷那邊，就可以作為我們的內應。另外一方面，我們要加派

人手，鎮守天險，多多預備作戰用的木石，以防官府方面的偷襲。」

池仲容採納了高飛甲的建議，於是立刻派遣他的兄弟池仲安，讓其率領著老弱病殘二百餘人，浩浩蕩蕩地趕到橫水投降，向王陽明不好說自己願意率領部眾立功折罪。

這個時候橫水的賊寇已經基本上全被鎮壓。王陽明見到了池仲安來降的情形，嘆了一口氣，說道：「你既然是真心要投降，我馬上就派兵守護桶岡。你也可以帶領自己的兵士前往上新地駐紮。這期間如果桶岡的賊匪有意要逃跑，你一定要在那裡用心截殺，砍下賊人的首級來報告，那時我就算你立了功。」

再說那上新、中新、下新三個賊寇的巢穴，在桶岡的西路，去剁頭的路程是比較遠的。王陽明故意這般調開使其難以與池仲容互為呼應。表面上則好像是對其委以重任，為的是叫他安心效力。這是王陽明的妙計。

再說那李正巖等到了桶岡，先是向池仲容講述了督撫王陽明此次的浩蕩兵威，然後告訴他們招撫的期限。藍天鳳對此大喜，表示情願接受招撫，於是召集他的黨羽在一起商議招安的事情。在這個時候，一個叫做蕭貴模的橫水賊寇逃入桶岡，來見藍天鳳，對他說：「征南王謝志珊不知倚靠天塹抵禦官兵，結果讓官軍潛入內腹，最終導致全軍覆沒。之前如果刻意提防，別說是朝廷官兵有百萬人之眾，即使是一隻蚊子也飛不進來。如今你處為戍守要塞，處處都是絕佳天險，而且我部下還有橫水之戰留活的兵士，總共有千餘人左右，完全可以幫助您保衛桶岡。您為什麼偏偏自尋死路呢？」

聽聞蕭貴模這席話，藍天鳳著實犯了困難，這可如何是好呢！於是他又下令各寨頭目一起到鎖匙龍重新商討招安的事情。在這個節骨眼

上，王陽明也沒有靜待賊寇的投降。這月三十日晚上，他遣縣丞舒富率數百人，直搗敵人巢穴。

不巧這天晚上突然下起了大雨，實在沒有辦法，只能停守一日。第二天早上，大雨仍然沒有停下來的跡象。但是各隊軍士並沒有因為下雨就繼續等待，他們冒雨出發。藍天鳳見王陽明多次派使者催促遞交投降的文書，雙方陷入無休止的文字修改中。另外，一看外面滂沱大雨，藍天鳳認為朝廷官兵是絕對不會冒雨進攻的，山上的守備自然就鬆懈了。

就在這個時候，晴天霹靂般地獲悉官府的軍隊已經發動進攻了，藍天鳳不禁驚嘆道：「王陽明先生真是用兵如神啊！」他急急忙忙整理部下兵眾千人，企圖仰仗著內隘絕壁，隔水為陣，以拒官軍。

在大將邢珣的配合下，軍士們群情激奮，一鼓作氣，將負隅頑抗的賊寇們悉數殲滅。就在這場戰鬥中，曾企圖動搖藍天鳳軍心的蕭貴模被斬殺於戰鬥中。賊寇首領藍天鳳想率敗兵逃於桶岡後山，然後攀緣飛梯直入范陽大山，卻發現去路已被官軍把守，在內外交困、無計可施之際，於是縱身躍入背後的萬丈深淵而丟了區區性命。後來，追捕的官兵將其首級斬下，梟首示眾。

至此，桶岡地方的賊寇悉數被王陽明殲滅。王陽明所帶軍士總共搗毀賊寇巢穴數十處，擒斬賊寇首領數十名，其追隨者被誅殺者達數千人之多，且不說那些被生擒的俘虜和錢財，更是不計其數。

▌天縱之武

就在此時，湖廣軍門派遣會戰的參將史春統兵前來，隊伍行至郴州的時候，他收到來自王陽明的親筆書信。在信中王陽明告訴他桶岡賊巢已經全部被蕩平，援軍就不必再遠遠地白跑一趟了。

史春看完信，十分吃驚，說道：「本來商議好的由湖廣、福建、廣東三省聯手合剿，將歷時一年，大家都暗自以為時間不夠用呢。沒想到王陽明自己率領督院之兵，一朝一夕間就將賊寇掃蕩完畢。真是天縱之武啊！」

等到十二月，王陽明率隊伍凱旋，隊伍抵達南康府的時候，當地的百姓扶老攜幼，全家出動，對著王陽明燒香叩拜，互相奔走相告：「今日終於可以睡個安穩覺了！」

王陽明的隊伍所過之州縣關隘，當地民眾無不自願為王陽明建立祠堂，地方較遠的人則在家裡供奉上王陽明的畫像，前面貢獻物品，每逢節日喜慶都要謝拜一番。

設置崇義縣

王陽明認為，橫水、桶岡各個賊寨，星點散落在上猶廋嶺之間。有些地方實在是過於偏僻，號令總不能及時地傳到。於是他建議在劃分出來三縣之地的基礎上，建立縣治，在此增添三處巡司，設關保障。

王陽明的奏疏很快就被批准，朝廷賜縣名為崇義。崇義縣歸由江西南安府來管轄，賜敕獎諭。

征三涮池仲容，一兵未動誅滅巨賊

屯紮涮頭的賊寇聽聞桶岡之賊寇謝志珊和藍天鳳接連被剿殺，心裡越發得恐怖起來，於是抓緊招兵買馬，戍守山寨要隘，以圖以此抵抗王陽明軍隊的進攻。

王陽明先是授意黃金巢等，私下裡派遣部下潛伏到賊巢附近，等待官兵的到來，打算扼守險要位置，遏制來自敵人的反攻。除此之外，王

陽明還傳令給盧珂、鄭志高等手下將領，重新做好戒備。緊接著他派遣部下黃表到浰頭招降，賞勞戍守此地的各位酋長，並向其諮詢部兵守隘的原因。

對於黃表的詢問，池仲容無詞以對，於是就謊稱龍川的亂民盧珂、鄭志高與自己素有仇怨，說道：「現在，盧珂、鄭志高時不時就會帶著部下攻打我的戍地，如果撤出防衛，勢必會被盧珂、鄭志高這些人偷襲。我們一直不放棄武力是因為自我防衛，絕非是要與官府軍隊相抗衡！」

然後池仲容派遣其黨羽鬼頭王，跟隨黃表去王陽明處回報，希望能夠寬限其投降的時間，說道：「到時候我們一定全部投靠王大人，除去自封的旗號，全心全意地接受大人的招撫，成為您的臣民。」

王陽明相信了來人的話，於是寫信給龍川的守衛將領，讓他們調查盧珂等人擅兵仇殺的事實。王陽明對鬼頭王說：「盧珂等的事情本院已派人去調查，倘若情罪是真的，本院一定會派遣部隊前往征討。但是，在浰頭必須為通過此地的官兵開關讓道。既然你們願意接受王陽明的招撫，那麼就必須砍伐擋道的樹木，為我軍士兵開路。」

這鬼頭王回去如實稟報。聞訊後，池仲容那是既喜又懼。高興的是，王陽明責怪盧珂等一干人，完全是中了自己的圈套。害怕的是，十分擔心那王陽明假意說要攻打別處，實則對付自己，如果真是如此的話，那可就不好辦了。

不久，那鬼頭王又從王陽明處帶來了新的情報，池仲容說道：「面對盧珂、鄭志高等人的攻打，我池某自當悉力捍禦。萬萬不敢勞動王大人的官軍。」

此時恰巧遇到盧珂、鄭志高、陳英親到王陽明處述職，王陽明就問盧珂三人到底是怎麼一回事。

盧珂得知池仲容惡人先告狀，居然在王陽明處參奏了自己，於是立刻上書爭辯，並反告池仲容平日裡心懷不軌，私底下僭號設官。如今又點集兵眾號召遠姓各巢賊酋，授以總兵都督等偽官印，準備抗拒官軍。

聽了盧珂的辯駁，王陽明大怒，並罵道：「池仲容已經答應招安，自此以後我們便是一家。你因為與池仲容有私仇，就膽敢擅自仇殺，罪已當死。又編造如此沒來由的話，意圖乘機誣陷，打算掩飾之前的罪狀。你的狼心狗肺本院看得可謂是一清二楚。而那池仲容剛剛派遣其弟池仲安領兵報效，誠心歸附，豈會有再次進行抗拒之事情發生！」

王陽明當眾撕碎了盧珂的書信，立刻下令將盧珂趕出門去，說：「你如果不思悔改，再犯的話，一定斬首示眾！」

這一幕一結束，王陽明立刻叫身旁的心腹參謀，祕密對盧珂說：「督府王陽明大人知道你的忠義，剛才是佯裝發怒，那是以此誘騙浰頭自投羅網。大人吩咐你一定再次告狀。到時候大人會命人打你三十大板，為了早日去除心腹大患，因此想出了這個計策！」

盧珂等按照王陽明的私下吩咐，第二日又來告狀。

王陽明當庭暴怒，於是下令將盧珂五花大綁推出去斬首。眾屬下見狀，忙跪下為盧珂求情，希望從輕發落。王陽明表現出仍不解氣的樣子，於是下令將盧珂責打三十大板，然後投入監獄，以觀後效。

當時，池仲安等人目睹了這一幕，起初聽盧珂等辯解，著實是嚇出了一身冷汗。但後來他們看見王陽明兩次發怒，心中不禁暗暗大喜，一干人你一言我一語紛紛跳將出來，控訴盧珂等人所犯的罪惡。

王陽明說：「對於此事我已經調查明白。你回頭羅列出盧珂等人所犯的全部惡款來，待我逐一考核後，一定會如實判決，將其處斬以安地方。」

池仲安越發大喜，於是寫家書交給鬼頭王，讓他拿回去交給大哥池仲容。

再說那盧珂等被下了牢獄。王陽明私底下又派遣心腹參隨，藉口說「要緊人犯在監，實在是不放心才委派他前來檢查」，暗地裡卻將王陽明的本意完完全全地告訴給盧珂，安慰盧珂等人的情緒。

盧珂等感動得泣不成聲：「王陽明大人為地方除害，如果有用得著我的時候，即使是要我等肝腦塗地，我們也毫無悔恨！」

接下來王陽明又派遣部下黃表去安慰池仲容，告訴他王大人已經知道盧珂等仇殺之實際情況，讓他們千萬不要再對此耿耿於懷了。

池仲容立刻吩咐下去大擺筵席，命人好酒好肉招待黃表。黃表在席間還不時地誇讚王陽明大人用兵如有神助，待人接物更是寬宏大量，向來是來者不拒。舉例說了當年黃金巢等悉數被授有官職，至今留用。然後話鋒一轉，道：「如果你們願意到大人麾下做事，我一定為你美言，你們肯定會得到重用。」

池仲容拱手感謝：「到時一切還全仗各位大人們提挈！」

此後，黃表多次敦促池仲容歸順王陽明，但是這狡猾多端的池仲容始終支支吾吾，一直沒有個準話。

時間很快就到了十二月二十日，王陽明的大隊人馬返回到南贛地區，期間協助圍剿的各路軍馬也都散遣返回原地。回歸到自己原本任職的地方，王陽明很快就下令全城張燈結綵，擺酒設宴，好好地款待隨軍征剿的廣大將士們，與此同時還在城裡貼了一張告示，所寫內容如下：

督撫軍門示：

來賊寇搶攘，時有出寇掠，官府興兵轉餉，騷擾地方，民不聊生。今南安賊巢，盡皆掃蕩之，而浰頭新民皆又誠心歸化，地方自此可以無

虞。民久勞苦，亦宜暫休息為樂。乘此時和年豐，聽民間張燈鼓樂，以彰一時太平之盛。

王陽明在全城慶祝的宴會上，將池仲安招呼到自己跟前，說道：「你的哥哥誠心歸降，本院也為他能夠深明大義感到由衷的欣慰。我聽說盧珂的黨羽平時老是與你們作對，雖然盧珂本人被關在大牢裡面，但是其黨羽有可能會心生怨恨，與你們為難。今後會發生什麼事情誰都無法預測，今天我就放你暫時回到浰頭，幫助你的哥哥防守。把我的話轉告給你的哥哥，小心嚴備絕不可因懈弛失事。」

池仲安十分感動，跪下磕頭。王陽明又派遣指揮俞恩護送池仲安回去，並擺酒設宴替他們送行。回到浰頭後，池仲安一干人等也是大喜過望，盛筵設款。池仲安又對人哥池仲容大力讚揚了王陽明散兵安民的舉措，以及遣歸協守的期許。每每到激動處，無不以手加額，恭謹感激之情溢於言表。

一次，池仲容和黃表在寨內會飲。酒喝到一半，他忽然嘆道：「我們如果早點遇到王陽明大人，就不至於落到今天的地步。」

黃表道：「你們都是新寵之人，說起來真是不識好歹。如今官府對你們一干人等待遇甚厚，況且還給你們榮華富貴，你們怎麼還能心安理得、處之泰然呢？不管怎麼說，論禮都應當親往王陽明大人處致謝來表示我們的誠意。」

隨行的一位使者也插話道：「黃大人說得十分正確。更何況那盧珂一夥人日夜在牢中受盡折磨，說你們謀反有據。官府若去拘傳你們，說你們斷然拒命不來，還說何不試著拘傳印證一下。根據你的來與不來便能證明你是否造反。」

池仲容答道：「如果王陽明大人真的來喚與那盧珂當面對質，我豈有

不去之理？」

黃表又進言，說道：「今天如果王陽明大人拘喚，你突然親自前往叩謝，那麼不消片刻就可以拆穿盧珂等人的罪惡。官府必然相信你而不採信於他。再說那盧珂等人詐害你是言之鑿鑿的事情，誅殺他們只不過是時間上早晚的事情。」

這時，在座的其他池仲容的親信賊首，也紛紛從中力勸斡旋。池仲容相信了黃表的話，於是對眾人說：「若要伸，先用屈。輸得起自己，才能贏得他人。盧珂在贛州玩的伎倆，也須由我親往將其戳穿。」

接下來池仲容便制定計謀，選出麾下好漢以及隨身親信者總共有九十三人，一夥人一起來到贛州。然後池仲容讓所帶人馬大部分留守在驛站待命，自己則只帶了幾個親信隨從來拜見王陽明。

王陽明對池仲容好言安慰，然後詢問了此行所帶人數。

池仲容答道：「跟著我一起來的僅有九十多人。」

王陽明：「既然有九十多人，那就要選個寬敞的地方去留宿。」

王陽明問身邊的軍官：「哪裡最為寬敞？」

中軍官回稟道：「目前就只有祥符寺這個地方最適合居住了。」

王陽明於是對池仲容說：「那就引你們去祥符寺居住怎麼樣啊？」

接著，王陽明又問：「跟你一起來的人如今都在何處呀？」

中軍官不等池仲容開口，便代他回稟道：「眾人現在都在一個叫做屯的教場中呢！」

王陽明佯裝生氣地說：「你們都是新投靠我的民眾，不一起來見我，卻紮營於教場，莫非在疑心本院我嗎？」

池仲容惶恐叩首道：「我們只是找了那塊空地暫息，一切還要聽王大

人您的發落，我們哪敢有其他的輕舉妄動呢！」

王陽明對池仲容說：「本院今日裡為你昭雪沉冤，要洗心革面成為良民也是不容易的事情。希望你們悔過自新，本院以後自然還會有重用你的地方呢！」

池仲容叩謝而出。等到了祥符寺，他眼見宮室整潔，又有參隨數人為館伴，賜以米薪酒肉，標下各官俱來相拜。見王陽明對自己如此優待，池仲容自然是喜出望外。

時間很快就到了閏十二月二十三日，池仲容眼見政府陪同人員每天引導手下，遊行街市，又見各營官軍果真是三三兩兩，街市上張燈設戲，宴飲嬉遊。池仲容誤信以為王陽明自此不再有用兵的打算。池仲容私底下又向獄卒密送賄賂，私自跑到監牢裡窺探盧珂等人的動靜。去了一看，發現果然監獄深固，池仲容心中暗自大喜。

獄卒悄悄對池仲容說：「官府早已經下了命令，拘拿盧珂等犯人家屬，一同下入大牢，不日將問斬於市。」

聽聞此訊，池仲容大喜道：「我的心事到今日終於全部都得到了了結！」過了五天時間，池仲容等去王陽明處請求允准返回。

王陽明說：「自此至浰頭大概有八九日程途。今年即將過去，很可惜你們不能在這邊過新年了。等到了新春時節，又少不了派人來賀節，無形中就多了一趟奔波。據我所知，贛州今歲花燈十分壯觀。你們即使是在此留下過年也不會感到寂寞。你們為何不選擇正月過了再打算回去呢？」

這夥賊寇中的不少年輕人喜歡觀看花燈，這樣就可以日日嫖宿在妓院，政府陪同人員還不時地借貸銀錢給他們玩耍。這些賊子興致越發高漲，玩得更是樂不思蜀了。

135

　　轉眼就是新年，池仲容到王陽明處入賀行禮。下午仲容又開口說想要辭別，王陽明連忙阻止道：「你剛剛行了賀禮，我還沒有犒賞你呢！就這麼著急著要走，初二這天本院時間有些緊張，等到初三我再給你一些封賞吧！」

　　第二日，王陽明命令有司送美酒於祥符寺，政府陪同官員攜妓女前往陪侍。眾賊寇歌舞昇平，歡飲竟日。參隨官提前於轅門外懸一牌額，牌上寫道：

　　浰頭新民池仲容等，次日齊赴軍門領賞，照依花名次序不許攙前譁亂。領賞過，三叩頭即出，齊赴兵備道叩謝，事畢逕回，不必又辭。

　　王陽明部下的陪同官員將抄寫的牌面與眾賊看了，他們無不歡喜。這天晚上，王陽明私底下密諭守備郟文，命令他撥精戰甲士六百人，分作二十隊，埋伏於射擊場。等王陽明犒賞了賊首，奏樂將他們送出院門到射擊場的時候，抽調甲士一隊，每五人一小組，擒而殺之。大約六個人對付一個人定是勝券在握。事了之後，只用一人在龍縣丞處回話。

　　王陽明又吩咐龍光道：「你帶領上上等軍士一隊，化妝成衙門的公役。你們都將暗器隨身藏好，在大門昭牆下待命。如賊黨中有強力難以控制的局面發生，你命令手下軍士上前來協助。等事情結束的時候，你便遙立屏牆，使我望見以慰我心。當然，如果期間出現突發情況，一定要第一時間報告給我。」

　　接下來，他又吩咐有司：「提前預備好賞品等什物，督察院內軍將按照往常的情形排列。」

　　隨後，王陽明又私下密諭中部下的軍官：「你們只看我的號令，到時候一齊動手。」

　　至初三，各官聚集一堂。池仲容率領著帶來的九十三人，來到院

前，看見王陽明預備好的賞物，眾賊各個無不滿心歡喜。待池仲容等亦
隨入叩頭，禮畢後，王陽明首先喚池仲容到跟前說，對他行賞一番。就
在其不備之間，王陽明將池仲容一夥人全部誅戮。

王陽明不動聲色地剷除了積年已久的反賊。滿城的軍士和民眾聞訊
後無不拍手稱快。原本說要犒賞給山賊的賞品，一毫都沒有受到損失，
當場隨即將之賞賜給有功的將士。盧珂、鄭志高、陳英等人也悉數從獄
中放出，厚加賞賜那是自然不能免去的了。

待一切告一段落，時間到了午後時分，王陽明下令退堂，忽然一頭
栽倒在地。左右的侍衛連忙上前將其扶將起來，只見王陽明一時間嘔吐
不止。眾下屬都聚集到私衙探尋病情。王陽明答道：「連日積勞所致，非
他病也。」過了一會，王陽明服食了一碗白粥，然後靜坐稍事靜養，很快
就恢復到原來的狀態。

破山中賊易，破心中賊難

就在這一時期，王陽明曾向門人薛侃寫過一封信，即〈與楊仕德薛
尚謙書〉，信中如是寫道：

即日已抵龍南，明日入巢，四路兵皆已如期並進，賊有必破之勢。
某向在橫水，嘗寄書楊仕德[044]云：「破山中賊易，破心中賊難。」區區剪
除鼠竊，何足為異。若諸賢掃蕩心腹之寇，以收廓清之功，此誠大丈夫
不世之偉績。數日來，諒已得必勝之策，奏捷有期矣，何喜如之！梁日
孚、楊仕德誠可與共學。廨中事累尚謙。小兒正憲，猶望時賜督責。時
延尚謙為正憲師，兼倚以衙中政事，故此云耳。

就上述「破山中賊易，破心中賊難」一句，大多數情況下解讀為：「山

中賊」指的是造反的山民，「心中賊」指造反的思想。王陽明在這封信中認為平叛寇亂容易，但是要徹底消除敵寇叛亂的社會根源卻很難。

在此將「心中賊」向更高一層次引申，就是指過度的人慾。人要向內求，安頓好自己的慾望之心，也就是人們都可能具有的不足與缺陷。破除「心中賊」的過程，實際就是指對自己人格的修練，以提高自己人格的魅力。

▌征討流寇

正德十三年（西元一五一八年），王陽明四十七歲，在贛州。

正月初三，為一舉蕩除三浰的流寇餘孽，王陽明連夜發表檄文督促各路發兵。時間初定於正月初七，在三浰這個地方匯合，然後一起向敵人的巢穴發起進攻。王陽明則親自率領帳下諸官兵，從龍南出發，直接取敵寇位於下浰地方的後方巢穴。

再說那巢穴中的山賊們之前就得到了池仲容的書信，信上說：「贛州兵俱已散歸，督府待之甚厚。不日誅盧珂等。」如此散播開去，各巢的賊寇們各個信以為真，疏忽了對官兵的戒備。

猛地這一日聽說王陽明率領官兵分四路齊頭並進，只得怪那自己相信無比的池仲容無信送到，起初他們還不當一回事，再等到打聽得詳細情況，王陽明的官兵已距離賊巢十分逼近了。他們各個一時惶恐萬分，不知如何應對。等到知道來的是王陽明的精銳部隊，他們才趕緊依據天險鋪設埋伏，並拉開陣勢以迎敵。

王陽明率領的官軍們分三處安營紮寨，三路軍馬同時展開剿殺，呼聲震天。賊首見大勢不能挽回，撒腿就跑，眾官軍乘勝追擊。三浰的賊

寇大巢一一被攻克。各路官兵聞知敵巢已被攻破，各自越發奮勇立功，戰無不勝、攻無不克的局面為前所未有。

池仲寧、池仲安和高飛甲等賊寇的大領神悉數在戰場上被剿滅殆盡。唯有張仲全等率領二百餘人，聚於九連谷口，連連告饒，請求王陽明寬宥。

王陽明於是遣部下黃表前往查驗，果然都是一些老弱，且當上山賊沒多久的人。望其情也確實可憐，王陽明便派遣下屬前往安撫來降之眾，使這夥人早日改過，復為良民。

王陽明的這次征討自正月初七起，至三月初八止，總共兩個多月。在這段時間裡，王陽明的部隊一路告捷，其間搗毀巢穴三十八處，斬大賊首級二十九顆，次賊首級三十八顆，從賊首級二千多顆，俘虜賊人達八百九十人之多，此外繳獲的金銀器物和其他戰利品那就更是難盡其數了。

王陽明根據這一地方地理的實際考察情況，然後上報朝廷，設立縣制，留兵戍守，然後返回贛南。

▌戰後經營

比上述事件發生的時間稍早一點的二月分，王陽明就又一次向朝廷上疏，表達自己要移居小溪驛舍。但是小溪驛舍這個地方正好位於原來南康府和南安府中間所在地。就在這前一年，王陽明老家即大庾山下的父老鄉親們因擔心山賊的騷擾，於是乎就申請要建造一座城池來進行自我防禦。

到這一年二月分，王陽明上書要求搬到小溪驛舍居住的奏摺獲得朝

廷允准。就在隨後的三月分，王陽明又繼續上疏希望朝廷允准自己致仕休息。儘管上言稱是抱病希望退休養老，但是這回卻沒有得到朝廷的同意。王陽明至此平定了那麼多地方的叛亂，其武功韜略已為大家所公認。

與此同時，王陽明的一生再次達到了輝煌的頂峰。

▌小結

王陽明的學說日漸為世人所熟知，其武功也修練到了很高的境界。雖然武功並不能直接影響到王陽明先生的學說，但是其赫赫有名的戰績卻分明提高了王陽明先生的威望，其一言一行都因而得到人們的尊敬。

之所以其武功韜略會間接地影響到王陽明對文化教養的宣傳，那是因為王陽明今日的成功都是得益於其往日馬不停蹄的自我修練。例如打仗期間發明的「十家牌法」、「隊伍法」、「保甲法」等，雖然只是根據當時的具體情況而制定的，但是卻對後世的法規制度產生了重要的影響。再比如〈諭俗四條〉、招賊諸書、戰後的經營等方面，都展現了王陽明先生的人生主張，這點我們也應該予以重視。

第七章　第二次講學時期

　　本章所述是王陽明先生四十七歲那年的四月至四十八歲那年的五月，一年間王陽明先生的講學和事蹟。這一時期僅僅一年多的時間，但其論說卻是陽明學說裡面頗為重要的內容。因為《古本大學》和《傳習錄》是陽明學的代表性典籍，《朱子晚年定論》是論難的焦點。雖然以上三本書籍並非都是發端於這一年，但是它們都在此時相繼發表，因此應當看作此時時機已經成熟。

　　正德十三年（西元一五一八年）四月，王陽明返回京師，並著意建立學校。

　　王陽明認為所謂的民風不善，主要是由於教化未明而引起的。這個時候四方盜賊之患剛剛被平息不久，民困也漸次平息，與之相應的移風易俗之事，雖未能一一盡舉，姑且就選擇其中淺近易行的，開導訓誨。王陽明先後頒發數道告諭，分發到南、贛所屬各縣父老子弟手中，互相告誡勉勵，命令興立社學，延師教子，歌詩習禮。在出入街道的時候，如果有長官或者學者出現，其他的人都要拱立為敬。王陽明先生或讚賞訓誘之。時而久之，市民都知道了冠服禮法，轄內朝夕歌聲，達於委巷，雍雍然出現以禮讓為美德的大好局面。

　　五月，王陽明上奏設和平縣。

　　六月，王陽明升都察院右副都御史，蔭子錦衣衛，世襲百戶。

　　期間王陽明再次辭免，皇帝不允。

▌《古本大學》

王陽明先生為了天下蒼生多次出入賊寇營壘，根本沒有空暇過安穩無虞的日子，其門人薛侃[045]、歐陽德、梁焯、何廷仁[046]、黃弘綱[047]、薛俊、楊驥、郭治、周仲皆講聚不散。至此時王陽明凱旋，休養兵士，才始得專意於朋友間的交往，日日與友人切磋討論《大學》的本旨，領悟入道的途徑。

曾記得王陽明在龍場驛時，懷疑朱子的《大學章句》並非最本旨的含義，於是手錄古本，伏讀精思，方始信聖人之學原本是那般地簡易明白。其書只有一篇，原無經傳之分。格致本於誠意，原無缺傳可補。以誠意為主，而為致知格物之功，故不必增一敬字。以良知指示至善之本體，故不必假於見聞。至是錄刻成書，在旁邊新增注釋進行解釋，還替刻本親自寫了緒論。

另外值得一提的是，傳於日本的《古本大學》如今藏於京都府廳，其他亦有數種版本流傳當世。

---

[045]　薛侃（西元一四八六年至一五四五年），字尚謙，號中離，世人稱之為中離先生，明代揭陽縣龍溪都（今廣東潮安縣）人。薛侃富有文才，明武宗正德丁丑二年（西元一五一七年）考中進士。

[046]　何廷仁（西元一四八三年至一五五一年），初名泰，字性之，別號善山，雩都縣（今于都縣）人。少年時期崇敬陳獻章，後師從王守仁。有「知過即良知，改過即本體」等論說，在當時社會產生了很大反響。

[047]　黃弘綱（西元一四九二年至一五六一年），明經師，字正之，號洛村，江西雩都（今于都）人。曾師事王守仁，為王門高第。學術思想師承王守仁，但並不贊成其師的「四句教法」，認為「天然良知，無體用、先後、內外、深淺、精粗、上下」之分。反對以「未發」、「已發」分性情為二，認為「牲之於情，猶理之於氣，非情亦何從見性？」強調求道必「反求諸己」，「深造自得」；修身則主張「不致纖毫之力，一順自然為主」（《明儒學案·江右王門學案四》）。著有《村集》。

《朱子晚年定論》

王陽明先生又刻《朱子晚年定論》，他親自為刻本作序，原文略道：

昔謫官於龍場，居夷處困，動心忍性之餘，恍若有悟。證諸《六經》、《四子》，洞然無復可疑。獨於朱子之說，有相牴牾，恆久於心。切疑朱子之賢，而豈其於此尚有未察乎？及官留京都，復取朱子之書而檢求之。然後知其晚歲固已大悟舊說之非，痛悔極艾，至以為自誑誑人之罪，不可勝贖。世之所傳《集注》、《或問》之類，乃其中年未定之說，自咎以為舊本之誤，思改正而未及。而其諸《語類》之屬，又其門人挾好勝之心以附和己見，固於朱子平日之說猶有人相繆戾者。而當世之學者，囿限於見聞，不過持循講習於此，其於悟後之論，概乎其未有聞。則亦何怪乎予言之不信，而朱子之心無以自暴於後世也乎？予既幸自說之不繆於朱子，又喜朱子之先得我心之同然，且慨夫世之學者，徒守朱子中年未定之說，而不復知求其晚歲既悟之論，競相議論，以亂正學，不自知其已入於異端。吾輒採錄而裒集之，私以示於同志。庶幾無疑於吾說，而聖學之明可冀矣。

在這裡我們可以窺探王陽明先生編撰此書的初衷。

在〈與安之書〉中，他這樣寫道：

留都時，偶因饒舌，遂至多口，攻之者環繞四面。取朱子晚年悔悟之說，集為定論，聊藉以解紛耳。門人輩近刻之雩都，初聞甚不喜，然士夫見之，乃往往遂有開發者，無意中得此一助，亦頗省煩舌之勞。近年篁墩諸公嘗有《道一》等編，見者先懷黨同伐異之念，故卒不能有入，反激而怒。今但取朱子之所自言者表章之，不加一辭，雖有禍心，將無所施其怒矣。有志鄉者一出指示之。

這就是王陽明先生付梓《朱子晚年定論》時的初衷所在。

按語：明代儒者羅整庵質疑《朱子晚年定論》，清朝的陸隴其、陸世儀等人極盡反駁朱熹的學說。然而王陽明先生編撰《朱子晚年定論》則是想要簡化朱子的學說，並取其「主心」的部分，並不是限定何時開始是其中年，何時開始是其晚年。所以按照年、月時段的考證來責難王陽明先生的人只是不了解他的用意罷了。在此沒有必要一一辯明。

《朱子晚年定論》收錄在《傳習錄》的下卷末。

■ 《傳習錄》上卷成書

正德十三年（西元一五一八年）八月，門人薛侃於江西贛州出資付梓出版《傳習錄》。現在人們都認為《傳習錄》的上卷是由王陽明的弟子徐愛記錄和編輯完成的。

但是此時徐愛已經於之前一年的五月病歿（《陽明先生年譜》）。徐愛為王陽明的愛徒，曾與陽明說起他的夢境：在山間遇一和尚，和尚預言他「與顏回同德，亦與顏回同壽」。後果三十而亡。

王陽明的妹夫徐愛與先生關係極為密切，受王陽明先生薰陶最久，因而徐愛聞道亦最早。徐愛任南京兵部郎中時因病歸鄉，與陸澄謀耕田之業以待王陽明先生。徐愛之於王陽明先生，恰如顏回之於孔子，不幸的是他也跟顏回一樣早逝。王陽明先生知悉其訃告，大聲慟哭道：「天亡我也！天亡我也！」其後妹妹仔細言及徐愛的生平之事，王陽明先生依舊悲痛萬分。

薛侃、徐愛與王陽明先生的問答筆記《傳習錄》一卷和序言兩篇，與陸澄各自錄一卷，並於虔州 [048] 出版。

王陽明先生的教義漸漸遠播到華夏神州，請教者與此同時也日益增

---

[048] 即今江西贛州。

多，輻輳更是廣遠深邃。此時，王陽明先生開始居住在建設於射圃的館舍，但還是顯得狹窄，不能容納廣大文友。於是他決定修繕濂溪書院來改善這一情況。

此時江西省的名士鄒守益也執贄，成為王陽明先生的門人，後來鄒守益成為王陽明門下弟子中最傑出的一位，是傳承王陽明學說的重要人物。

這一期間，師徒二人在贛州附近的通天岩同遊問道，鄒守益還對王陽明的詩文進行應和，這一事蹟傳為美談。

王陽明先生寫詩讚嘆通天岩的秀美風景，題為〈通天岩〉：

青山隨地住，豈必故園好。

但得此身閒，塵寰亦蓬島。

西林日初暮，明月來何早？

醉臥石床涼，洞雲秋未掃。

同樣因文采而聞名的鄒守益也賦詩應和：

高築琳宮引石梯，酒餘客散自攀躋。

坐來漸恐星河冷，話久不知煙霧迷。

白澗灘橫帆隱見，翠微岩湧案高低。

浩歌初飽清秋興，何處東洲野店雞。

（參見明嘉靖《贛州府志》）

王陽明先生見狀，再作一首，題為〈遊通天岩次鄒謙之韻〉：

天風吹我上丹梯，始信青霄亦可躋。

俯視氛寰成獨慨，卻憐人世尚多迷。

東南真境埋名久，閩楚諸峰入望低。

莫道仙家全脫俗，三更日出亦聞雞。

　　當然，此時王陽明先生和其他弟子也有詩和。遊學不僅有對景物的觀賞，更有發自內心的體悟。這也成為王陽明先生教學布道的一種方式。

▌慰勞宴

　　王陽明先生聽聞征討巨賊獲得大捷，身心稍得安靜。一日他張羅一場豐盛的酒筵來慰勞諸門生的支持，且說道：「以此相報。」

　　門生們都不解，連忙問王陽明先生此舉的緣故。

　　王陽明答道：「我開始在教察院務堂為官的時候，不敢粗心，經常擔心自己會愧對在座各位。近日與你們相處時間久了，還是會覺得此前的賞罰仍然有不妥當的地方，真是悔之不已。於是不斷反思，力求尋找到自己的過失並進修改正。直至登堂行事，與你們各位相對時，無須些許增損，我才能獲得一些心安。我這一階段的進步都是得益於你們各位的切磋輔助，我在這裡再次感謝了！」

　　門生們聽後，都愈加反省自己，同時也更加敬畏王陽明先生的高潔品格了。

　　王陽明先生所說皆為自己親身經歷，以此激勵諸生。

▌三教異同論

　　王陽明先生曾論三教異同，說道：「仙家說到『虛』，聖人又豈能在『虛』上加一毫之『實』；佛家說到『無』，聖人又豈能在『無』上加一毫之『有』。但仙家說的『虛』，則是由恬淡養生的主旨而來的。佛家說『無』是由脫離生死苦海的主旨而漸漸演化，由『空寂』的本體而來的。仙佛二

氏未免有故意加上之嫌。我所說的『良知』之『虛』便是天的『太虛』，『良知』之『無』便是『太虛』的無形。日月風霜、山川民物等凡是具有相貌行色者皆在太虛無形之中發揮作用，未嘗不是『無』的障礙。聖人的行動只是順應其良知的作用，天地萬物之理皆在我的心中。仙、佛二氏不知此理，故有不合適的地方。」

我們從上述引論應當知曉王陽明先生對於三教之異同的見解。

鄉約保甲法

正德十三年（西元一五一八年）十月，施行鄉約法。

自大征後，王陽明先生認為這麼長時間以來，民雖格面，但未知格心，於是施行鄉約告諭眾父老子弟，讓大家互相警戒，辭中有說道：「之前的騷亂對大家生活的負面影響非常大，父老鄉親沒有不受到其傷害的。盜賊們冥頑無知，逆天叛倫，自求誅戮，雖然是自作孽不可活，但是仍然不得不叫人感嘆。這幫盜賊們雖然生性冥頑，犯下滔天之罪，其實究其根源還是有司撫養之有缺，訓迪之無方，社會也是有責任的。雖然我已經據此做出了一些應對之策，但是難免有不周到的地方。如今倡亂渠魁，盜賊們相繼被擒滅，他們的追隨者大多無辜，如今也悉已寬貸，贛州地方雖然暫時獲得了寧復，但是為了以後的安寧，還要請轄內父老嚴加教約自己的子弟，對於這件事情絕不可疏忽大意。故今特施行保甲之法，以相警戒。轄內的各位父老，應該帶領自己的子弟嚴加履行。和睦鄰里，齊爾姻族，德義禮讓，把贛州建立成為有著淳厚風俗的好地方。」從中我們可以略知王陽明先生的政治主張。

據說，王陽明的保甲法傳於後世有一本小冊子，但是迄今為止我還沒有見到過，不能一睹，甚為遺憾。

　　十一月，王陽明再次上疏請通鹽法。這是因為南贛地方需要其他地方補給食用鹽。因此在給皇帝的上疏中，王陽明先生如此寫道：「臣私下以為應該復開廣鹽，按照定例分發，滿足廣大民眾的實際生活需求。」

　　這回朝廷很快採納了王陽明的建議，時至今日，當地的人民依然從中獲得便利。

　　正德十四年（西元一五一九年），王陽明先生四十八歲，在江西。

　　正月，王陽明上疏謝升蔭之恩遇。

　　因為在三浰平亂中王陽明軍功卓著，皇帝便十分高興地擢升了王陽明先生官職，並下旨蔭升其子王正憲為錦衣衛，世襲副千戶。但是王陽明先生卻上疏，奏請辭免歸田，上疏中如此說道：「蔭子實在是不合乎我朝的典律規範，微臣私心為此始終難以平靜。另外疾病纏身，已經是沒有能力繼續報效朝廷了。」

　　奏疏遞交到朝廷，皇帝不允。

　　沒過多久，因祖母岑氏突然病危，王陽明於是向朝廷上書祈請此時致仕退休，然而又沒有獲得准許。

▌小結

　　《古本大學》和《傳習錄》是容易得到的書，必須熟讀。《朱子晚年定論》並非是研究講授陽明學的必備書籍，但若方便的話，不妨一讀。透過三教異同論，可觀察王陽明先生對於三教的觀點，透過相約法可觀察其道德政治主張的端緒。王陽明先生的施政方針常常重德行避武力。

　　這也是王陽明先生思想中極為容易辨認的特徵。

第八章　第二次靖亂時期

　　本章所述為王陽明先生四十八歲那年的六月至四十九歲那年的十二月大約兩年間的言行和功業。王陽明先生在這一階段處於宸濠叛亂和姦黨離間等種種艱難之中，然而王陽明先生在此時卻建立了一生中最大的功勛。王陽明先生的言行雖然我們無法一一借鑑，然而這一時期是王陽明先生最為輝煌的時期，也是他的學說最為有益於我們的時期。

　　正德十四年（西元一五一九年）六月，福州三衛的軍人進貴等脅迫眾手下密謀叛亂。王陽明先生奉皇帝敕命前往平定，六月九日啟程，十五日隊伍抵達豐城縣（今豐城市）。知縣顧佖出城迎接，並將寧王朱宸濠謀反之事通報給王陽明先生。王陽明先生於是連忙返回舟中到吉安府安排應對之策。十九日上疏奏報了寧王朱宸濠謀反的事情，御史克嗣飛報至朝廷時，王陽明先生的知己兵部尚書王瓊自言自語地說道：「有王陽明在，寧王必被擒獲。」

　　接下來請讓我詳細敘述王陽明征討宸濠之始末與經緯。

▌宸濠的權勢

　　江西省南昌府寧藩王是明朝的皇族，其雄踞南方，一直有異志之心。等到了朱宸濠的時候，其奸惡更是愈演愈烈，以至於最終出現了叛亂的苗頭。再說這個朱宸濠，他心性聰慧，精通詩史，善為歌詞，但是他性格輕佻無威儀，常喜兵嗜利。儘管朱宸濠承襲了祖制的王位和待遇，卻相反地愈益驕橫殘暴。

　　道士李自然阿諛言朱宸濠有天子之骨相，催生了寧王謀反的念頭。他向于都的官員私授賄賂，並結交到內侍李廣。正德初年，他又結交劉瑾等閹黨，朝廷內外裡應外合，緊接著又透過賄賂收買諸生，讓其推舉自己之孝行，朝廷於是賜璽書來褒獎寧王。

　　朱宸濠又圖謀擴大城府地基，於是故意在近處放火燒毀民房，然後裝作救火，實際上則是要盡毀其房，最後壓價以收買這些土地。寧王在一個叫做趙家園的地方建造莊基，侵占民眾的產業，民眾不堪其苦。每到了收租時，這幫人立即聚眾相守造聲勢來威懾民眾的反抗，與此同時又畜養大盜胡十三、凌十一、閔廿四等數人，於鄱陽湖中屢次劫掠來往客商的貨物資財，私底下還預蓄軍資，真可謂是惡貫滿盈到了極限。

　　朱宸濠也十分注意結交遠近的權勢豪族，又各處訪求名士風流，聘為門客。安福縣有一學問之人劉養正，字子吉，自幼被稱為神童，未赴進士考試，制隱士服，以詩文來孤芳自賞。三司撫按（官吏）遊其門以得見為榮。朱宸濠以厚幣招致，歲時饋問往來不絕，不久劉養正便與朱宸濠親近起來。

　　李士實為翰林官，至侍郎退休回家。朱宸濠與之結為親家。李士實頗有權術，朱宸濠便啟用李士實為自己的謀臣。

　　朱宸濠又以各種手段結交到朝廷的官員如劉吉道士、李自然、徐卿等人，與其沆瀣一氣者甚眾，因武宗皇帝膝下無子，朱宸濠便謀劃以次子為皇嗣。朱寧、臧賢與諸宦官，齊力撮合這件事。朝中六部九卿、科道官員亦多有為其相助者。但因其事關重大，其時還未有人敢就此事發言。

　　李士實為朱宸濠謀通於兵部尚書陸完，題復置寧府護衛。一面使南京鎮守太監畢真倡率南邊官員人等，唱頌寧王的孝行。到陸完轉為吏部

尚書，王瓊代為兵部尚書的時候，王瓊知朱宸濠一定會反叛，便對陸完說道：「祖宗革去護衛，是為杜絕藩王不軌的圖謀，正是為了保全他處。寧王如今再三要求增加護衛，不知他要兵馬作何用，異日一旦叛變必然連累到你呀！」

陸完獲悉此訊後悔不迭，急忙寫書送給朱宸濠，打算按己意撤去護衛兵。朱宸濠自然是不從，於是便假借護衛為名，依舊公然招募勇健之士，朝夕在府中使槍弄棒進行操練，朱宸濠的凶相已經暴露得一覽無餘了。

打探宸濠的舉動

王陽明聞知朱宸濠謀反，於是以其賀節送禮為藉口，使門人冀元亨前往感謝。冀元亨字惟乾，為人處世極為忠信。王陽明先生聘冀元亨為公子王正憲的學業老師，這次特意派遣他代自己辦事，其實目的是要探聽寧王朱宸濠的舉動。

卻說朱宸濠素來有意結交王陽明，得知冀元亨是王陽明先生門人，厚待禮遇極為客氣。漸漸提及祕密事件，冀元亨佯裝毫不知情，只與寧王談論致知格物之學，打算以開導寧王朱宸濠來阻止其圖謀不正之心。

朱宸濠見狀大笑，對冀元亨說道：「此人竟然愚痴到這個地步了！」

至此兩人的談話戛然而止。冀元亨歸贛州，將所見所聞如數報告給王陽明先生。王陽明嘆息道：「你真的要大禍臨頭了。寧王向來心狠手辣，一旦遷怒，如果你還繼續留守在我這裡，必然會牽連到我。」於是王陽明立刻遣人護衛冀元亨返回其故鄉。

寧府官吏閣順、陳宣、劉良見朱宸濠所作所為有違朝廷法理，於是

151

私自將此事訴詣於京都。朱宸濠的心腹朱寧與陸完卻暗自將這件事隱瞞下來，然後私下派人報告給朱宸濠。

朱宸濠懷疑這是承奉郎周儀指使，便命人假裝強盜，將其全家老小一併殺害，又殺害典仗官查武等數百人，然後又斥鉅資遍賂京師諸權臣，要求追殺閻順等人。但是閻順等人一看形勢不妙，立刻亡命天涯，終於僥倖得免一死。

接下來朱宸濠逆謀的步伐愈加急迫。

▌賢妃婁氏

寧王朱宸濠的妃子婁氏，向來以賢德為人所知。她為寧王先後產下三子，分別是大哥、三哥和四哥 [049]。因而寧王朱宸濠十分敬重婁氏。

婁妃察覺到朱宸濠有圖謀不軌之志，便於飲宴中間暗使歌姬進歌勸酒，打算伺機諫言，請求朱宸濠放棄謀逆之心。

朱宸濠聽聞此詞面露不悅之色。婁妃便問道：「殿下對酒不樂，為什麼呢？」

朱宸濠答：「我的心事非你一介女流之輩所能知道的！」

婁妃忙陪臉笑著道：「殿下您貴為親王，錦衣玉食，享用已經是一般人所不能企及的。若循理奉法，永世有國家保障俸祿，而且世世不會失去如今的富貴生活。此外還有什麼心事煩憂您的呢？」

朱宸濠說道：「你只知道小快樂之味，豈能知大快樂的味道呢？」

婁妃對說道：「願聞如何是大快樂與小快樂？」

朱宸濠說道：「大快樂就是身登九五之尊，治臨天下，玉食萬方。我

---

[049]　據資料顯示，二哥此時夭亡。——譯者注

今日位不過藩王，治不過區區數郡。此不過小快樂而已。這怎麼能算是我的遠大抱負呢！」

婁妃說道：「殿下您此言差矣。天子要總攬萬機，晚眠早起，勞心焦思，內憂百姓的流離失所，外愁四夷的沒有朝服，真可謂是日理萬機。至於藩王，衣冠宮室，車馬儀仗，僅僅是亞於天子，有豐享的俸祿，還沒有政事的牽絆。殿下的快樂遠遠超過天子的快樂呢。殿下您接受藩鎮的封賞，卻希望超越本分的快樂。臣妾私下認為您志望大謀略疏，求福得禍，還不如趁早收手，否則到了那個時候就悔之晚矣！」

朱宸濠聽完勃然變色，憤怒地將酒杯擲於地上拂袖而去。

婁妃又勸誡其弟婁伯將，千萬不要追隨寧王做出叛逆之事。但是婁伯將同樣如此，哪能聽得進去婁妃的苦口婆心啊！

朱宸濠建造陽春書院，僭號為離宮，然後設計用鴆酒毒死巡撫王哲。此地的其他守臣無不悚懼於朱宸濠的權勢。朱宸濠在司參謁見的時候皆穿戴朝服，各官畏懼其勢焰跋扈，沒有人敢忤逆他的意志行事。

當時鄱陽湖中經常發生搶劫事件。眾人都知道這是寧府的人所為，只好忍氣吞聲，不置言語。期間，婁妃屢進諫言，但是一心要做皇帝的朱宸濠根本不聽。

兵部尚書王瓊預憂寧王之變，督責各撫臣，訓兵修備。又以承奉郎周儀等之死，責令江西撫臣嚴捕盜賊。南昌府獲盜賊一群，內有凌十一。巡撫孫燧認出凌十一是寧府親信之人，私底下報告給王瓊。但是朱宸濠派遣其黨羽於獄中強行劫走凌十一，其叛謀日益加劇，此時可謂是司馬昭之心路人皆知了。

朱宸濠與其黨羽私下約定八月鄉試時，待百官走進科場，出其不意然後一起舉兵。

　　王瓊聽聞凌十一被劫，大怒，說道：「此賊正是寧府叛亂的證據，再也不能縱容下去了。」於是他責令有司，立即對凌十一展開緝捕。

　　朱宸濠恐怕事情敗露，又暗示南昌當地官員，讓他們向朝廷稱頌自己的賢德孝行，迫使撫按官具奏請文，要求赦免凌十一的罪行。

　　按察副使許逵力勸孫燧發兵包圍寧王府，然後搜捕劫盜。如若搜出一二人，究出謀叛之情的話，就奏請朝廷下旨迫奪寧王朱宸濠的權勢，免得養虎為患。

　　孫燧見狀猶豫不決，期間朱宸濠屢次派人催促，孫燧不得已，最後也只好隨眾署名，但是卻另外悄悄上奏朱宸濠不法之事。朱宸濠也料到孫燧會把此事密奏朝廷，預先指使心腹潛伏上京之路，但有江西章奏盡數劫去，使其根本沒有機會抵達京城。

　　孫燧的七次奏本被悉數攔截，南昌這邊的消息不得為朝廷所知聞。之外，唯有保舉朱宸濠孝行的表章被一一呈送至京城。

　　此時江彬新得寵幸，冒功封平虜伯。太監張忠與寧王有隙，於是交結江彬，每每想揭發寧王之事，總是找不到機會。等到保奏表送到皇帝手裡，武宗皇帝便問張忠：「如果是官吏，則可以擢升他的官職。但他是親王，這叫我怎麼辦才好？」

　　張忠回答道：「親王這已經是至高的榮譽了，寧王此舉實在是讓人不知道意欲何為！」這回答隱含了朱宸濠有謀叛之意是十分明顯的。

　　御史蕭淮於是直接攻擊寧王，除此之外，參李士實[050]、畢真[051]等。

[050]　李士實（？至西元一五二〇年），字若虛，南昌人，一作豐城（今江西豐城）人。成化二年（西元一四六六年）進士，正德中為右都御史，附宸濠伏誅。工詩，善畫。

[051]　畢真（西元一四六一年至一五二一年），尚膳監太監。曾娶親生子，後私自淨身，收入內府應役。正德二年（西元一五〇七年），與劉瑾勾結，得鎮守山東，在任擅理詞訟，剝削軍民；又承劉瑾意，託取海物，侵奪商利。任市舶太監時，提出由市舶專理泛海諸船。十二年（西元一五一七年），鎮守江西，與寧王朱宸濠勾結，脅令官員、生員、耆老等聯合上本奏宸濠「孝行」。為助宸濠起兵，又共同設法調出，鎮守浙江。在浙江以操練官軍為名，給以重賞，

給事中徐之鸞[052]、御史沈灼等，連奏寧王反狀。皇帝念親姻情厚，不忍加兵。駙馬都尉崔元、都御史顏頤壽及太監賴義，奏請皇帝希望能夠撤走寧王朱宸濠的護衛。

寧王府心腹林華先得知京師有詔使被派遣到了寧王朱宸濠的藩地，於是趕緊乘一匹快馬，晝夜奔馳在路，僅十八日就抵達南昌。

這一日為六月十三日，正好是寧王朱宸濠誕辰，諸司都來慶賀。朱宸濠設宴款待賀客，林華等到賀客散去，才將敕使的信件呈報給朱宸濠。

朱宸濠對李士實、劉養正一干人等說道：「今詔使遠來，實在是可疑。如果詔使先到則我們的大事就難成了，我們眼下該如何對策？」

劉養正說道：「如今事態緊急。明日各部官員過來參加宴會，我們最好以兵相威脅。」

李士實則說道：「最好是假傳太后密旨。如此這般方能使得眾人心服口服！」

此時閔廿四、凌十一、吳十三等一干烏合之眾，也以賀壽的名義全部糾結在一起。夜傳密信，命令各自飭兵伺候舉事。

等到第二日，諸司入謝，禮畢。朱宸濠坐立於露臺之上，詐言於眾，說道：「昔日孝宗皇帝為太監李廣所矇蔽，抱養民間子[053]。我祖宗血脈的純淨遭到玷汙，至今已經十四年時間了。太后近日發來密旨命令我發兵討罪，共同匡扶大義。你們對此事可有聽說？」

以收買人心。又打造盔甲，收買米糧以備宸濠軍餉。十三年（西元一五一八年），江西清軍御史范輅劾真貪虐十五事，真與宸濠捏奏，下轄詔獄。十四年（西元一五一九年），宸濠叛，派校尉至浙約畢真起兵，真遂散布謠言，拘收城門鑰匙，擬舉兵應，致全城居民驚恐。真被捕後，經多官審訊，十六年（西元一五二一年）以通謀反逆罪被凌遲，抄家。

[052] 徐之鸞（生卒年不詳），又名齊之鸞，字瑞卿，號蓉川，桐城人。明朝官員。正德六年（西元一五一一年）中進士，授庶吉士，歷官刑科給事中，勇於直言。嘉靖八年（西元一五二九年），改任陝西、寧夏僉事。嘉靖九年（西元一五三〇年）修北長城。終官河南按察使。卒於任上。著有《南征紀行》、《入夏錄》等。

[053] 借說當時在朝的皇帝非正統天子。

▌悼孫燧、許逵詩二首

就在這個時候，南昌巡撫孫燧挺身而出，來揭發朱宸濠的陰謀，說道：「既然你有太后的聖旨，請拿出來給我們都觀看一下！」

朱宸濠大聲打斷了孫燧的話：「不必多言，我今往南京去。你願意不願意隨我前去？」

孫燧辯駁道：「天無二日、民無二王，這是天下的大義。此外一概非孫某我所知。」

朱宸濠戟手大惱：「你既已經舉保我的孝行，為什麼又私自派人誣奏我圖謀不軌。如是反覆的小人，你還知道什麼是大義？」說話間便命令左右將孫燧立刻拿下。

按察副使許逵[054]，從下大呼說道：「孫都御史可是朝廷派來的欽差大臣。你這個反賊，膽敢擅自殺害嗎？」

朱宸濠怒喝令一併縛之。

許逵回顧看著孫燧，對他說道：「我本來打算早早地檢舉，你又不聽我勸告。時至今日我們果然受制於人，你還有什麼話可說？」

隨後，許逵破口大罵朱宸濠的叛亂逆舉：「朱宸濠逆賊，今日你殺我等，待朝廷人馬一到你全家將被誅滅九族！」

朱宸濠命令手下人將許逵、孫燧二人一同押解到惠民門，梟首示眾。

婁妃聽聞這個消息，急忙派身邊的內侍傳令施救，但是早已經來不及了。

---

[054] 許逵（西元一四八四年至一五一九年），字汝登，河南固始人，為明正統進士，以平反叛亂而為世知，宸濠之變因反抗叛亂被朱黨殺害。

對於此事，王陽明先生曾經作下了〈哭孫、許二公〉詩二首，表達自己對朱宸濠殺害許逵、孫燧二人暴戾之舉的憤慨，茲錄全文如下：

其一云：

丟下烏紗做一場，男兒誰敢墮綱常。
肯將言語階前屈，硬著肩頭劍下亡。
萬古朝端名姓重，千年地裏骨頭香。
史官謾把春秋筆，好好生生斷幾行。

其二云：

天翻地覆片時間，取義成仁死不難。
蘇武堅持西漢節，天祥不受大元官。
忠心貫日三臺見，心血凝冰六月寒。
賣國欺君李士實，九泉相見有何顏。

自此，寧王朱宸濠愈加肆無忌憚地舉旗行反叛之事。

再說僉事潘鵬自為御史時，曾經接受寧王賄賂，與之私底下結交甚親密。至此他便率先向朱宸濠叩頭高呼「萬歲」。參政王綸、季敩也都懼怕招惹禍事上身，相繼拜伏。布政使梁宸、按察使楊璋、副使唐錦、都指揮馬驥，個個四目相視不敢出聲。

朱宸濠大喝說道：「順我者生，逆我者死！」

那四人於是不覺屈膝。

朱宸濠即日擬定朝廷，置諸官屬。

瑞州知府素來以為朱宸濠遲早有一天會謀反，於是平日裏操練兵卒，廣修城寨，早早地做好了守衛城池的打算。朱宸濠慕其才能，多次遣人帶著厚禮打算將其招到帳下為自己效命，瑞州知府對朱宸濠的收買

之舉心知肚明，對寧王送來的物品向來是拒之不收。這個時候正好趕上瑞州知府因處理公事來到南昌城，逆黨便將其擒獲獻到寧王府。朱宸濠逼迫他投靠自己，但是瑞州知府忠貞不從，於是被抓進牢獄。

朱宸濠又傳檄文到轄內遠近，宣告革去正德年號，擬改順德二字，只待南京正位，即便改元；又造偽檄文，指斥乘輿（即天子 —— 原書作者注），極盡罵言之能事。

這時朱宸濠豢養死士達二萬人眾，又招誘四方盜賊渠魁約四萬多人，並且暗地裡分別派遣心腹婁伯將、王春等四處招兵買馬。合併護衛黨以及其脅從屬下的人馬，總數共有六、七萬人之多，一時間其軍勢威嚴極為興盛。

朱宸濠又用江西布政司印信公文，差人遍行天下布政司，告諭親王三司等官舉兵之意。一面整裝軍隊準備戰鬥。

朱宸濠叛亂一舉，頓時震驚了江西省城百姓。

▋幸運

這個時候福州三衛軍人進貴等，聚眾鼓譟。朝廷於是委任王陽明前往平定。

王陽明先生於六月初九啟行，也準備趕在六月十三向寧王朱宸濠拜壽，這也是當時俗成常規。臨出發時，參隨官龍光等取敕印，遺忘在了後堂。轎出倉卒封門，一下子便忘記了這回事。待賀壽的隊伍行至吉安的時候，王陽明先生登岸叫身邊人取出敕印，這才發現走了一路敕印卻不曾帶來。於是他連忙派遣中軍官，輾轉返回贛州重新取回敕印。由於這個緣故沿途遲留，耽誤了一些時間。

六月十四日午後，王陽明一行剛剛抵達豐城地方。這一天正是孫燧、許逵二人遇害之日。若非前來途中忘記敕印，王陽明先生也將會在朱宸濠誕辰之日到達，遭遇朱宸濠稱王的逆舉，或許會與孫燧、許逵一樣被朱宸濠殘忍殺害。

這豈非天之大幸也！

▌踏上征途

卻再說那豐城縣（今豐城市），距離省城僅十數里路程。寧王朱宸濠殺守臣不過半日，便有報傳至豐城。知縣顧佖謁見王陽明先生，將省中之事稟知，兼述所傳聞之語：「寧王已經率領兵士千餘人叛亂，還派人邀取王大人加入，不知道王大人是否知道有這回事？」

王陽明先生命令顧佖道：「你只要守護你的轄內地方即可。那寧王朱宸濠謀反的情報，朝廷不用過太久時間便會知道，不日大兵將會到這裡征討。你可先行安慰本地百姓，也不必憂慮，本院也馬上調撥人馬趕來支援！」

顧佖辭去。

王陽明急召龍光問道：「你聽見了顧知縣剛才說的話了嗎？」

龍光對道：「沒有聽到。」

王陽明說道：「寧王謀反了。」

龍光驚得目睜口呆。

王陽明說道：「事已至此，只有趕緊離開此地才為上策。自此向西可入瑞州，到瑞州後傳檄起兵討賊，除此別無他策可用了。」緊接著他命快船連夜行進。

船夫聽聞到寧王朱宸濠已經謀反，心膽俱裂，拖拖拉拉就是不願意行船，於是推諉言道：「大風南起，船隻難以前行。要不稍休息片刻，明天早上再看看風色如何？」

王陽明親至船頭，焚香望北再拜說道：「皇天若哀憫生靈，請允許王陽明匡扶社稷，願即反風。若天心助逆，生民合遭塗炭。王陽明願先溺水中，我願意以身殉國。」

話說見淚水落下，一起同行的都受到感動。祈禱完畢後，南風逐漸平息。須臾之間檣竿上小旗開始飄揚，已轉北風。

這真是天助王陽明先生！

此時艄公又推脫天色已晚不願行船。王陽明大怒，拔劍要將其斬首。眾參隨跪請寬宥，最後決定割掉艄公一隻耳朵了事。

一行人馬於是揚帆而上，船行數里，日已西沉。王陽明見船大行遲，派遣參隨暗中尋找河上的漁舟。王陽明先生微服乘舟而行，身旁唯有龍光、雷濟二門生相從，隨身只攜帶敕印，其衣冠儀仗全部留在之前的大船上，吩咐參隨蕭禹在內的幾人隨後出發。

他們所乘坐的漁舟因為習慣在波浪中出入，所以前進極其迅速。

卻說那朱宸濠打聽到王陽明先生已經從南贛軍門出發，但是遲遲不見其到來，他納悶地說：「六月六日發，應該九日抵達。為何到了今日還看不到人影。或許道路難以通行，或許半途預知大風轉向而耽誤行程也未可知。王陽明有經國治世的才能，如果能獲得他的相助，大事必然能夠成功！」

朱宸濠於是吩咐內官喻才，以小船數十艘追尋王陽明的蹤跡。喻才行至黃五腦（屬今江西省豐城市 [055]）的時候，終於追上了大船，並捉拿

---

[055]　位於今江西中部地方。

住了蕭禹。

但是蕭禹抱怨道：「王都爺[056]早已經走遠了，你抓捕我有什麼用處啊？」

喻才沒有辦法，便取了王陽明先生的衣冠返回，以此向寧王朱宸濠覆命。

▌宸濠三策

王陽明先生乘漁舟直接抵達臨江。當地的官員都不知情。王陽明派遣龍光登岸尋找轎子。臨江知府戴德孺急來迎接，款留王陽明先生入城調度。

王陽明說道：「臨江位於大江之濱，與南昌城相近，且居敵軍道路的要塞，實在是一個危險的地方。」

戴德孺問道：「我聽聞寧王兵勢十分旺盛，我們該如何抵擋他的進攻啊？」

王陽明先生說道：「朱宸濠如果選擇了上策的話，趁著自己方銳之氣，出其不意直趨京師，則國家將岌岌可危。若他選擇了中策，則會直接攻打南京，大江南北也將會遭受傷害。如果朱宸濠割據江西南昌城，這個時候他將處於擁護皇帝的部隊的包圍下，魚游釜中，他只有死路一條。這是下策！」

戴德孺說道：「大人明見，那根據對方的情形我們應該如何應對？」

王陽明先生說道：「寧王朱宸濠未經歷過戰爭，心中必然會感到膽怯。如果我們偽造奉兵部尚書之命，攻擊南昌府，朱宸濠必然會選擇居守，不敢遠出。只需旬日光景，朝廷部隊完成集結的話，攻破之時那就指日可待了。」

---

[056]　指的是王陽明。

▌準備征討

王陽明先生辭別戴德孺，行進至新淦縣 [057]。知縣李美有將才，平日裡訓練士卒有方，迄今備有精兵千餘人。李美前來迎接王陽明先生，請王陽明進城商議如何應對寧王的叛亂。

王陽明先生說道：「你的主意十分好！但是彈丸之地，哪裡能承受得住用武啊！」

李美備船，與王陽明先生一起坐船返回了吉安。

知府伍文定聽說王陽明先生到了自己轄內，大為喜悅，急忙趕來謁見。王陽明先生打算暫回南贛徵兵。伍文定說道：「我已經將兵糧都準備好了，只等待王陽明大人發號施令。沒有必要又折返回去，以免貽誤戰機。」

於是王陽明先生留住吉安府，上疏奏報告寧府之變，請命將出師以解江西人民倒懸之苦。並請兩廣派遣滿御史謝源、任希儒領軍前來助陣，一面又上奏摺請求允准致仕。

卿官王懋中等，與知府伍文定及門人卿官鄒守益等一同商議，決定還是因地制宜，立刻傳檄四方，歷數朱宸濠叛逆的各項罪狀，徵各郡兵以勤王事；又派遣龍光到安福縣，取劉養正家小至吉安城中，給其豐厚的待遇，然後寫書信寄給劉養正，以此加深寧王朱宸濠的疑慮；又訪問李士實的家屬，謬托心腹對來人說道：「我只是按照敕旨命令，徒有長官的名頭。寧王朱宸濠的事眼下成敗未卜，我怎麼能夠冒失地成為寧王的敵人呢？」

朝廷得變報，準備發大軍。王陽明先生自作令書投往各處，說：「各路軍馬俱會於南昌府，江西省各府縣迅速調集兵馬，以待命應援。」然後，他又在豐城縣（今豐城市）布置兵力，作應援官兵的樣子。

---

[057]　即今江西新幹縣。日文中為「新塗」，當為錯訛。── 譯者注

宸濠之軍陷南康、九江

原來李士實、劉養正等人力勸寧王朱宸濠由蘄州、黃州直逼北京，不這樣的話也應該先占據南京。只有根本安定，方可號召天下。朱宸濠初意打算採用他的謀略，但是聽聞官軍大集，且暮之間便可抵達，一時間多有顧慮而不敢出城，於是只謀劃了守城之計。

李士實又對朱宸濠說道：「朝廷剛剛派遣敕使，怎麼會遽然發動大軍？這一定是王陽明的緩兵之計。寧王您既然已經背負反叛之名，如果不風馳雷擊，而困守於偏安一隅，一旦等到四方兵集，那大事必敗。如今適宜分兵一支攻打九江府，如果能順利取得九江，足以調發二衛軍。與此同時，再分兵一支攻打南康府，寧王您親率大軍直逼南京城下，然後率先繼承帝位，天下那些貪戀富貴之徒必然都會翕然來歸順。如能此般順利的話，起義大業那就指日可成了。」

朱宸濠意尚猶豫。他一面打探官軍消息，一面先遣閔廿四、吳十三等各率領萬人，搶奪官民的船隻，順流攻打南康、九江二府。九江百姓紛紛打開城門以納賊兵。寧王屬下閔廿四、吳十三分兵屯守，飛報捷音。朱宸濠見狀大喜：「我們出兵僅數日不過，竟然連取兩府，又添許多錢糧軍馬。看來我的大事一定會獲得成功的！」

於是朱宸濠派遣徐九寧守九江府，陳賢守南康府，用的都是朱宸濠自封的官職。閔廿四、吳十三調回軍馬，隨朱宸濠率領的隊伍前進。朱宸濠遣使四出，招諭府屬各縣，揚言只要投降，官職可保持不變。就在這個時候，派出打探情報的官軍回報導：「朝廷各路軍馬並無消息，王都堂安坐吉安府中。只聞已命發屬郡，但是軍馬還沒有見到。」

▌宸濠遣人招降先生

朱宸濠對投降參政季敩說道：「你曾經跟王陽明同在軍中，可否為我前往吉安一趟去招降王陽明？如果能辦成這件大事，你日後可就功德無量了！」

季敩立即與趙承芳帶領著旗卒十二人，攜帶朱宸濠的檄文，來到吉安府，打算極力說服王陽明先生歸順寧王。

王陽明先生早就命令各路領哨官把守任地，如有寧府的人經過，不管是誰，都要即刻綁縛交送軍門審訊。

季敩等人行至墨潭的地方，被領哨官阻住。季敩喝斥道：「我是本省 [058] 參政，你們是什麼人，竟敢隨意阻攔？」

領哨官不理季敩，說道：「你們來這做什麼？」

季敩說道：「有寧府檄文在此。」

旗卒將檄文示與領哨官觀看，領哨官當即將季敩與所帶的士兵逮捕。季敩見狀十分害怕，跑回船上匆忙逃走了。

領哨官說：「參政是大官，我們怎麼敢輕易逮捕呢？」便只逮捕了旗卒五名，押至軍門。

王陽明先生問：「季敩呢？」

領哨官回答：「逃走了。」

王陽明嘆息道：「忠臣孝子與叛臣賊子，只在一念之間。對於季敩而言，立功討賊，便是忠臣。今日奉賊驅使，便是叛臣。為舜為蹠 [059]，差之毫釐謬以千里。豈不可惜？」

---

[058]　指江西省。
[059]　舜蹠：虞舜和盜蹠的合稱，借指聖人和惡人。《孟子‧盡心上》：「雞鳴而起，孳孳為善者，舜之徒也；雞鳴而起，孳孳為利者，蹠之徒也。欲知舜與蹠之分，無他，利與善之間也。」

知府伍文定請王陽明先生出兵征討。

王陽明先生說道：「對方現在士氣方銳，我們萬萬不可急攻。我們必須表現出自守不出的樣子，誘寧王部隊離開巢穴，然後尾隨其後再作打算，先光復南昌城以搗其巢穴。寧王朱宸濠得知此訊後必定會率兵回來援救。我等必須趁勢攻擊，將其一舉拿下。兵法上所謂的致人而不致於人就是這個道理。」於是自此斂兵自守，王陽明同時也派人打聽南昌方面的消息。

再說季敩自鷹潭逃回，見寧王，原原本本地述說了他的部下被擒之事。朱宸濠大怒，並問王陽明是否有出兵消息。

季敩害怕被怪罪，便回答道：「王陽明只可自守，怎麼敢與殿下為敵呢？」

朱宸濠相信了季敩的話。

宸濠發大軍

朱宸濠趁官軍還未抵達之前，先埋伏了手下萬餘人，命令宜春王梽橻，與其子三哥、四哥一同出發；命太監萬銳等堅守南昌城，多設炮弩之類；又埋伏一個隊伍於城外，以防朝廷官兵突然攻城；自己與婁妃及世子大哥（日語中叫做太哥）、宗室朱拱栟、劉養正、李士實、楊璋、潘鵬等一幫人，選在當年七月初二，發兵東下，偽封宗弟宸濬為九江王，派遣宸濬率百舟在前打頭炮。

這一日的早晨，朱宸濠入宮來邀請婁妃登舟。

婁妃還沒有明白朱宸濠的用意，疑惑地問道：「殿下要邀妾去哪裡？」

朱宸濠說道：「近日太后宣旨，要各位親王前往南京祭祖。你我一同前往，不久便可返回！」

婁妃半信半疑，只得隨行。

朱宸濠登舟的時候，設壇祭江。他下令將端州知府王以方斬首，用殺人代替祭祀用的牲口。正在祭奠牲口的時候，几案忽然被折斷，被斬首的王以方的頭顱和雙足自己跳躍著掉在地上。朱宸濠趕緊命人將其丟進江裡。

就在船隻剛出動的時候，疾風、暴雨和雷電一時間大作。朱宸濠被雷電擊中而死，朱宸濠非常不高興。

李士實說道：「事已至此，寧王您怎麼能拱手而止乎？天道難卜，您實在不必太過於看重此事。」

朱宸濠呼酒痛飲，直到醉臥在椅子上，他夢見自己照鏡子，頭髮雪白如霜。朱宸濠猛然驚醒，叫來術士徐卿詢問。

徐卿叩首稱賀道：「殿下貴為親王。而夢頭白，這是個『皇』字也。此行必然能取得帝位！」

這時朱宸濠的士兵有六萬人，號稱十萬大軍。叛軍大肆搶奪官民船隻裝載物品。旌旗蔽江而下，前後相連，浩浩蕩蕩達六十餘里。

賊兵一路攻掠沿江各縣，很快要到達安慶城了。招降的僉事潘鵬為安慶人。朱宸濠先是派潘鵬持偽檄前往安慶諭降。太守張文錦[060]召見指揮官楊銳詢問計謀。

楊銳說道：「王大人此前有令，命令我們堅守任地。大兵不日將到，

---

[060]　張文錦（？至西元一五二四年），安丘人。弘治十二年（西元一四九九年）進士，授戶部主事。正德時為權閹劉瑾所陷，逮繫詔獄，斥為民。瑾誅，遷郎中，督稅陝西，條上籌邊裕邊十事，遷安慶知府。計度宸濠將反，與都指揮楊銳預備設防。宸濠浮江而下，文錦慮其攻南京，督軍士登城詬罵，宸濠乃留攻，卒不能克，以功擢為太僕少卿。

如今潘鵬前來勸降，我們應當以力抗拒。」

楊銳登城樓，對潘鵬說道：「潘僉事您原本是國家的守臣，為什麼卻心甘情願地為反賊奴隸傳話。寧王有本事來打安慶城便是了。」

潘鵬說道：「你先打開城門，聽我一言，有話一同商量！」所言所語無非都是一些以利益來引誘的伎倆。

楊銳說道：「要我開門，除非是朱宸濠那逆賊親自前來。」說完便彎弓搭箭，準備射殺潘鵬。

潘鵬滿面羞慚訕訕退下，回去後將自己的遭遇報告給了寧王朱宸濠。

朱宸濠聽聞此事後，十分惱火，說道：「區區一個安慶，有什麼難打的？」

李士實卻向寧王提建議道：「殿下應速往南京，趁機登上帝位。何愁安慶打不下？」

朱宸濠默然。

朱宸濠的船隊路過安慶城下，楊銳說道：「如果寧王率軍直奔南京，定會釀成大禍，必須用計謀阻止他的行程。」

於是楊銳在城門四隅豎立旗幟，大書「剿逆賊」三個字，朱宸濠看見這個場景十分惱火。楊銳又使軍士及百姓環立城頭，辱罵朱宸濠，說道：「不日待到朝廷天兵來，反賊朱宸濠全家不得好死！」

朱宸濠在舟中聽得外面喧嚷，忙問其緣故。

潘鵬說道：「這是楊銳叫城中的軍民辱罵您！」

朱宸濠大怒道：「我先攻下安慶，殺了楊銳，然後前往南京也不遲。」於是首先從西城門處開始攻打，圍住了正觀、集賢二門。朱宸濠乘黃艦

船，停泊在黃石磯[061]，他親自督戰指揮。但是沒料到安慶城池修建得極為堅固，一方面張文錦和楊銳謀議已久，多積炮石及守城的武器。軍衛卒雖然不滿百人，但是城牆上守衛的大多為民兵。楊銳調發全市百姓，老弱婦女，全部都發放戰具。凡是登城者都隨身攜帶著石塊一二，一時間城牆上石塊堆積如山。另外軍衛卒將釜鍋置於城牆上，消歇的時候口渴的人煮茶飲水，寧王一旦來攻城，立刻投石進行回擊，有時候他們還用滿鍋的沸湯向來進攻的賊人盡數潑去，寧王的部隊不敢近前。寧王憑藉凌雲樓以觀全城，下令部下軍隊攻城，沒料到城中造飛樓數十，從飛樓高處射賊，寧王的部隊死傷慘重。楊銳又募集死士夜劫寧王的軍營，賊眾大擾，到了拂曉時分恐慌才逐漸被平息。

朱宸濠見狀，惡狠狠地對部下說道：「一個安慶，都不能攻下來，還能指望你們攻克下金陵城嗎？」於是朱宸濠親自監督兵士們運土填塹，對安慶城志在必得。

▎陷入先生之計

再說王陽明先生派出去打探南昌消息的人，此時已經趕赴回來，向王陽明報告了前方的戰況：「寧王於七月初二起大兵，沿著水路而下。現今已圍攻安慶城。聽聞其勢極其危急。又聽說寧王巢穴的南昌城守備也很堅固，城外還有伏兵，到現在還不知道究竟埋伏在何處！」

王陽明先生發船，重賞了探子，命令他再去探聽伏兵的虛實。

眾將請求救援安慶。

王陽明先生說道：「今九江、南康二府，都為寧王所占據。除此之外，南昌城中精悍賊兵還有萬餘人，食物貨幣多如積山。我兵若抵安

[061]　位於今安慶大渡口鎮附近。

慶，寧王的部隊勢必回軍死鬥。那個時候就腹背受敵也。安慶的兵力，僅僅夠自守，必不能援我於鄱陽湖中。南昌的兵力絕我糧道，四方之援又不可望，大事去矣。如今各郡官兵漸次齊集，寧王聽聞這陣勢必然已經被震懾到了，因而一定會全力以攻南昌城，其勢必勝。等我們攻破南昌，寧王必然就被抓住要害，他一定會返回救老巢，這個時候安慶之圍順勢自解，到這個時候就可擒住朱宸濠了。」

這時鄒守益[062] 見王陽明先生，說道：「我聽聞朱宸濠引誘葉芳帶兵夾擊吉安府。」

王陽明說道：「葉芳必然不會叛變。」

鄒守益說道：「葉芳接受了朱宸濠的封拜，怎可以按照常理推測呢！」

王陽明默然良久，才道：「即使天下全部叛變，我輩也應當如此做！」

鄒守益越發惕然，一時胸中利害之念蕩然無存。

王陽明先生讓其家人留守於吉安城的官舍內，在周圍堆放了柴火，告誡守衛說道：「如果兵敗，則點火焚燒我的官舍，此處絕不能遭受寧賊的羞辱！」

於是以同一月十三日，王陽明自吉安起馬，與諸將領按照計畫於十五日，齊會於臨江府漳瀦地方。於是各屬府縣兵將如約並至。

起初王陽明先生打算登高臺誓師，但是積勞病發，未能實現，勉強書寫一手牌，呼知府伍文定、邢珣、徐璉、戴德孺四人通告全軍。牌上

<hr>

[062]　鄒守益（西元一四九一年至一五六二年），字謙之，號東廓。江西安福人。著名理學家、教育家。鄒守益一生尤其重視教育，崇尚簡易明白、樸實無華、直指本心。他認為，教育是人後天賴以長進的最根本的途徑。鄒守益叫弟子把王守仁的「致良知」學說作為道德教育的根本，並對「致良知」作了充分的發揮。鄒守益的著作有《東廓文集》、《詩集》、《學脉遺集》等。今有《東廓鄒先生遺稿》傳世。

寫道：「伍長不遵從命令的斬隊將。隊將不遵從命令的斬副將。副將不遵從命令的斬主將。」

王陽明說道：「軍中無戲言，此是實語，這絕對不是兒戲！」

伍文定等人無不暗暗吐舌。大軍行至江西豐城，南昌府長官徐文英，因為公務在南昌城外戍守，與寧王向來不相勾結。奉新知縣劉守緒，也引兵來會。他們的軍士都留在王陽明帳下聽候差遣。王陽明的病逐漸稍有痊癒。於是他分軍為十三哨，各示以進攻屯守之命，至各自任地。

臨出發之際，王陽明逮捕不遵守軍紀的數人斬首以儆效尤。各軍戰士見狀無不股慄顫顫。

再說朱宸濠攻打安慶已經耗費了八、九天的時日。但是城中守軍總是能隨機應變，並沒有受到重創。

朱宸濠正在猴急撓腮，忽然接到來自南昌城的告急文書，原文如此寫道：「王都堂大軍已到豐城，逼近南昌。城中軍民震駭，急乞分兵歸順應援。」意思很明顯，那就是王陽明的大軍此時即將臨近南昌城，戰事十分緊急，守城的匪領請求寧王朱宸濠回去支援，這真可謂是千鈞一髮。

朱宸濠大驚，便打算解安慶之圍而歸。李士實曰：「如果殿下撤兵，軍心一定會渙散的。」

朱宸濠說道：「南昌才是我的根本，為什麼不去救援？」

劉養正也說：「如今安慶音信不通，被攻破也在旦夕之間。寧王如果取得了安慶，以安慶為糧草屯止之所，然後調集南康、九江之兵，齊心協力搭救南昌城。官軍見我兵勢如此浩大，肯定會不戰而退！」

但是此時心高氣傲的朱宸濠並未採納這二人的諫言，自此完全陷入王陽明先生的用兵之計。

▌再打宸濠

　　王陽明先生先派遣探子打聽到南昌伏兵千餘，並得知其準確位置，然後派遣劉守緒，領精兵四百，從小路逆襲，出其不意攻擊。伏兵一時全線潰散，一齊逃遁到南昌城來。城中驟聞王陽明的隊伍來了，而且殺退伏兵，人人無不驚駭，爭相傳告，一時間人心惶惶。

　　六月二十日早上，各哨都按照計畫一起出發。王陽明先生再次申明約定的軍律，說道：「一鼓伏城，再鼓登城，三鼓不攻克的話，誅其伍長，四鼓不進城的話，就誅其副將。」

　　各哨統兵官，都知道王陽明先生軍令嚴肅，一聞鼓聲，呼噪並進。伍文定的兵士，率先掛梯先登。守賊軍士見軍勢浩大，紛紛倒戈逃跑。城中喊聲此起彼伏，各路官兵也紛紛破城門而入。於是擒宜春王朱拱椒，及寧王之子三哥、四哥，還有太監萬銳等，總共千餘人。宮眷情急都匆忙縱火自焚。可憐寧王後宮眷屬百數人，頃刻間灰飛煙滅，世事輪迴此般無常著實令人慨嘆。

　　火勢猛烈，延燒居民房屋。王陽明先生統大隊軍兵入城，傳令各官分道救火，撫慰居民。火熄後，伍文定等都來參見，將期間投降的將士押解到王陽明堂下。王陽明先生命部下封南昌府庫，搜獲原收大小衙門印信九十六枚。

　　府中人心開始平穩下來。這期間曾經私通朱宸濠的胡濂、劉斐等人及南昌知府鄭瓛、知縣何繼周等，皆前來向王陽明投首。王陽明先生都一一對他們進行安撫。

　　有詩為證。

皖城方逞螳螂臂，誰料洪都巢已傾。

赫赫大功成一鼓，令人千載羨文成。

王陽明先生又打探得寧王已解安慶之圍，移兵於沅子港，先分兵二萬遣凌十一、閔廿四分別率領殘部，疾速向南昌靠近。王陽明親自帥大軍隨後進攻。此時已經是這個月的二十二日，王陽明先生聞此報於是召集眾將諮詢大家的看法。

眾將皆說道：「賊勢強盛。我們既可以在省城南昌鎮守，此時而且也適宜斂兵入城。堅壁觀釁，待四方援兵到來後，然後再作打算。」

王陽明先生笑說道：「不然。賊勢雖強，未逢大敵。只有以爵賞為誘餌誘他們易弦更張，故無義勇之心。今進不得逞，退無所歸。其氣已開始出現沮喪的跡象。若出奇兵擊其惰歸，一挫其銳，將不戰自潰。這就是所謂的先發制人。」

就在這個時候，撫州知府陳槐、進賢知縣劉源清，分別引兵來助戰。王陽明先生於是派遣伍文定、邢珣、徐璉、戴德孺各領五百人馬，分作四路一起發起進攻，又派遣余恩以兵四百往來於都陽湖上，誘致賊兵。同時派遣陳槐、王軾、劉守緒、劉源清等，各引兵百餘，四面張疑設伏。等待伍文定與賊兵交鋒的時候，合力制敵。分布既已約定好，於是官兵們便打開糧倉，大賑城中軍民人等，此舉真是大快人心。

王陽明先生又考慮到宗室郡王將軍有可能成為內應而導致生變，於是親自前往慰諭，以安其心。且出告示云：

督府示諭南昌城七門內外軍民雜役人等。除真正造逆者不赦外，其原役寧府被脅偽授指揮、較尉等官者，及為亂賊出苦力雜役、家屬在省城者，盡可安居樂業，勿得逃竄。父兄子弟有能寄信本犯、遷善改過者、擒獲惡徒、詣軍門報捷者，一體論功給賞。從賊處逃回投首者，免

其本罪。其有收藏軍器，許盡數送於官府。各宜悔過，勿徒取滅亡。特示。

這封告示謄抄了二十餘通，傳布於城門內外各處，以解散軍民之黨。

二十三日，朱宸濠先鋒凌十一、閔廿四，已至樵舍。風帆蔽江，前後綿延數里 [063]。王陽明的部隊奉照軍令，乘夜趨進。伍文定以主力軍當其正前方，余恩尾隨其後。邢珣則引兵繞出賊背。徐璉、戴德孺，分左右翼，各自攻擊，以分其勢。

二十四日早，北風大起，賊兵敵噪。乘風而前，直逼黃家渡，離南昌僅三十里 [064]。伍文定的部隊剛一交戰，便佯敗而撤走。余恩接下來迎戰，未幾也佯作退兵。賊得志各船爭前趨利，前後不相連。邢珣兵從後而進，直搗賊人後背。賊船一時間大亂。

伍文定、余恩督兵乘之。徐璉、戴德孺合勢夾攻。四面伏兵紛紛擾擾，呼噪而至。鄱陽湖上滿湖都是官軍，幾乎沒有一塊空閒的地方。賊軍先鋒凌十一、閔廿四一干人等不過江湖行劫之流，何曾見過這等戰陣，一時間心膽俱裂，連忙回船打算逃命。

賊兵很快就全線崩盤，朝廷官軍在其後面緊跟著追趕數里，一共擒斬二千餘人首級。賊匪凌十一中箭落水而死，賊徒死於水者萬數。賊匪閔廿四引領著殘卒敗兵數千人，一路退守到八字腦的寨中。手下兵士漸漸逃散無幾。

朱宸濠獲悉失敗的消息後十分驚恐，於是將之前投放鎮守九江、南康二府的守城之兵招募起來，以壯大軍勢。

---

[063]　中文為數十里。
[064]　日語為三里。

王陽明先生探聽到朱宸濠的實況，說道：「賊兵已經撤退，九江、南康二府也已經徹底空虛。如果我們不收復九江府，則南康府的兵馬始終不敢跨越九江來支援我們。倘若不收復南康府，則我的兵馬也不能踰越南康來威懾賊寇。」

於是王陽明派遣撫州知府陳槐，領兵四百，配合饒州知府林城的部隊，往攻九江。此時正好建昌知府曾璵的部隊也趕到。王陽明立即派遣曾璵率兵四百，配合廣信知府周朝佐之兵，一起前往攻打南康。

二十五日，朱宸濠立賞格以激勵將士：當先衝鋒者，賞銀千兩；對陣受傷者，賞銀百兩，傳令並力大戰。其日北風甚大，賊船乘風奮擊。

伍文定率兵打頭陣，因風勢不順，被殺者數十人。王陽明望見官軍將有退卻之意，急取令牌，將劍交給中軍官，令斬下領兵官伍文定的人頭示眾，且暗囑云：「如果你還能作戰的話，請一定要堅持下去。」

伍文定見牌，大驚，親握軍器立於船頭，督率軍士，施放銃炮。因風勢相反，迎面折返回來，火燎到他的鬚髯他也沒時間顧及。麾下的軍士們更捨身奮戰。邢珣等兵此時也趕到前線，一齊放炮進攻。炮聲連連，如雷震天，將朱宸濠所乘坐的指揮船擊破。在這場戰役中，賊匪閔廿四中炮而死。朱宸濠見狀驚駭萬分，便將船移至他處。

賊於是潰敗，被擒斬復二千餘人，溺死的人更是不計其數。

朱宸濠便聚兵屯於樵舍，連舟結為方陣，四面應敵，盡出金銀賞犒將士，約來日決一死戰。

王陽明先生見狀於是私下做火攻的準備，命令邢珣攻打朱宸濠的左面，徐璉、戴德孺攻打朱宸濠的右面。余恩等各官則分兵四面暗伏，只望見火光出現，屆時一齊作戰。

二十六日早，朱宸濠剛朝見群臣，斥責因為諸將不能力戰而導致戰

事連敗，然後召見三司各官楊璋、潘鵬等十餘人，打算將其斬首以明軍法，楊璋等立辯求免。正在爭論之際，忽然聽聞四下裡喊聲大作。伍文定引著官軍，用小船載著荻草乘風縱火。一時間火烈風猛，延燒至賊戰船。其情景恰似赤壁古戰的情景，蔚為大觀。

　　各路伏兵望見火光，於是一起發動向戰場中心殺來。朱宸濠的戰船四面都著了火，其得力屬下栱、栟二人被火焚燒，奔出船艙的過程中被官軍所殺。其他賊匪例如王春、吳十三也被悉數擒獲。王陽明先生使人持大牌，曉諭各軍。牌上寫道：

　　逆濠已擒。諸軍勿得縱殺，願降者聽。

　　上述字面意思很簡單，也充分展現了王陽明先生對於朱宸濠餘孽的態度。討伐逆賊的各軍聽聞此訊，一時間勇氣百倍、士氣陡增，而另一方的朱宸濠的軍士們則莫不垂頭喪氣，哪有心思繼續賣命，個個尋找小舟四散自顧逃命。

▌寧王的末路

　　朱宸濠知道自己回天無力、敗局已定，於是便打算逃遁顧命。朱宸濠私底下與婁妃二人面對面泣別，朱宸濠道：「昔人亡國，因為聽從婦人之言。我卻因為不聽賢妃之言，最終到了如此地步。」

　　婁妃哽咽不能出聲，只是說：「大王您一定要保重，不要再掛念我！」

　　婁妃言畢，與宮娥數人全部縱身跳下湖心而死。朱宸濠見狀肝腸寸斷。

　　萬銳尋找到的小舟來到。朱宸濠換了衣服與萬銳及兩個宮女共四人

乘坐小船，冒著兵戈炮火而逃跑。萬安知縣王冕，提前就接到王陽明先生的錦囊密計，假裝成漁船數艘，散伏於蘆葦叢中。

朱宸濠卻誤以為這是鄱陽湖上的漁船，這實在是不幸中的大不幸。朱宸濠興奮地喚漁船道：「漁翁請擺渡我過河，我一定厚報你！」

朱宸濠便乘上漁船。

船上一聲哨子，眾船皆至。朱宸濠自知難免一死，也投入水中，但是卻沒想到自己船下水淺，人站立水中這怎麼能淹死！軍士便用長篙，拽著朱宸濠的衣服將其抓捕。

這個時候，伍文定、邢珣等乘勝殺入，先擒朱宸濠的世子大哥，及其宮眷數人。其黨羽李士實、劉養正、喻才、李自然等百餘人前後也被悉數擒獲，無一漏網之魚。王綸、季敩等人見大勢已去選擇蹈水而死。隨後共擒斬三千餘人，落水者二萬有餘。衣甲、器械、財物與浮屍橫十餘里。王陽明然後下命令在昌邑吳城重新分兵搜剿寧王餘孽，這些為非作歹的賊子逆黨基本上被消滅殆盡。

湖口知縣章玄梅迎王陽明先生坐於城中，察院王冕解押朱宸濠進入城來邀功求賞。朱宸濠望見遠近街區行伍一片肅殺，笑著說道：「這本是我的家事，何勞王大人這等費心？」

等見到王陽明先生，朱宸濠於是拱手說道：「朱宸濠我做錯了事，死自是甘心。但婁妃每每苦勸我不要叛亂，她實在是一位賢妃。現在婁妃已投水而殉死，還望王大人能夠將婁妃妥善安葬。」

王陽明先生當即派遣中軍官一行人前往檢視。其前往途中就看見河上的漁船上載有一具屍體，周身衣服皆用線密密縫緊。發現的漁夫起初懷疑屍體上有珠寶藏在身上，正準備搜尋的時候，被派來尋找婁妃的宮監辨識出來。這個屍身的主人正是婁妃，宮監便取來入棺盛殮，婁妃後

來被埋葬於湖口縣城外，其墓至今被稱為賢妃墓。可憐一代賢妃，自此香消玉殞。

慰勞諸將

這一日眾官都來相見。王陽明先生走下廳堂，握著伍文定的手說道：「今番破賊，伍大人立下了汗馬功勞。即使是我功勞最大，你也應該居第二位。」

伍文定說道：「全仰仗當今天子洪福，一切都是王大人神機妙算。我何功之有啊？」

王陽明先生說道：「伍大人先頭斬陣，人所共知，這你就別謙虛了！」

除了伍文定外，還有邢珣、余恩等將領，王陽明先生分別進行褒獎慰勞。各位將領個個都歡喜而退。

翌日王陽明先生正在軍中整理軍務，中軍官報告道：「知府陳槐、曾璵等，分兵攻打南康、九江二府。賊兵出戰，都敗在了官軍的手下。陳槐在戰場上斬了徐九寧。知縣何士鳳開門以迎大人您的軍隊，然後將城中餘賊盡行誅剿。南康百姓聽聞官軍逼城，無不歡欣鼓舞，在大家的努力下共殺陳賢。二郡都被我官兵平定。」

至此，賊黨被王陽明的軍士們消滅殆盡，可謂大快人心。

按：從朱宸濠六月十四日舉逆旗至七月二十六日被擒，前後四十二日。王陽明先生從七月十三日於吉安府起馬，到二十六日成功，才不過十四日時間。自古勘定禍亂，沒有更如此神速的了。後世人只看見成功之易，殊不知這都是因為王陽明先生擘畫之妙。

　　這一日門生鄒守益，進來恭喜王陽明先生打敗朱宸濠，說道：「我為老師成就百世之功而萬分欣喜，您此舉必將名揚千載！」

　　王陽明先生說道：「何敢言功！我昨晚睡了第一個安穩覺。在未獲得捷報之前，我經常是夜不安寢，如今這一切終於完滿結束了。」

　　為了抒發自己的喜悅之情，王陽明先生賦一律詩（〈波湖戰捷〉）道：

甲馬秋驚鼓角風，旌旗曉拂陣雲紅。

勤王敢在汾淮後，戀闕真隨江漢東。

群醜漫勞同吠犬，九重端合是飛龍。

涓埃未盡酬滄海，病懶先須伴赤松。

　　這一天王陽明先生傳令班師返回，暫回南昌城。城中聽聞官軍凱旋，軍民圍觀的人不下萬數。朱宸濠坐在小轎之中，其餘的賊黨都鎖在囚車內，前後軍兵擁衛，一個個槍刀出鞘，盔甲鮮明。行至中街，兩旁觀看者歡聲如沸，莫不表祝賀之意，說道：「我等今日終於脫離日月倒懸之苦，這些都是仰仗王陽明大人啊！」

　　王陽明先生到都察院下馬。大會眾官商議，對在剿滅寧王朱宸濠和世子的戰役中立下功勞的郡王、將軍、儀賓、偽授大師、國師、元帥、都督指揮等進行劃分和敲定。這工作分派給御史謝源、任希儒，由這兩位大員在審驗明白後製造記功冊。

　　待一切整備妥當，王陽明先生於三十日上捷報。

　　後人有詩一絕，誦王陽明先生此時之功，全詩云：

指揮談笑卻萊夷，千古何人似仲尼。

旬日之間除叛賊，真儒作用果然奇。

一波未平一波又起

王陽明先生呈報的關於寧王朱宸濠反叛的報疏送達朝廷後，被兵部尚書王瓊看見了。王瓊邀請五府六部大臣，於左順門召開會議。此次會議的眾大臣中也有曾私底下接受寧王朱宸濠賄賂、與他私下暗通的，也有見寧王勢大，怕他日後成事的。這夥人個個都持觀望態度，但是誰也不敢明言朱宸濠有謀反之意。

王瓊正色言說道：「朱宸濠這個逆臣賊子素行不義，今日倉促逆天造反，實在是『蚍蜉撼大樹，自取滅亡』。都御史王陽明則占據上游，他必能知曉賊子野心。不日定當有捷報給朝廷，其請朝廷軍隊出京征討，這是一個彰顯兵威的好時機。」

於是王瓊連續向朝廷上了十三道奏疏，其目的主要如下：首先請武宗皇帝削去朱宸濠的屬籍，昭告天下朱宸濠為逆賊。但有忠臣義士能舉義兵、擒反賊宸濠者，封以侯爵。先發制人，先將通賊逆黨朱寧、臧賢逮捕送至法司正罪，又傳檄文至南京、兩廣、浙江、江西各地的軍隊，約定分據要害，一齊剿殺。

與此同時，朝廷立刻委派安邊伯許泰為總督軍務，擔任總兵官；委任平虜伯江彬、太監張忠、魏彬俱為提督官；委派左都督劉暈為總兵官；委派太監張永贊畫機密，並體勘宸濠反逆事情。

兵部侍郎王憲督理糧餉，先前往江西征討，行至臨清地方，聽聞江西有捷報傳來，說道：「寧王朱宸濠已經被擒獲。」許泰、江彬、張忠等聞之，嫉妒王陽明先生之偉大功勛，且羞恥於自己無功可陳。於是他們密疏請御駕親征，順便遊覽南方景緻。武宗皇帝大喜，於是自稱為總督軍務威武大將軍總兵官、後軍都督府太師鎮國公，往江西親征。雖然此

間朝廷的大臣竭力勸阻，但是新登基不久的武宗皇帝哪裡聽得進去，到了這個節骨眼上還有一些大臣繼續諫言，則被正在興頭上的武宗皇帝下令廷杖而死。此情此景，朝廷內外誰還敢再多言！

武宗皇帝的御駕於是一路出發。大學士梁儲、蔣冕奉命跟隨護從。

九月十一日，王陽明先生於南昌啟程，將朱宸濠等逆黨囚禁在牢獄中。然後派遣下官向朝廷上疏。略云：

逆濠睥睨神器，蓄謀已久。招納叛亡之徒，探輦轂之動靜，無一日之漏。廣置奸細，臣下之奏文百無一通。發謀之始，濠料大駕必將親征，先於沿途伏有奸黨，欲為博浪荊軻之謀。今逆賊不旋踵，遂已成擒。依法宜押赴闕門，以昭示上天之罰。今令部下各官押解，恐賊舊有潛布，乘隙竊發。若致意外之虞，臣死有餘憾。況平賊獻俘乃國家常典，亦臣子常職。臣謹於九月十一日，親自率官軍將濠並官眷逆賊等押赴至闕。

王陽明先生行至常山草萍舖，聽聞武宗皇帝御駕親征的事情，驚訝地嘆息道：「東南民力已竭，豈還能堪受此等騷擾？」當即索來筆墨，題詩於牆壁上。次日早晨，兼程而繼續前進。題詩（〈書草萍驛〉）如此寫道：

一戰功成未足奇，親征消息尚堪危。

邊烽西北方傳警，民力東南已盡疲。

萬里秋風嘶甲馬，千山曉日渡旌旗。

小臣何事驅馳急，欲請回鑾罷六師。

這時武宗皇帝聖駕大隊人馬已經抵達淮徐地方。許泰、張忠、劉暈等一干人，見王陽明此時還沒有抵達，於是向武宗皇帝密奏道：

陛下御駕親征，若無賊可擒，豈不令天下人笑話。且江南之遊，以何為名。今逆賊黨與俱盡，如釜中之魚。宜密諭王守仁釋放寧王於鄱陽

湖中，待御駕到，親自擒之。他日史書上定會傳說陛下英武，也教名揚萬代也。

武宗皇帝原本也是好浮名之人，聽了許泰、張忠、劉翬等人的一派胡言亂語，居然對其深信不疑。武宗皇帝當即用威武大將軍之牌面，遣錦衣千戶官追取朱宸濠。

王陽明先生這時候已經行至嚴州，接了牌面。有人在一旁提醒道：「威武大將軍，即當今皇帝。牌到與聖旨一般，禮合往迎。」

王陽明先生說道：「威武大將軍論其品級的話不過一品，且說文武官僚不相統屬，我沒有必要去迎奉他！」

眾屬下都無不擔心地說道：「不迎接恐怕會無辜獲罪吧！」

王陽明先生說道：「人子於父母亂命，若可告語，當涕泣隨之，我怎麼能做這種阿諛奉承的事情呢！」

三司官苦苦相勸。王陽明先生不得已才命令參隨拿著敕印出來，一起迎候威武大將軍到自己的辦公處所。以敕印對牌面是王陽明先生的妙策。中軍官便問：「錦衣奉御旨至此，我們應該餽贈如何等級的謝儀？」

王陽明先生說道：「就五金即可。」

中軍官說道：「如果對方覺得少，不肯收下，我們該如何是好？」

王陽明先生說道：「那就隨他的便了。」

錦衣千戶果然大怒，拒絕不肯接受，翌日即來辭別。王陽明先生握著對方的手，鎮靜自若地說道：「下官在正德初年，下錦衣獄甚久，與貴衙門官相處極多，卻從未見有如大人這樣輕財重義的人了。昨日薄物聊表我的區區鄙意，只求禮備。聽聞大人您不肯收納令我十分惶恐！下官我別無他長，單只會做幾篇粗淺文字。他日當為大人您表彰您的高尚品

德，以令後世知道錦衣官中也有如大人這般高潔品格的官員。」

錦衣千戶呆若木雞，很長時間不能答出一語，於是只得怏怏別去。王陽明先生竟不奉其牌旨，不將朱宸濠交付派來的人。錦衣千戶惱羞成怒，晝夜兼程趕回去向自己的主子彙報自己的遭際。

許泰、江彬等聞訊大怒，於是無中生有，在皇帝跟前誹謗王陽明先生，說道：「王陽明曾經與寧王朱宸濠私下交好，派遣門人冀元亨往見寧王，許他借於寧王兵士三千。後見事勢無成，然後襲取寧王以掩飾自己的罪責。」

太監張永素知王陽明先生的忠義品格，極力為王陽明先生辯雪。幾番斡旋後，皇帝同意先為查探，待王陽明抵達杭州，張永對此進行考核。王陽明先生與張永二人相見，張永說道：「許泰、江彬等誹謗閣下，只因先生獻捷太早，阻礙了他們南行的計畫，這件事情使他們不高興了。」

王陽明先生說道：「西南地方的民眾常年遭受朱宸濠的戕害，今日剛剛經歷大戰，繼而又是嚴重的旱災，人民生活在水深火熱當中。若在此時京軍突然到來，必然要徵收糧餉，民眾為窮迫所激的話，勢必逃聚到山谷又叛亂鬧事。到那時候奸黨群應，這裡的政局又成土崩之勢。如果此時再去討伐，將會是難上加難的事情。」

張永對王陽明先生的解釋十分信服，過了一會才說道：「我此行正是因為許泰、江彬那群小人迷惑聖聽，我打算居中調停，並非企圖掩王大人您的功勞。但下官揣測皇上聖意，也覺得皇帝此番巡遊無名。王大人您何不順應天意，這個事情還可挽回幾分。如果您不讓步，相反還激怒了那群小人，對於今後的大事豈不於事無補？」

王陽明先生說道：「張大人您的看法十分明智，下官我其實也不願居此功勞，我情願將功勞悉數讓給那幫鳥人，請允許下官致仕官場吧！」

說完，王陽明便把朱宸濠以及逆黨囚犯全部交付張永，然後向武宗皇帝上疏乞請告老還鄉。自此，王陽明先生摒去人從，在西湖淨慈寺養病。張永此時則在武宗皇帝面前備言王陽明盡心為國之忠，但在其上奏中卻對王陽明致仕一事如此稟告：江西反側未安，事僅全賴彈壓。王陽明要休職一事，萬萬不可聽其自便。

▍接觸三個奸人

這幫奸臣逮捕了先生的門人冀元亨，將其移交給南京法司。雖然遭受到萬般殘酷的拷問，但是冀元亨並沒有透露任何牽涉王陽明先生的言辭來。

這些奸臣的陰謀落空無果。

張忠、許泰這幫人又伺機向武宗皇帝密奏，說道：「寧王朱宸濠餘黨還有很多，微臣願親往南昌府去搜捕叛亂，以彰顯皇帝的天威！」

結果武宗皇帝視聽不明，又一次縱容了奸臣們的陰謀。

等到王陽明赴任到了南昌府，張忠、許泰等一幫人也隨後趕到。張、許二人帶領京軍二萬餘人，所過之處填街塞巷，聲勢十分浩大。這夥人後來紮營於都察院，氣焰十分囂張。

作為地方官吏，王陽明前往拜訪。

許泰等一干人命令王陽明先生在席位旁側坐下。王陽明先生佯為不知內情，卻坐到指定座位的上席，自踞上坐，這樣就使許泰、江彬等坐在最主位的位置。

許泰、江彬等且愧且怒，便以語諷刺王陽明。王陽明先生則不卑不亢，以交際事體逐一回答，然後一行人相坐無言。

　　王陽明先生離開後，就對門人鄒守益等人說道：「我並非要爭上位，只是擔心屈體於對方，便當受其節制，這麼做實在是身不由己呀！」

　　許泰、江彬等假借搜捕餘黨為名，禍害無辜的平民百姓，還向富室索詐賄賂，直到對方給出一個自己滿意的數目才肯作罷。這幫人還縱容京軍占據民房，任意搶掠市井財物，甚至還向官府索糧要賞。得意忘形的時候，他們還直接叫出王陽明先生的名諱無端謾罵，或者故意產生衝突。其目的很明顯，他們就是打算藉此生釁，與王陽明先生大鬧一場，這樣他們的領袖許泰、江彬就好在武宗面前謗毀。

　　對於這種情勢，王陽明先生全然不計較，吩咐左右務必以禮相待。對於這幫人的所作所為，王陽明先生提前命令市民移居到鄉村，以躲避許泰、江彬下屬的欺壓，只讓一些老弱病殘守家。王陽明先生又自出金帛，不時地慰犒京軍。凡是病者都為他們提供醫藥，死者則為他們提供棺殮。目睹此事的京軍無不稱頌王都堂（王陽明）是好人。

　　許泰、江彬等人見狀，於是暗怪王陽明先生收買軍心，嚴禁京軍接受來自王陽明先生的犒勞。王陽明先生於是傳示內外：京軍離家苦楚，本地的居民應當以禮厚待。於是凡管轄內的百姓遇邊軍，都十分客氣有節，還不斷地貢獻酒食。京軍人人感激，再也沒有做過搶奪之類的事情。

　　時十一月冬至將近。

　　王陽明先生示諭百姓，因剛剛經歷朱宸濠的叛亂，無辜喪命的人十分多，的確值得人同情。現在冬至節臨近，凡居喪人家都準備好奠儀。如有在軍隊服役的，破例放假三日回家祭奠祖先。於是家家戶戶上墳供酒，哀哭的聲音遠近相接。也在此地的北軍聽聞後沒有不思鄉落淚的，紛紛向長官叩頭請求返鄉。

　　此情此景分明是「楚歌一夜起，吹散八千兵」，叫人唏噓不已！

▌欲辱人必被辱之

張忠、許泰、劉翬等，自恃是北方人，擅長騎射，認為王陽明先生是南方人從未學習過這種本領。於是一日張忠、許泰、劉翬等假借演武，打算與王陽明先生比賽射技。王陽明先生起初謙謝推辭，但是這幫人卻再三勉強，就等著看王陽明出醜。

這時候，王陽明先生說道：「王某我本是一介書生，怎麼敢與諸公比較技藝！」

張忠、許泰、劉翬等都叫王陽明先射。其中的劉翬以為王陽明先生果真不習騎射，於是變得十分自負，對身旁的許泰、張忠說道：「我們先射一回，示範給王老先生看看！」

軍士設標的於一千一百二十步以外。三人呈雁行一字排開，張忠居中，許泰在左，劉翬在右。三人各逞精神施射。北軍與南軍分別於兩邊，抬頭望射。一張張彎弓如十六夜滿月，箭矢發出如流星劃過，每一矢發出都叫喊聲湧動。張忠、許泰、劉翬三人接連射了九支箭羽，只有許泰一箭射在靶子上，張忠一箭射著靶子的邊緣。都說北方人擅長騎射，而張忠、許泰、劉翬等心高氣傲，其技藝不過如此而已。張忠、許泰、劉翬三人見狀，不覺面有愧色，為了掩飾相顧自言自語說道：「這些年伴隨聖駕，久不操弓執矢，我們的技藝便生疏了。必求王陽明大人射一回賜教！」

王陽明先生一再謙讓。

張忠、許泰、劉翬三人於是越發相強迫，說一定要王陽明先生試射一番，不射不行。如果王陽明也射而不中，自家便可掩飾其慚。王陽明先生被強請不過，就只好吩咐中軍官取弓箭過來，拱手對許泰、江彬等

人說道：「下官初學，讓你們見笑了。」

王陽明先生獨自站立在射場之中，武官一干人等悉數環立於傍。三人抬眼含笑觀看，實際上期待王陽明出醜。王陽明先生神閒氣定，姿勢十分穩健，只見「颼——」的一箭，正中紅心。京軍連聲喝采，紛紛稱讚其技藝巧妙。

許泰、江彬等心中不快，言道：「這是偶然幸中而已。」

王陽明先生於是一連又發兩矢，全部都射中目標靶心。京軍見王陽明先生三發三中，歡呼動地，場面蔚為壯觀。

許泰等便執王陽明先生之手道：「王老先生久在軍中，果然習熟。我們都已經領略了您的風采，就不必再射了。」

一行人自此不歡而散。

是夜，劉翬私底下差遣自己的心腹去窺探京軍的口氣，一個個回來都報告道：「王都堂為人甚好，武藝亦精。彼等南軍服事這第一流的王都堂，也好建功立業，不枉為人一世。」

劉翬聽聞這席話，一夜未睡，第二天早上見到許泰、張忠，焦慮地說：「北軍之心全都歸附王陽明了，以後我們該怎麼辦呀？」

許泰、張忠於是商議班師回朝。這段時間裡他們的軍隊總共殺害良民數百人，卻誣告被殺的人都為逆黨，割下首級論功請賞。

京軍離開江西省城，百姓才又開始安居樂業。

也就是這個時候，武宗皇帝大駕自淮陽至京口，館於前大學士楊一清之家。許泰等來謁見，他們對皇帝稟告說：「逆黨已經被我們除盡。」緊接著他們隨聖駕渡江，駐於南京，遊覽江山勝景。

遭遇讒謗

江彬等三人趁機讒謗王陽明先生，說道：「王陽明專兵得眾心，將來必有占據江西之事。」

張永極力辯護，言王陽明先生之忠。只怪當朝的武宗偏信奸佞之言，任之不問。

許泰等又遣心腹屢次偽發聖旨，來召王陽明先生。只要王陽明先生帶領人馬，將近南都，就以擅離地方論罪。王陽明先生看穿了他們的伎倆，沒有掉入他們的陷阱。正德十五年正月，王陽明先生尚留南昌城。

張忠、許泰等三人侍宴武宗，武宗皇帝說話間言及天下太平。三人同聲回答道：「江西王陽明早晚必反，實在是我們的心腹大患。」

武宗皇帝問道：「你們說王陽明遲早會反叛，這麼說你們有什麼依據？」

三人一起回答道：「王陽明兵權在手，人心歸向。去年臣等帶領京軍至南昌城，得知他又透過私恩小惠，旨在收買軍心。若非臣等速速班師返回朝廷，京軍中的多數人猜想也會歸順於他吧。皇上若不肯信，只需派遣人召他前來，王陽明他必不肯來。」

武宗皇帝果然發旨召王陽明先生面見。張永敬重王陽明先生的人品，又憐王陽明先生之忠，暗地裡遣人星夜飛馳通報王陽明先生，揭穿那三人的陰謀。

王陽明先生得詔，即日起馬，行至蕪湖。張忠聽聞王陽明先生到來，害怕皇上召見時王陽明先生有所啟奏，於是遣人假冒聖旨阻止他前來。

▋進退維谷

王陽明先生在蕪湖停留了半月時間。一夜默坐，聽水波拍岸之聲，他嘆道：「若只是自己一個人蒙受謗毀，死就死了。可是丟下老父親一人怎麼辦呢？」於是他就對門人說：「此時如果有一辦法可以帶著我的父親遠離這是非之地的話，我一定會去做而且不後悔。」

王陽明先生進退維谷之中，不得已入九華山，每日端坐草菴中養氣修身。一日微服重遊化城寺，路過地藏洞。回顧自己二十七歲時，於此洞見老道，兩人共談三教之理。不覺然今年已經四十九歲，恍惚間光陰流轉了二十二年，功名羈絆不得自由。進不得面見聖上，掃除奸佞；退不得歸臥林泉，專心講學。王陽明不由自主地悽然長嘆。

又見山岩中有僧危坐，他便問道：「何時到此？」

僧答道：「已三年了。」

王陽明先生說道：「吾儒學道之人，若肯如此精專凝靜，何患無成？」

吟一詩云：

莫怪岩僧木石居，吾儕真切幾人如。

經營日夜身心外，剽竊糠粃齒頰餘。

俗學未堪欺老衲，昔賢取善及陶漁。

年來奔走成何事，此日斯人亦啟予。

張忠等既阻王陽明先生之行，又反奏王陽明先生不來朝謁，其奸邪實在可憎。

武宗問張永，張永密奏道：「王陽明已到蕪湖，卻為江彬等所阻攔。陽明是位忠臣。今聞眾人有爭功謀害之意，打算棄其官入山修道。此人

若去，天下就更無肯為朝廷出力的忠臣了。」武宗感動，於是降旨，命王陽明先生兼江西巡撫，剋期速回理執事務。

王陽明先生於是於二月返回南昌府，三月乞寬江西省租稅。

這個時候，王陽明先生以報祖母岑太夫人養育之恩，臨終需要面訣以盡孝養為由，急忙上三疏請歸省葬，但是一次都沒有得到武宗皇帝的允可。

五月，江西發大水。王陽明先生上疏自我彈劾請罪。

按：這個時候，武宗御駕猶留南都，王陽明先生進諫無由，「姑且以陳述地方災害以自我彈劾，以希君心開悟，而意加萬民」。

▌格物說及學者用功法

六月，王陽明先生重新返回贛州。路過泰和縣，正趕上少宰羅整庵（名欽順）以書問學。王陽明先生告以左說，說道：「學無內外，格物其實就是格一個人心中之物。正心者其實就是正一個人的心。以理之凝聚而言，這就是所謂的性；以其主宰而言，則就是我們常言的心；以其主宰的發動者而言，更確切地說屬於意的範疇；以其發動之明覺而言，則上升到更高階段的知；以其明覺之感應而言，則回歸到我們常言的物。因此對於物而言，我們只能去格；就知而言，我們常說的是致（良知）；就意而言，可以稱作是誠；就心而言，則需要正。我們常所謂『窮理以盡性』，這就是其中的一個功能。天下無性外之理，也即沒有性外之物。學之不明，其緣由是世儒都認為理為內，認為物為外，因此將反觀內省與講習討論分為兩回事，所以就有了朱陸學說的分歧。但是回到陸象山的致知學說上而言，其實也未嘗是專事於內。與他相對的朱晦庵所倡導的格物，也未嘗就專事於外，這些都需要辯證結合著來看。」

羅整庵對王陽明上述的解答十分信服。

王陽明先生的這段問答記載於現在的《傳習錄》第二卷。其書謂之格物，指示學者用功之方法極為詳盡，值得一讀。

▌作〈啾啾吟〉訓誡世人

六月，王陽明先生抵達贛州。在這裡王陽明大閱士卒，教授戰法。江彬遣人來窺視王陽明先生的動靜，其實是尋找機會陷害王陽明先生。與王陽明先生相知者都紛紛請王陽明先生反省，不要招致敵人的懷疑。王陽明先生未從，作〈啾啾吟〉，內文如下：

君不見：

東家老翁防虎患，虎夜入室銜其頭。

西家兒童不識虎，執竿驅虎如驅牛。

痴人懲噎遂廢食，愚者畏溺先自投。

人生達命自灑落，憂讒避毀徒啾啾。

王陽明且說道：「我在此是與童子歌詩習禮，這有什麼值得懷疑的？」

門人陳九川[065]等也因為擔心言論獲罪，對學問有所荒蕪。王陽明先生說道：「我等何不繼續講學？我昔日在南昌城，於奸臣朱宸濠的眼前，也是恬然應對。縱有大變也是躲也躲不掉的，我之所以不輕動，也是有我的考量。與夷狄患難，也未必不是我自己的收穫呢。」

---

[065]　陳九川（西元一四九四年至一五六二年），字唯浚，江西臨川人，明朝政治人物，進士出身。正德九年（西元一五一四年），登甲戌科進士，跟從王守仁遊學。不久，授太常博士。明武宗南巡之爭時，因上疏進諫而被削籍，再跟從王守仁完成學業。明世宗即位後，召回恢復官職，再升主客郎中。

錢德洪 [066] 言道：「我昔日修封陽明先生上疏，〈便道歸省〉與〈再報濠反疏〉同日而上報朝廷，內心感到十分疑惑。除非是國家危急存亡之日，否則哪還有時間顧及此事？當是時，王陽明先生倡義興師，朱宸濠在旦夕之間就被先生擒獲，先生依舊上疏請命將出師，先生真是將自己捨身度外啊！等讀到〈諫止親征疏〉，便不得不感嘆古人在大功告成時卻仍須面對重重困難！」

錢德洪與王陽明先生親炙日久，故能理解先生為何如斯舉動。

■ 囚小人重報捷音

七月，武宗皇帝還在南都停留。許泰、江彬都想透過獻俘為自己邀功求賞。

張永道：「萬萬不可。昔日，車駕未出北京時，朱宸濠已被擒獲。王陽明獻俘北上，過玉山，渡錢塘，在杭州將俘囚交付吾手，都是人所周知的事情，你們怎麼能如此明目張膽地襲取功勞呢？」

於是威武大將軍下命令到南贛，責令王陽明先生重新向朝廷報告戰捷的消息。王陽明先生於是捨去之前上奏的摺子，將所有功勞盡數記入許泰、江彬、張忠、魏彬、張永、劉暉、王憲等護駕諸官姓名之下。且疏中言道：「逆賊朱宸濠不日就擒，這都是多虧了總督、提督諸臣私下密授給我禦敵方略！」

摺子很快遞交至朝廷，於是這群蠅營狗苟的小人稍稍轉怒為喜。

---

[066]　錢德洪（西元一四九六年至一五七四年），名寬，號緒山，字洪甫。明朝中後期哲學家、思想家、教育家。錢德洪是王陽明的學生，是王陽明之後儒家心學的重要代表人物之一，與同時期的哲學家、思想家王龍溪齊名。

▌批評

嗚呼！群小所為真是無比卑鄙！群小之心術和姦邪固然不能戰勝正義，但是其乘盛之間正義也是無可奈何。遍觀古今史書散見的正邪兩黨的軋轢總是讓讀者切齒扼腕，但是哪個朝代能避免如此荒誕不公平的事情發生呢？嗚呼！上天是為使正義之光愈加赫灼才生出此等禍害嗎？為何令偉人憂憤之事如此之多呢！

錢德洪說道：「平寧王朱宸濠之事，還不算難事，如何應對張忠、許泰一夥人的刁難才是最困難的事情！」

王陽明先生在艱難之中，修養日精，識慮更加緊切。擒住朱宸濠則是王陽明先生畢生偉業，精神方面的歷練在這一時期也尤為突出。

▌門人冀元亨橫死

八月，王陽明先生備諮刑部，為對冀元亨的誣告辯冤。事先朱宸濠尚未叛亂的時候，冀元亨[067]應朱宸濠之召，但是後來因為論學不合被朱宸濠稱作是「書呆子」而返還。王陽明先生擔心招惹事端還派人護送冀元亨從小道歸鄉。其中細節在前已有所述。

就在同一月，張忠、許泰等挑釁王陽明先生圖謀不得，於是設計逮捕冀元亨，對其嚴加拷問。冀元亨生性忠厚老實，也無片語之阿諛順隨誣陷者，自然就遭到更嚴重的迫害。與此同時，科道官就此事互動上疏辯論。王陽明先生備諮刑部，為冀元亨鳴喊冤枉。後來明世宗即位後下

[067]　冀元亨（西元一四八二年至一五二一年），字惟乾，湖南常德人。明朝政治人物。正德十一年，冀元亨鄉試中舉，其一直跟隨從學王守仁。朱宸濠曾經為其所學所服，並厚贈遣送，冀元亨卻將禮物贈官。朱宸濠事敗後，張忠、許泰誣陷王守仁與其私通，冀元亨並沒有承認，並稱之曾經與冀元亨論學。張忠遂逮捕冀元亨，並用炮烙嚴刑拷問，冀元亨始終不承認，後逮捕入京師下詔獄。明世宗即位後，言臣均稱其冤，其出獄後五日內去世。

了聖旨，下令將冀元亨釋放。但是冀元亨此時已患重疾，出獄後五日病死。同門陸澄、應典輩準備棺材盛殮。王陽明先生聞聽訃告，為冀元亨設靈位為之大聲慟哭，並作文祭奠，撫卹其家。

像冀元亨這樣的忠信篤學之人，居然也遭遇此大災難，實在是令人唏噓不已。

祭劉養正母

起初，廬陵縣劉養正和王陽明先生素有厚交。正趕上其母之新喪，來請王陽明先生作墓誌，實為朱宸濠託之邀請王陽明先生，而不合返之。其後劉養正既死，王陽明先生過吉安府，令有司葬其母，復為文以奠。

辭曰：

嗟嗟！劉生子吉，母死不葬，爰及干戈。一念之差，遂至於此，嗚呼哀哉！今吾葬子之母，聊以慰子之魂。蓋君臣之義，雖不得私於子之身，而朋友之情，猶得以盡於子之母也，嗚呼哀哉！

此事發生在這一年的六月。

閏八月，王陽明第四次上疏省葬，世宗皇帝不允。

起初，王陽明先生在贛州，聞祖母岑太夫人之訃告，及父海日翁生病，打算上疏乞歸，卻逢福州平叛之命。中途遇寧王之變，於是上疏請命討賊，因乞歸省弔墓之事，朝廷答應王陽明，說等待他將叛賊平定的時候再做定奪。至此王陽明先生共向朝廷上疏提請歸老還鄉四次。期間曾經聽聞父親海日翁病危，王陽明便打算棄職逃歸故鄉，沒過多久得知父親健康恢復，這件事情才延緩下來。

一日，王陽明先生問諸友道：「我打算逃回，為何你們無一人贊同？」

其中的門人周仲答道：「先生您的思歸之念，執著得如同您對報效國家一樣。」

王陽明先生良久說道：「報效國家這麼重要的事情我怎麼能不執著呢！」

▌戰後的經營

九月，王陽明先生再至南昌府。武宗大駕尚未歸京。百姓不勝其苦，卻仍要興建南昌府工役。王陽明檄各道院選取朱宸濠府邸的廢地，獎勵殖產貿易，以濟餓代稅，轄內百姓才稍微得到休養生息。

王陽明曾經寫信給鄒守益，說道：「自到南昌城，政務紛錯，互相講習的情形遠遠不及虔中（即贛州）時候的情景。雖自己舵柄不敢放手，而灘流悍急，須仗有力如吾謙之（指鄒守益）者持篙而來，庶能相助，接下來如險灘一樣的困難還有很多。」

▌收王心齋為弟子

泰州有叫王銀（號心齋）[068]者，穿著古代衣冠，手裡執著木簡，寫二詩為贄，以賓禮請見王陽明先生。王陽明先生為其裝束驚訝，於是走下臺階以禮迎接王銀。進入客廳後，王銀卻踞然上坐。

王陽明先生問：「你佩戴的是什麼衣冠啊？」

王銀說道：「我佩戴的是虞氏之冠。」

---

[068]　即王艮（西元一四八三年至一五四一年），明代哲學家，泰州安豐場（今江蘇東臺）人，人稱王泰州。起初投入王守仁門下只為求生，後經王守仁點化轉而治學，並創立傳承陽明心學的泰州學派。初名銀，王守仁替他改名為艮，字汝止，號心齋。

王陽明又問：「你穿的是什麼服飾啊？」

王銀說道：「我穿的是老萊子的服飾。」

王陽明先生說道：「你在學老萊子嗎？」

對方答道：「所言極是。」

王陽明先生說道：「你是學習他的著裝打扮，還是學習他上堂會客的時候不慎摔倒，還像小孩子一樣掩面啼哭呢？」

王銀不能答，臉色開始有所緩和，漸以座椅側移。等到兩人談論到致知格物的教義，王銀恍然悟道：「他人之學，飾情抗節，矯之於外。王陽明先生之學，精深極微，應該從心學的角度去揣摩。」

王銀於是換常服，行弟子之禮。王陽明先生為王銀更名為艮，字曰汝止，自此王銀稱為王艮，聞名於世。

王陽明先生後來對自己的門人說道：「我擒朱宸濠的時候，都沒有什麼觸動，今卻為王艮這個人所感動。此人真是成為聖人的好苗子。」以此可察王艮的品性十分卓越。

▌收舒芬為弟子

進賢縣的舒芬[069]做翰林院學士的時候，被謫貶為市舶官。這期間他遇到了王陽明先生，但是舒芬自恃博學，見到王陽明先生就問律呂。王陽明先生不答，只是問舒芬什麼是元聲。

舒芬回答道：「我對元聲規則所知頗詳，只不過沒有找一間空屋子，親自實踐過而已。」

---

[069]　舒芬（西元一四八七年至一五三一年），字國裳，號梓溪，明南昌進賢（今江西南昌縣）人，經學家，正德十二年狀元。著有《舒文節公全集》（又名《梓溪文鈔》）。

王陽明先生說道：「元聲怎麼能依靠器具去發現呢？心得養則氣自和，心者，才是元氣的根本。書云『詩言志』，志即是樂的根本；『歌永言』，歌即是制律的根本。永言和聲，它們的本源都是在於歌。歌的根本在於心，故爾心也是出自同樣的本源。」

舒芬於是躍然而悟，決意拜王陽明為師，成為其座下弟子。

此為心學所論音律之根本。

▌聽講盛況

也是在這個時候，陳九川、夏良勝、萬湖、歐陽德、魏良弼、李遂、裘衍等人每日都來侍講，頗有洙泗杏壇的風範。但是巡按御史唐龍、督學僉事邵銳，都信守舊學，便對王陽明先生之學心存懷疑。唐龍後來以「止講擇交」相勸。

王陽明先生對此這樣評論道：「我所講的良知為人人所共有。獨學者不能獲得啟悟，因而甘願隨俗習非。今日如果以是心至，我肯定又會遭到大家的疑謗，但是如果我拒絕和你交流，又於心不忍。只有那些追求真學問者，譬之如淘沙而得金，卻忽略了實際上像沙那樣被淘汰的人占到百分之八、九十的比例，但是我絕不能做出捨沙以求金的行為來。」

面對唐龍、邵銳的疑問，很多人都選擇了規避的態度。看見同門中凡是由方巾中衣 [070] 而來的，都認為是錯誤的。這時候唯獨王臣、魏良政、魏良器、鍾文奎、吳子金等人挺然不變，信奉王陽明學說的人的態度逐漸發生改變。

就在這年冬天，武宗皇帝自南京起駕，隊伍抵達臨清的時候，下令將朱宸濠等逆囚悉行誅滅，所見者無不拍手稱快。

---

[070]　借指信仰傳統學說的文士。──譯者注

▌小結

　　朱宸濠謀逆為明室大亂。王陽明先生以孤身逆旅，舉義兵，不經二十餘天便討伐成功，真可謂是用兵如神。如果此言差矣的話，那又是什麼促使了王陽明先生擒獲朱宸濠呢？儘管此時讒言橫起四方，先生的功名一下子變為罪過，但是王陽明先生不失正義，泰然待天晴之日，這點著實叫人欽佩。若非堅信良心光明者，如何能達到如此這般的成功呢？這兩年，王陽明先生於文武兩個方面，都開始逐漸成就其畢生的功業。

第九章　第三次講學時期

　　本章要敘述的是，王陽明五十歲至五十六歲大概六年的時間中，諸如門人教化、講學上的論辯，以及他的四處遊歷的事蹟。經歷了人生中那麼多的殘酷體驗，王陽明先生此時的膽識謀略幾乎經歷了最高限度的磨練。對此，讀者朋友如果對王陽明這一時期的傳教的殫精竭慮詳加體悟，肯定會受益良多。

　　本章要論及的大多內容是從王陽明洋洋灑灑的論學的書籍中拔萃而來，可以稱得上是曠世傑作。例如其中的〈答顧東橋[071]書〉、〈拔本塞源論〉、〈與南大吉[072]書〉、〈與聶豹[073]書〉等等，不勝列舉。透過這一篇章的閱讀，就可以體悟到王陽明先生學養之深邃、文風之豪邁、行文之雄健等大儒風姿。

▌發表「致良知」

　　正德十六年（西元一五二一年），辛巳年，王陽明五十歲。他仍身在江西，正月的時候居住在南昌，從這時候起，他就開始傳播陽明學的最

---

[071]　即顧璘（西元一四七六年至一五四五年），明代官員、文學家。字華玉，號東橋居士，長洲（今江蘇吳縣，其於一九九五年撤銷）人。弘治間進士，授廣平知縣，累官至南京刑部尚書。少有才名，以詩著稱於時，與其同里陳沂、王韋號稱「金陵三俊」，後寶應朱應登起，時稱「四大家」。著有《浮湘集》、《山中集》、《息園詩文稿》等。

[072]　南大吉是明代中期關學學者之一。字元善，號瑞泉，明代陝西渭南人，南金長子。性豪宕，雄於文。因王陽明曾為其座主故稱門生，後與王陽明有過一段特殊的來往關係，深受陽明心學之影響，其思想也從原來篤信程朱而轉向陽明心學。

[073]　聶豹（西元一四八六年至一五六三年），字文蔚，號雙江，江西永豐縣人，為王守仁心學正統傳人，是明代有名的廉吏之一。聶豹推崇王陽明的「致良知」學說，以陽明為師，但他認為良知不是現成的，要透過「動靜無心，內外兩忘」的涵養工夫才能達到。著有《困辨錄》、《雙江集》等。

核心思想 ── 致良知。

在這之前，王陽明得知武宗皇帝的車駕在上個月十日已經返回宮廷，起初的顧慮一下子就沒有了。當時的王陽明還在親征的路途之上。由於經歷了寧王朱宸濠、張忠、許泰等人的蓄意陷害，王陽明更加體會到了良知真的足以令人忘卻患難、超越生死。所謂的考三王（指的是中國大聖人堯、舜、禹），即「建天地，質鬼神，俟後聖」，再沒有什麼事情能和這些相提並論了。

此時在〈與門人鄒守益書〉中，王陽明先生如此寫道：「我近來在書信中悟得『致良知』三字，這是真聖門正法眼藏。我以前的存疑還都沒有獲得釋解，今自多事以來，只有這良知陪著我經歷困難的歲月。譬如操舟得舵，平瀾淺瀨，無不如意，雖遇顛風逆浪，舵柄在手，可以免除沒溺的擔憂。」

王陽明又說：「致良知」是學問大頭腦，是聖人教人第一要義。他認為有學問的頭腦為良知發現做好了充足的準備。關於這一點的具體言論摘其要如下：

良知是學者究竟話頭。

良知之在人心，無間於聖愚，天下古今之所同也。

良知是天理之昭昭靈覺處。故良知即是天理，思是良知之發用。若是良知發用之思，則所思莫非天理矣。

良知是造化的精靈，這些精靈生天生地，成鬼成帝，皆從此出。

蓋良知只是一個天理自然明覺發見處，只是一個真誠惻怛，便是他本體。故致此良知之真誠惻怛以事親，便是孝；致此良知之真誠惻怛以從兄，便是弟；致此良知之真誠惻怛以事君，便是忠。

夫良知即是道。良知之在人心，不但聖賢，雖常人亦無不如此。若無有物欲牽蔽，但循著良知發用流行將去，即無不是道。

在王陽明看來，上述的「致良知」就是致吾心內在的良知。他認為，良知人人都有，個個自足，是一種不假外力的內在力量。

一日與門人陳九川一起聊天，正在興頭上的時候，王陽明先生突然仰天發出長長的一聲喟嘆。

弟子陳九川忙問：「老師您為何發此喟嘆？」

王陽明回答道：「致良知這麼淺顯易懂的道理，居然被埋沒了如此漫長的歲月，到現在也沒被人所了解，這是多麼可惜的一件事情啊！」

陳九川對答：「一如宋儒，崇尚在對識神的理解之上發現性體。[074] 因此，一個人的見識越發寬廣，其道行的修行則越發深邃。當然也有這樣的看法，認為宋儒傾向於經驗主義，而忽略個體的感覺，故而不能知道性的本體究竟為何物！如今先生您提倡良知學說，這才是古人所期待的最高境界！為什麼還會有別的疑惑呢？」

王陽明答道：「這裡我所主倡的良知說，就是千古聖賢世代相傳的一點真骨血。我知道『良知』這兩個字，還是從龍場悟道的時候開始。自那以後，我便已不出此意，只是點此二字不出。於學者言，無端地費卻多少辭說。今幸見出此意，一語之下，足可洞見其全體，真是無比痛快，此情此景令人高興得手舞足蹈。學者聞之，亦省卻多少尋討功夫。學問頭腦，至此已是說得十分下落。但恐學者不肯直下承當耳。如此良知之說是自我一生中的百死千難中悟將出來的，哪有那麼容易就能夠參悟通透到這個程度呢！為了世人，我願意將自己的領悟毫無保留地公布出來。此本是學者窮其究竟的話頭，可惜此理論被歷史埋沒時間太久了。一般的學者往往會因為外表的所見所聞而找不出癥結所在，從而陷入迷

---

[074] 即心學。所謂心，它包含了兩個大的概念，此概念中又分小的概念。兩個大概念，就是指形質之心和有質無形之心。心藏神，就是指識神和性體。識神也就是後天獲得的思維，也稱欲神、慾念、識心、主觀意識等等。

亂的境地。我就不得不一口氣把這些理論全部為他們解釋清楚。我只是有些隱憂，只怕這些學者們這麼容易就得到了良知的最本質含義的話，會不加甄別就盲目拜倒在『良知』的腳下，只把時間當作一種消遣胡亂玩弄，那麼，我的這番作為就更是辜負了良知的最本真含義了！」

王陽明自正德七年四十歲的時候起，但凡與學者討論，必會以「存天理滅人慾」為人間至理。每每被人問起其緣故，他都推介說自己仍然在參悟之中，至於「天理」究竟為何物、如何獲得的問題，王陽明先生曾對周圍的朋友說：「近欲發揮此，只覺有一言發不出。津津然含諸口，莫能相度。」這是一種什麼樣的體悟的確很難揣摩，大概只能領會而不能口授吧！

▌記錄陸象山的子孫

王陽明認為陸象山深得孔、孟精神的精髓。

陸象山，即陸九淵，其號為象山先生，字子靜。南宋著名哲學家，與當時人所周知的理學家朱熹齊名，合稱為「朱陸」。陸象山一生的輝煌在於創立學派，從事傳道授業活動，受到他教育的學生多達數千人。他以「心即理」為核心，創立「心學」，強調「自作主宰」，宣揚精神的動性作用。他的學說獨樹一幟，與當時以朱熹為代表的正宗理學相抗衡。然而，陸象山的學術思想一直以來都被忽略和打壓，而沒能很好地得到弘揚。文廟中也沒有供奉陸象山的牌位，使其享受子孫萬代的膜拜。陸象山的子孫後世也是絲毫沒有因為陸象山的存在而獲得到任何好處。

王陽明對此感到十分遺憾。他就向陸象山故里撫州府金溪縣官吏發令，叫他對陸象山的子孫後代進行封賞，按照明朝其他地方聖賢子孫的事例，對於陸氏嫡生子孫應當免除他們的差役。如果其後人有才華出眾

的俊秀子弟，要寫明其姓名報告給朝廷，讓他們有機會繼續讀書深造。

我也曾對朱子學和陸王學說的歷史進行討論，擇其要如下：

朱子學說從其源頭中國相傳至今日的日本，在成形中融入了已有的各種思想，其概貌大多還只是資料的堆積和介紹。故而朱子學猶如高山不讓土壤，江海不拒細流那般，但是朱子學所全力倡導的以北宋諸家的學說最為著名。代表人物有周濂溪、張橫渠、邵康節、程明道、程伊川等大哲。其中「二程」在日本近世哲學史上占據了尤為重要的地位。概而言之，陸象山、王陽明間接地受到了以程伊川系統為主的朱子學說的影響。朱熹則是生於程伊川歿後二十三年，即西元一一〇七年，其系統大致發展為：程伊川 ── 羅從彥 ── 李延平 ── 朱熹。朱熹可以說是朱子學的集大成者，是開創了儒教史上一個新的時期的偉人。

陸象山和朱熹是同一時代的人，是朱熹平日裡關係親密的講友與同好。但是，兩個人講學的方法卻截然相反。自此開始，天下的學者劃分為朱陸兩派，朱熹和陸象山各執一端。等到朱熹（西元一二〇〇年）和陸象山（西元一一九二年）二人歿後，再到西元一二七九年南宋滅亡，此間大約經過了八十年。元朝八十八年，明朝入侵，再到王陽明出生，歷史又流逝了一百又三年。

就在這二百七十年間，中國儒學出現了朱子學派、陸子學派和朱陸中庸學派三足鼎立的局面。而朱子學派的經典著作已被當局完備注釋，因此在科舉考試和朝堂政治中被廣泛重視，得以成為官員選拔和謀求晉升的參考用書。因而朱子學在當時受到廣泛吹捧，在學堂也被大面積地講授，其盛況遠遠超越了陸子學派。

陸象山歿後二百八十年，王陽明親眼看見了朱子學的陋習之後，決意要振興和實踐更為適合社會現實的陸子學說。自此大大鼓吹陸象山的

學說，在此基礎上，形成了具有自己特色的學說，被稱作陽明學。

上述就是二者之間的淵源所在。因此王陽明要求表彰陸象山的子孫後代，又倡導翻刻《象山文集》，還為全集撰寫序言，這些都是用來大力弘揚陸象山，這是其重要緣故所在。

席元山曾經聽說王陽明先生論學於龍場的時候對陸象山的學說深為詬病，然後開始寫作〈鳴冤錄〉一文輾轉遞送給王陽明先生。席元山在書信中批評王陽明「稱其身任斯道，庶幾天下非之而不顧」，可謂是言辭激烈。

王陽明的學問系統有可能源自於陸象山，其相同點甚多毋庸贅言，其中的「心即理」學說尤其從陸象山學說所得處甚多。但是陸象山學說最核心的就是「心即理」，換言之，陸象山學說即建立在「心即理」學說的基礎上，王陽明的學說如果摒棄「心即理」一說也是無從談起的。由於這個緣故，吾人要了解王陽明的「心即理」說，必然不能撇開陸象山的「心即理」學說。然而，由於時代性質和經歷等方面的差異，其二人的學說用語上的龐大差異自然是不言自明的。

首先對「心即理」的含義進行簡要的解釋。「心即理」的真正含義並不是膚淺的「心」就是「理」的意思。我們常說的「心即理」即認為心理合一，二者是異語同義，「心即理」的理論基礎是物我一體論，即身、心、意、知、物是渾然一體的，是不可以相互獨立的存在的。

王陽明先生將「心即理」作為其心學的立言宗旨。他說：「諸君要識得我立言宗旨，我如今說個『心即理』是如何，只為世人分心與理為二，故便有許多病痛。」王陽明指出，心即理，理即心，心理為一，主體即本體，離心求理則無理，遺理求心則無心。以此反對把心與理分二的觀點，從此角度來看，這是對陸九淵思想的一種繼承。

　　王陽明先生又在「心即理」的基礎上，進一步提出「良知者心之本
體」的思想，把良知與心互相等同，認為心的本然狀態即是良知，並指
出：「吾心之良知，即所謂天理。」以更具主觀認知功能的良知來取代天
理在其心學體系中的地位。進而強調「致良知」，以發揮心本體的主觀
能動作用，把本體與工夫結合起來，集本體論、認識論、道德修養論為
一，這就豐富並發展了陸九淵的心學思想體系。

　　事實上，世人經常會誤解「心即理」的字面含義，將本心和私心混淆
起來進行理解，認為二人的學說只是如「二二相加即為四」的簡單累加，
並無端連累到陸王二子的學說，且此傾向常演不歇。這種觀點其實是對陸
王二子學說的無意背離，甚至無異於毒害世間。這只能看作是淺學之徒的
誤解而已。當然也有稱作是專家的人對此學說人為地進行刻意曲解，對陸
王二子進行蓄意誣陷，這全是他們自身的過失罷了。由於王陽明倡導心即
理的學說，因此與朱子的即物窮理學說並不相容，朱子認為世間一切事物
各具自理，因此應當從經驗主義的角度結合其學說對世間萬物的理展開進
一步研究。詳而言之，吾人日常所為種種事項，即使是一草一木皆含有其
自身之理，如要求之，必然要依靠於相關知識資料。譬如說，對君的忠、
對親的孝便同此理，首先是從經驗上、書籍中的忠孝或者透過師友的言傳
身教來體驗，客觀上還要充分明白忠孝的定理，然後精密地區分究竟何為
忠、何為孝，這個認識過程就是所謂的心外有理說。

　　但是王陽明的學說與此大不相同。王陽明認為世間一切事物不必盡
求其理，事物之理已在吾心具備，如我等求心外事物之理，在事物之理
不存時，吾心仍能善做吾人之事，顯示出標準，此種情況下，是做法正
確，錯誤的情況下，事情便不可為。

　　這是王陽明學說和朱子學說一個重要的相異之處。

▌白鹿洞門人聚義

這年五月，王陽明打算抽空回故鄉一趟，於是就約了座下的門生們聚集到一起，再一次好好地探討下陽明學的要義。

就在這個時候，南昌府知府吳嘉聰打算編撰南昌地方的府志。當時大學者蔡宗袞[075]在南康府擔任教授職務，主持白鹿洞[076]的大小事務。

其實蔡宗袞也曾經是王陽明的學生，因此王陽明就受到了蔡宗袞的邀約，講學於白鹿洞中。在這次講學的過程中，王陽明認識了夏良勝[077]、舒芬、萬潮、陳九川等人，然後一起編寫《南昌府志》，一起探討如何提高學養。

在此間，王陽明先生曾寫書信敦促弟子鄒守益（字謙之）道：

醉翁之意蓋有在，不專以此煩勞也。區區歸遁有日。聖天子新政英明。如謙之亦宜束裝北上，此會宜急圖之，不當徐徐而來也。

（參見〈與鄒守益書〉）

王陽明此時熱衷於講學的情景由此可見一斑。

孝宗弘治十五年（比正德辛巳早二十多年）春，湛甘泉在避地發履塚（地名）下，經常與霍兀崖、方叔賢在此聚集，然後整日閉門不出，來探討學養。

湛甘泉是陳獻章白沙先生的弟子，比王陽明大了六歲。其為學自成一家，所以與王陽明可以共同探討。

王陽明聽說了此事，馬上前往拜訪，鼓勵他們說：「你們都是英賢之

---

[075]　蔡宗袞，字希淵。正德十二年進士。官至四川提學僉事。

[076]　白鹿洞位於九江廬山東北玉屏山南，虎溪岩背後，是北宋六大書院之一。

[077]　夏良勝，字于中，南城人。少為督學副使蔡清所知，曰「子異日必為良臣，當無有勝子者」，遂名良勝。正德二年舉鄉試第一。明年，成進士，授刑部主事，調吏部，進考功員外郎。

人，能有機會與你們在一起探討學問是多麼幸福的事情，我知道你們是不會虛度光陰、錯失這樣交流提升的機會的。」

還有另外一件事情，這年秋天，霍兀崖過洪都（今南昌），他和王陽明一起討論《大學》的內涵，動不動就以程朱二子的舊學說來標榜自己。

王陽明見狀說：「若傳習書史，考正古今，以廣吾見聞則可；若打算以是求得入聖門路，譬之採摘枝葉，以綴本根，而打算通其血脈，蓋亦難矣。」

真可謂是語重心長，自上可以一觀王陽明對朱程舊學說所持的態度了。

隨意體認天理

就在當月，王陽明的好友湛若水向王陽明寄贈了一篇文章，題目為〈大學中學庸測〉。在給湛若水的回信中，王陽明這樣寫道：

> 隨處體認天理，是真實不誑語。究兄命意發端，卻有毫釐未協。修齊治平，總是格物，但欲如此節節分疏，亦覺說話太多。且語意務為簡古，比之本文，反更深晦。莫若淺易其詞，略指路徑，使人自思得之，更覺意味深長也。

（參見〈與湛若水書〉）

王陽明先生對事物判斷的直截了當實在是令人欽佩。

諭眾說之異同

一日，方叔賢也向王陽明寄來〈《大學》與《尚書》、《洪範》論〉一篇。王陽明在給方叔賢的回覆中說道：

道一而已。論其大本一原，則《六經》、《四書》無不可推之而同者，又不特《洪範》之於《大學》而已。譬之草木，其同者生意也；其花實之疏密，枝葉之高下，亦欲盡比而同之，吾恐化工不如是之雕刻也。君子論學固唯是之從，非以必同為貴。至於入門下手處，則有不容於不辨者。

（參見〈與方叔賢書〉）

以上同樣可以看出王陽明學說與其他眾說的異同之處。

▌論心之動靜

事情是從倫以訓（字彥式）曾經路過虔州（今贛州）時候向王陽明先生的一次問學開始的。

當月，倫以訓委派弟弟倫以諒向王陽明轉交了自己的書信，上面寫道：「一者學無靜根，二者感物易動，三者處事多悔，請問這是什麼緣故呢？」

王陽明給倫以訓的回信中這樣寫道：

往歲仙舟過贛，承不自滿足，執禮謙而下問懇，古所謂敏而好學，於吾彥式見之。別後連冗，不及以時奉問，極切馳想！近令弟過省，復承惠教，志道之篤，趨向之正，勤卷有加，淺薄何以當此？悚息悚息！

論及「學無靜根，感物易動，處事多悔」，即是三言，尤是近時用工之實。僕罔所知識，何足以辱賢者之問！大抵三言者，病亦相因。唯學而別求靜根，故感物而懼其易動，感物而懼其易動，是故處事而多悔也。心，無動靜者也。其靜也者，以言其體也；其動也者，以言其用也。故君子之學，無間於動靜。其靜也，常覺而未嘗無也，故常應；其動也，常定而未嘗有也，故常寂；常應常寂，動靜皆有事焉，是之謂集義。集義故能無只悔，所謂動亦定，靜亦定者也。心一而已。靜，其體也，而

復求靜根焉，是撓其體也；動，其用也，而懼其易動焉，是廢其用也。故求靜之心即動也，惡動之心非靜也，是之謂動亦動，靜亦動，將迎起伏，相尋於無窮矣。故循理之謂靜，從欲之謂動。欲也者，非必聲色貨利外誘也，有心之私皆欲也。故循理焉，雖酬酢萬變，皆靜也。

濂溪所謂「主靜」，無欲之謂也，是謂集義者也。從欲焉，雖心齊坐忘，亦動也。告子之強制正助之謂也，是外義者也。雖然，僕蓋從事於此而未之能焉，聊為賢者陳其所見云爾。以為何如？便間示知之。

（參見〈答倫彥式〉）

■ 君父之情

正德十六年（西元一五二一年）四月，武宗朱厚照駕崩。

同年四月，明世宗朱厚熜登基攝政，改年號為嘉靖。執政初期，世宗皇帝朱厚熜先後誅殺了江彬、許泰、張忠、劉翬等奸臣賊黨，隨後立刻著手為王陽明先生平反，下旨對其之前的功勞大肆褒獎，並下詔令王陽明先生立刻赴京城覲見。

聖旨措辭擇其要如下：

爾昔能剿平亂賊，安靜地方，朝廷新政之初，特茲召用。敕至，爾可馳驛來京，毋或稽遲。

接到新皇帝的聖旨後，王陽明於六月二十日即刻啟程，打算途中取道錢塘，但是由於朝廷中的輔佐大臣們嫉妒王陽明的顯達榮耀，就設計阻攔，科道官對之頗為不滿，於是這幫大臣們對新皇帝建言，以為「朝廷新政，武宗國喪，資費浩繁，不宜行宴賞之事」。

王陽明一抵達錢塘，就向皇帝上疏，懇乞皇帝能夠同意自己順道歸省故鄉。

朝廷這次很快就回詔同意王陽明返鄉歸省，並擢升其為南京兵部尚書和參贊機務，御賜蟒衣（錦繡衣 —— 原作者注）佩玉。其御賜的待遇在當時是極為隆重的，惹得其他臣僚嫉妒自然是難免的事情。

王陽明在寫給皇上的〈乞歸省疏〉中寫道：

臣自兩年以來，四上歸省奏，皆以親老多病，懇乞暫歸省視。復權奸讒嫉，恐懼曖昧之禍，故其時雖以暫歸為請，而實有終身丘壑之念矣。既而天啟神聖，人承大統，親賢任舊，向之為讒嫉者，皆以誅斥，陽德興而公道顯。臣於斯時，若出陷阱而登之春臺也，豈不欲朝發夕至，一快其拜舞踴躍之私乎？顧臣父老且病，頃遭讒構，朝夕常有父子不相見之痛。今幸脫洗殃咎，復睹天日，父子之情，固思一見顏面以敘其悲慘離隔之懷。況臣取道錢塘，迂程鄉土，止有一日。此在親交之厚，將不能已於情，而況父子乎？然不以之明請於朝，而私竊行之，是欺君也；懼稽延之戮，而忍割情於所生，是忘父也。欺君者不忠，忘父者不孝：故臣敢冒罪以請。

上書可以看作是王陽明之前忠君孝親思想的餘韻。

▋神仙養生論

同一月，王陽明在京城與門生陸澄（字元靜）談論養生之道，言道：

京中人回，聞以多病之故，將從事於養生。區區往年蓋嘗斃力於此矣。後乃知養德、養身只是一事。元靜所云「真我」者，果能戒謹恐懼而專心於是，則神住、氣住、精住，而仙家所謂長生久視之說，亦在其中矣。老子、彭籛（神仙學說的祖師）之徒，乃其稟賦有若此者，非可以學而至。後世如白玉蟾、丘長春之屬，皆是彼所稱述以為祖師者，其得壽皆不過五六十。則所謂長生之說，當必有所指也。元靜氣弱多病，但宜清心寡慾，一意聖賢，如前所謂「真我」之說；不宜輕信異道，徒自惑亂

聰明，斃精竭神，無益也。

王陽明以上言論立足於聖賢學問的立場上，反覆就養德養才展開仔細的討論。

這年八月，王陽明終於了卻了多年的夙願，得以回到故鄉越中地方，直到五十六歲的這幾年間一直都在此居住。

衣錦還鄉

九月，王陽明回到祖地餘姚拜祭祖先。

在歸省祖塋期間，他回到了瑞雲樓，那是王陽明出生的地方。對於王陽明而言，這也是收藏他的胎衣的地方。

王陽明自然免不了要痛哭一場，許久才停下來。在王陽明一生中，他的生身母親懷胎十數月才得以分娩，然後早早過世，子欲養而親不待是人生最痛苦的事情之一。一輩子疼愛王陽明的祖母也是如此，祖母去世的時候，王陽明不在家鄉，也沒趕得上參加祖母的葬禮。如今回到故地，物是人非，難免一番唏噓感慨。

回到故鄉，王陽明自然也免不了平日與宗族親友宴遊，隨地隨時受邀指示良知。錢德洪昔日裡曾聽聞王陽明先生在江西的江右地方講過學，經過深思熟慮之後前來登門拜訪。

在當地，仍有一些老頑固將王陽明少年時代的豪邁不羈以及任俠縱遊的事情，拿出來進行質疑。他們聽說王陽明如今的道學修養卻高深莫測、成就斐然，認為這些評價根本就不足以採信。

錢德洪得知這一情況，連夜去觀察王陽明的舉動。透過自己的判斷，他認為王陽明如今的高深學問的確並非杜撰，然後力排眾議，在獲

得家中父母的同意後，率領兩個姪子大經、應揚及鄭寅、俞大本一干人等，透過王正心的介紹拜見王陽明，請求加入王陽明的門下，成為他的座下弟子。

第二天，夏淳、范引年、吳仁、柴鳳、孫應奎、諸陽、徐珊、管州、谷鍾秀、黃文渙、周于德、楊珂等總共七十四人都前來拜見，一起來傾聽王陽明關於「良知」的教養講座。

▌因武功獲官「新建伯」

正德十六年（西元一五二一年）十月二日，王陽明被朝廷冊封為新建伯一官職。朝廷在下達的對王陽明的封賞制詞中如此寫道：

> 江西反賊剿平，地方安定，各該官員，功績顯著。你部裡既會官集議，分別等第明白。王陽明封新建伯，奉天翊衛推誠宣力守正文臣，特進光祿大夫柱國，還兼兩京兵部尚書，照舊參贊機務，歲支祿米一千石，三代並妻一體追封，給與誥卷，子孫世世承襲。正德十六年十二月十九日，準兵部吏部題。

▌龍山公的誕辰

正德十六年（西元一五二一年）十二月十九日，皇帝派遣使者送來賞賜，同時下了一道溫旨，以此慰問王陽明的父親龍山公王華。隨旨到來的慰問品有羊酒。

使者來傳達聖旨的時候，正趕上龍山公王華的七十二歲誕辰，親朋好友都歡聚一堂。這時候就有人說，在平定寧王叛亂的時候，龍山公王華給予了王陽明很大的幫助。

龍山公王華聽聞此言，說道：「吾兒（指王陽明）素來喜歡在天理方面下工夫，遲早會在這方面大有作為。有一段時間，有傳言說吾兒與孫燧、許逵一同被朱宸濠所陷害，我就一直說，吾兒是忠義之人。有這樣的兒子，我還有什麼叮擔憂的呢！當我聽說吾兒帶兵征討朱宸濠的時候，又有人傳言說朱宸濠對此勃然大怒，暗地裡派人刺殺吾兒，周圍的親友們都勸告我暫且去別的地方躲避危險，我當時笑著對他們說，吾兒所做的是大義的事業，我也原本是國家的大臣，只可恨我現在衰老之軀，不能披盔掛甲與吾兒一起衝鋒陷陣，我為什麼要躲避到外地，讓大家擔心呢！我素來恬淡安然，絲毫不曾改變。今日，我與兒子久別重逢，如有再生之感。」

此時，王陽明身著御賜的蟒衣，佩戴皇帝賜給的玉珮，手舉著酒斛為父親龍山公王華祝壽。

龍山公王華見狀眉頭緊蹙，對王陽明說道：「昔日宸濠發動叛亂的時候，所有人都認為你會死但你卻沒有死，所有人都認為你去平復叛亂，難以平定而最終卻被平定了。讒害構陷蜂擁而起，隱伏待發的禍患到處發生，前後兩年的時間非常危險，我也知道難以倖免。天上出現了太陽和月亮，顯揚忠臣，薦舉賢良之士，高官厚爵，胡亂冒充封賞，父子又相見於一堂，這難道不是很幸運的事情嗎？但是盛者衰之始，福者禍之基，福禍相依的道理人所共知。儘管如今的聖恩是非常幸運的事情，但我心裡還是有所惶恐的。」

王陽明脫去官袍，在父親面前跪下，言道：「父親大人的教導，也正是兒所日夜牽掛的地方。」

在場者無不為其感人的場面心生佩服，對龍山公王華充滿希冀的訓誡感到敬仰。尊敬的讀者朋友，你們也設身處地地想一想，龍山公王華

對人生如此鞭辟入裡的分析，是不是讓人覺得如同身入其境了呢？

為龍山公王華祝壽的第二日，王陽明對自己的門生說：「昨日身著皇上御賜的蟒衣，佩戴皇帝賜給的玉珮，人們看到我都說我得到了人生中最高的榮譽。但是到了晚上，回去後脫下蟒衣和玉珮要就寢的時候，看到身上絲毫沒有改變，沒改變的只有這把老朽骨頭了，只有它沒有絲毫變化。到這時，我突然明白，對於人而言，榮辱原來並不存在，它只能使人迷失自我！」

隨後，王陽明作詩一首，題名為〈歸興二首〉：

其一：

百戰歸來白髮新，青山從此作閒人。

峰攢尚憶衝蠻陣，雲起猶疑見虜塵。

島嶼微茫滄海暮，桃花爛漫武陵春。

而今始信還丹訣，卻笑當年識未真。

其二：

歸去休來歸去休，千貂不換一羊裘。

青山待我長為主，白髮從他自滿頭。

種果移花新事業，茂林修竹舊風流。

多情最愛滄州伴，日日相呼理釣舟。

世間人一日功名成就，多以傲然的神氣向周圍人炫耀，以之為生平最快事。但是王陽明此時已功名大成，卻如此自省自察，其個人修養的高深自此可得一觀。

█ 避禍辭官

明世宗嘉靖元年（西元一五二二年），王陽明五十一歲，在故鄉越地。

先是由於王陽明平定朱宸濠的叛亂的時候，時任兵部尚書一職的王瓊奏請皇帝，讓朝廷同意給王陽明自主調遣軍隊的權力。因此，每當向朝廷上報軍功，王陽明都要附帶著說有王瓊的功勞。兵部尚書王瓊則更加全心全力為王陽明說好話。

這樣的情況被同朝為官的奸臣們看在眼裡，猜忌在心也同時發生。於是這些奸臣們心生一計，一定要想出個辦法阻止王陽明的官職繼續上升。他們首先就從打壓跟著王陽明一起征討南方賊患的有功之臣開始。

他們把功勞簿上的內容任意刪改，十分囂張。

王陽明得知此事後，馬上就向皇帝上奏摺，請求辭去之前封賞的官職。王陽明在奏疏中這樣寫道：

冊中所載，可見之功耳。若夫帳下之士，或詐為兵檄，以撓其進止；或偽書反間，以離其腹心；或犯難走役，而填於溝壑；或以忠抱冤，而構死獄中，有將士所不與知，部領所未嘗歷，幽魂所未及愬者，非冊中所能盡載。今於其可見之功，而又裁削之，何以勵效忠赴義之士耶！

同一封奏摺中，王陽明還寫道：

殃莫大於叨天之功，罪莫大於掩人之善，惡莫深於襲下之能，辱莫重於忘己之恥：四者備而禍全。此臣之不敢受爵者，非以辭榮也，避禍焉爾已。

王陽明的奏摺遞交了上去，但是一直都沒有得到皇帝的批准。

以上可以看出王陽明先生情操是多麼的高潔！

龍山公卒，行喪葬禮儀

嘉靖元年（西元一五二二年）二月十二日，封賞抵達後的第二天，王陽明的父親龍山公王華去世。終年七十二歲 [078]。龍山公王華是突然發病，一病就再也沒能起來。因為王陽明在征討賊寇和平定叛亂中功勳卓越，當時朝廷推詳論述征討寧王朱宸濠的功勞，於是往上加封海日翁、竹軒翁、槐里公三代，都為新建伯。

就在這一天，皇帝委派的宣旨的差役剛好抵達，海日翁聽說使者已經在門口了，便著急敦促王陽明和他的幾個弟弟出門迎接，說：「雖然皇恩來得倉促，但是絕不可荒廢禮儀！」

意思就是說，雖然皇上派的人匆忙抵達，但是我們王家可不能忽略了為臣之道！後來他聽說已經成禮了，於是就闔上眼睛駕鶴西遊了。

王陽明告誡自己的家人先不要痛哭，將皇上御賜的新禮服和綬帶替父親穿戴整齊，然後開始舉家治喪。王陽明先是放聲痛哭，由於失去親人悲傷過度，登時就昏厥過去，就此得了場大病。

他的門生和家族的後人一起協助治理喪事，根據每個人的才能安排工作。仙居縣 [079] 的金克厚 [080] 平時謹小慎微，就讓他監管廚房。金克厚對於物品的出借收回非常嚴格，遇到有不認真的部下，立刻就將物品追討收回。經他這麼一管，家裡裡裡外外都顯得井然有序，有條不紊。

百天祭舉行完畢後，王陽明才開始允許弟弟和姪子們稍稍吃一點乾肉，說：「家中的子弟豢養習久，如果強迫他們做不能的事情，是教他們

---

[078]　一說七十七歲。存疑。

[079]　位於今浙江省東南部。

[080]　金克厚，字宏載，號竹蜂，呂前人。尚志砥行，困於科舉，從學於餘姚王陽明先生，行弟子禮。陽明先生傳授「心學」，金克厚潛心學習，深受影響，若水之赴壑。授六和知縣，歷官工部郎中。為官以廉潔稱。

作假，這就是虛偽。可以稍微地放寬這些要求，使他們各自盡自己的努力即可。」意思即家中的列位錦衣玉食的生活過得久了，如果一直強迫他們不碰葷腥，這是鼓勵他們做虛偽的事情。如今大家可以根據自己的實際喜好來選擇食物了。

在越城這個地方喪葬有這樣一個習俗：居喪期間有客人弔唁，主人必須要擺上豆沙糖包和殺雞宰羊烹鮮割肥來招待客人，時間久了就滋生了互相攀比闊綽的風氣。

王陽明則徹底把這些習俗革除了，只有遇到年紀高的長輩和來自遠方的客人，素食中間才會呈放上兩盤肉食，說道：「齋素行於幕內，若使弔客與孝子的食物標準一樣，非所以安高年而酬賓旅也。」意思是說，素食只能在室內吃，如果讓前來弔唁的客人也和孝子一樣吃素食，這並不是用來安慰年老的人和酬謝賓客旅人的方式。

湛甘泉聞訊也趕來弔唁龍山公王華，他看到有人在居喪期間居然吃肉食，很不高興，後來就寫信來批評王陽明。王陽明表示願意承認自己的罪過，一點不做辯解。

這一年，金克厚與錢德洪一齊通過鄉試，接著又一起考中了進士。事後，金克厚對錢德洪說：「我的學業相當程度上都是在主管廚房事宜的時候獲得啟示的，並且用這些心得求取功名。王陽明先生經常說的學必操事而後實，這實在是太切實有用了。」

從上述可以看出，金克厚認為自己最終的成功得益於老師王陽明對自己昔日的磨練。有句話說：「嚴師出高徒。」此言果然不虛！

▌病中謝絕探訪

龍山公王華的溘然辭世，使得王陽明也因悲傷抱病臥床。遠方志同道合的朋友也都紛紛跑來看望，每日裡的接待絡繹不絕。

由於不堪其擾，王陽明就在門口的牆壁上貼了一紙通告，全文如下：

某鄙劣無所知識，且在憂病奄奄中，故凡四方同志之辱臨者，皆不敢相見；或不得已而相見，亦不敢有所論說，各請歸而求諸孔、孟之訓可矣。夫孔、孟之訓，昭如日月，凡支離決裂，似是而非者，皆異說也。有志於聖人之學者，外孔、孟之訓而他求，是捨日月之明，而希光於螢燭之微也，不亦繆乎？

雖然是對探望自己的好友們的婉拒，但是王陽明先生文辭中的真情實意，也得到了大家的諒解。這也是他病重的一段時期。

七月，王陽明先生再次上疏請求辭去封爵。到了七月十九日，皇帝批准了吏部的上奏，答覆內容如下：

欽奉聖旨：卿倡義督兵，剿除大患，盡忠報國，勞績可嘉，特加封爵，以昭公義。宜勉承恩命，所辭不允。

看來皇帝對王陽明的恩遇和信任也是旁人所不能企及的。

▌請求恩賞公平

龍山公王華的去世，使王陽明先生一時間暫時免去了來自京城敵對勢力的紛擾。也就在這前後，王陽明先是向朝廷上疏辭去官職，然後請求皇帝封賞在討逆中立下卓越功勛的將領。但是由於負責封賞的官吏不懂得如何在軍旅方面進行賞賜，結果平定朱宸濠叛亂的將領要麼未被行賞反被削減其績，要麼還未來得及進行封賞都已經被提前懲處，要麼給

一些虛職實際上讓其退閒，要麼假借不忠的名義而隨意廢斥……如此種種，王陽明也悉數看在眼裡，最終他不由得仰天嘆息道：「同事諸臣，伸長了脖子等待賞賜等了三年時間！我如果也聽之任之的話，今後還有誰能夠秉承忠義之氣，以赴國難！功成而不行賞，這無疑會傷了天下那些為國效命的壯士們的心。」

於是王陽明先生緊接著第二次向朝廷上疏，奏疏中寫道：

日者宸濠之變，其橫氣積威，雖在千里之外，無不震駭失措，而況江西諸郡縣近切剝床者乎？臣以逆旅孤身，舉事其間。然而未受巡撫之命，則各官非統屬也；未奉討賊之旨，其事乃義倡也，若使其時郡縣各官，果畏死偷生，但以未有成命，各保土地為辭，則臣亦可如何哉？然而聞臣之調，即感激奮勵，挺身而來，是非真有捐軀赴難之義，戮力報主之忠，孰肯甘粉齏之禍，從赤族之誅，以希萬一難冀之功乎？然則凡在與臣共事者，皆有忠義之誠者也。夫考課之典，軍旅之政，固並行而不相悖，然亦不可混而施之。今也將明旅之賞，而陰以考課之意行於其間，人但見其賞未施而罰已及，功不錄而罪有加，不能創奸警惡，而徒以阻忠義之氣，快讒嫉之心；譬之投杯醪於河水，而求飲者之醉，可得乎？

王陽明的奏疏隨後便遞交給朝廷，但是一直都沒有得到任何的回覆。

▌遭到彈劾

當時御史程啟充、給事毛玉首先上奏摺，企圖透過彈劾王陽明以阻止陽明學在明朝社會各個角落流傳。

王陽明的門生中有一個叫陸澄的，當時擔任刑部主事，聽說了這件事

也趕緊向皇帝上疏，分別從六個方面展開辯論來使對方相信王陽明學說。

王陽明得知這一舉動後立刻阻止門生陸澄說：「這是前輩告訴我的話，如果我們不進行辯解，這樣就可以免除誹謗。更何況今日的局面遠遠比這複雜得多。四方英傑，每個人的學問都不相同，議論紛紛，又有誰有絕對把握可以戰勝呢？我們沒有必要動不動就標榜自己正確，詆毀別人錯誤，認為別人愚蠢自己聰明。我們既然對自己的學問感到自信，則更加有必要變得謙虛謹慎，謹言慎行。世間所謂的默而成之，就是不言卻能使人信服。更何況是今日多口多舌的複雜情景，我們完全沒有必要砥礪切磋，非要爭個你對我錯！而且一旦議論之風出現，勢必會有私怨產生，也就會有人為了捍衛自己的信仰產生口舌之爭，這一切都是沒有必要的！」

從上述談話中，我們深為王陽明的博大胸懷和雅懷大度而感到欽佩，他超然物外的思想境界並非是一般人所能趕上或超越得過的。

這點尤其值得我們借鑑！

同一月，錢德洪去省城，拜訪王陽明並向其辭行，再次接受師父的指教。

王陽明說：「胸中應該經常存有舜、禹，存有天下不與氣象。」

錢德洪表示進一步願聞其詳。

王陽明說：「舜、禹有天下而不迷失自我，在萬千世界中不會沉淪墮落。」

這的確是王陽明的人生體悟。

嘉靖元年（西元一五二二年）九月，王陽明將父親龍山公王華安葬在石泉山。

▌考官排擠王門學子

明世宗嘉靖二年（西元一五二三年），王陽明五十二歲，在故鄉越地。

這年二月，南宮「考試院」的考官出了關於心學的考試題，其實是暗中打算以此排除王陽明的學說，企圖以此來弘揚朱子的學術主張。

王陽明的門人徐珊[081]一看見考試題目，就感嘆道：「吾惡能昧吾知以僥倖時好耶！」

這句話的意思是說：「我怎麼能昧著良知去做這樣的阿諛奉承的題目呢！」其對老師的感情溢於言表，令人感動。徐珊選擇不作答卷而出了考場。

聽說了這件事的人都對徐珊的高尚節操而感到欽佩，然而他的同門師兄歐陽德[082]、王臣、魏良弼[083]等面對同樣的題目，選擇了直接闡述王陽明的學說，完成自己的考試，最後卻出人意外地獲得了錄取。

了解內情的人都認為人生中的事情都是由其的宿命所注定的。我卻認為，人生中的所有事情都是不能注定的，在這件事中，那是門人們對王陽明學說的堅定信仰而使得他們決定如此選擇的！

---

[081] 徐珊（西元一四八七年至一五四八年），字汝佩，號三溪，浙江餘姚人。嘉靖壬午浙江亞魁。仕至湖廣辰州同知。嘉靖間，珊以廟工採木於盤順中里之卯洞，凡居二年。著有《卯洞集》四卷等。

[082] 歐陽德（西元一四九六年至一五五四年），字崇一，號南野，泰和（今江西泰和）人。明理學家。嘉靖二年進士，歷刑部員外郎，以學行改翰林編修。累遷禮部尚書。以宿學居顯位。知六安州時建龍津書院。復集四方名士於靈濟宮講學，至者五千人。德遇事侃侃持正，好引掖後進，為京師講學之盛。卒，諡文莊。德所為詩文、章奏、案牘及講學之文，有歐陽南野集三十卷；又有南野文選四卷，（均《四庫總目》）並行於世。歐陽德還指出「良知」與「知覺」也不同。

[083] 魏良弼（西元一四九二年至一五七五年），明理學家、教育家，字師說，一作師悅，號水洲，新建（今屬江西南昌）人。受學於王守仁，與錢德洪、陳九川、劉邦采、羅洪先、鄒守益等往復論學，聯集講會，闡揚王學。著有《水洲文集》，後人撰有《魏水洲先生行略》。

▌誹謗再起

在這次考試中，錢德洪落第回來，深深痛恨時政的荒謬無常。待他見到王陽明，王陽明則面露喜悅之色地迎接他歸來，道：「聖學從茲大明矣。」

其意思是說聖賢之學從此以後徹底清楚了。錢德洪則回答道：「時事如此的糟糕，我們又怎麼能夠徹底清楚了呢？」

王陽明說：「我並不希望自己的思想主張被天下的文士都知道。事實上透過多年前我命題的山東會試的題目，即使是窮鄉僻壤都能夠知道我的主張。既然朝廷有人認為我的學說是錯誤的，那麼天下必有起來尋求真理的人。」嗚呼！王陽明先生這是何等勇猛豁達的精神境界啊！

再說門人鄒守益、薛侃、黃宗明、馬明衡、王艮等人，他們一直守候在王陽明的身邊，由於朝廷對王陽明的非議之聲愈演愈烈，對於這件事，王陽明說道：「請諸君說一下這樣議論的緣由！」

這時候有人說那是因為王陽明勢位隆盛，因此就遭到嫉妒和誹謗；也有人說王陽明的思想主張如日中天，打算要和宋儒傳統學說一決高下，則以學術遭謗；更有人言天下從遊者眾，與其進不保其往，於是就開始詆毀王陽明。

王陽明先生鎮定地說道：「你們說的三種原因的確是有這個因素，但是你們都沒有抓住問題的根本所在。」

諸門生都感到不解。

王陽明繼續解釋道：「就在我在南京之前，仍還有一些鄉愿的意思。時至今日，我只相信良知的真是真非，更沒有什麼遮掩祖護，才做得成狂者。雖然以上導致了天下的人都認為我做事行不掩言，但是我依舊只

是依據良知為人處世。」

門生們就向王陽明請教鄉愿與狂者有什麼區別。

王陽明回答道：「鄉愿以忠信廉潔的品格為謙謙君子所喜愛，並且不與小人同流合汙。探究之所以會這樣的根源，才知道忠信廉潔本身就是君子的寫照，同流合汙則是小人蠅營狗苟的描摹。大凡那些內心不善良的人，他們是不能走上聖人堯、舜的道路的。狂者則志存古人，一切紛囂俗染，所有的一切都不足以累煩其心，真有鳳凰翔於千仞之意，一克念即成為聖人。唯有不克念，故闊略事情，而他們的行為經常不虛偽。唯其不虛偽，故而他們的心沒有變壞，處埋事情仍舊可以秉持公正。」

世間此時誹謗王陽明的人一下子倍增，大多數情況下，王陽明都以鄉愿到狂者的轉變過程來應對。但是門人們對於這個說法之前聞所未聞，大多對其都是一知半解。

事實上，只有王陽明先生對此觀點十分心知肚明。

他之所以如此周詳地對門人用了「鄉愿」和「狂者」的概念來比況，那是因為王陽明深刻地明白，他自己此時的情況和其他人的情況不一樣，他認為善待人生才是鄉愿的志向。為了表面上不被朝敵所懷疑，所以他就稱二者相似。他這麼做的最終目的還是為了息事寧人，不再招惹是非，從而避免更多的非議和詆毀。

從這裡我們也可以看出王陽明對人生境界的體悟是何等的超然和灑脫！大凡歷史上那些從事社會活動的人多多少少都不能避免與自己對立的人存在，換言之，與自己對立的敵人越多，這些人的人生軌跡越發光亮照人！

中國的亞聖顏回 [084] 對這種情況也曾經如是說道：「不容何病，不容

[084]　顏回（西元前五二一年至西元前四八一年），字子淵，春秋時期魯國人，他十四歲即拜孔子

223

然後見君子。」意思即是說，一個人必須要承受住像疾病一樣的慘淡人生的折磨，你才最終能成為真正的大君子！

回顧古今所有聖賢之人，無不如此，他們都是面對敵人的對立，堅守住了自己的節操，從而為後人所景仰！

▍教諭講友間的態度

王陽明在寫給黃宗賢的書信（〈與黃宗賢書〉）中如是寫道：

「近與薛尚謙、（子華）[085]、黃宗明講《孟子》中『鄉愿狂狷』一章，頗覺有所獲益和警示，相見時我們再好好地談論一下。四方朋友來去無定，中間不無切磋砥礪之益，但真有力量能擔當此大任的人，卻是十分的少見。大抵是近世的學者無有要成為聖人的志向，胸中的牽掛太多，很難獲得思想上的清脫。聽說你有這個遠大的志向，孜孜不怠一直在努力，真的是太好了！但有一點需要提醒你的是，論議須謙虛簡明為佳。若過於自命不凡而且詞意重複，我擔心對你的學業會無益有損。」

以上的言論今日更可成為吾等做學問的人的終生指導方針。

▍訓誡輕傲

薛尚謙要離開，王陽明在臨行之際贈詩（〈次謙之韻〉）一首，如下：

珍重江船冒暑行，一宵心話更分明。

須從根本求生死，莫向支流辯濁情。

為師，此後終生師事之。在孔門諸弟子中，孔子對他稱讚最多，不僅讚其「好學」，而且還以「仁人」相許。歷代文人學士對他也無不推尊有加，宋明儒者更好「尋孔、顏樂處」。

[085]　日文中無有「子華」，但是信中又說「四方朋友」，前後不通，故而查《王陽明全集》後補上。——譯者注

久奈世儒橫臆說，競搜物理外人情。

良知底用安排得？此物由來自渾成。

他又寫信（參見〈與尚謙書〉），道：「常言道，自咎罪疾大多因為輕傲二字，從此可以充分知道要用力懇切。我也知道輕傲處便是良知，致此良知，除卻輕傲，便是格物。如果要領悟致知二字，千古人品的高下真偽，一齊覷破，而且毫髮不容掩藏：我之前所討論的鄉愿，可以充分展現出這一點。這二字是我在贛州時終日研討、與同志切磋，參悟還不是很透澈的。前段時間我在古本序中修改一段話，頗覺得自己有這樣的體悟，然而一般人卻往往不能體察。而今我寄來這封信給你，這種感覺越發明確了。此真真是千古聖學的奧祕，從前的儒者多不擅長悟到這一點，故而他們的學說入於支離外道而自己卻不曾察覺。」

王陽明自始至終都不曾放棄悟道學說，自信如此這般，進步如此神速，其境界自此可見一斑。

九月，王陽明改葬父親龍山公王華先生於天柱峰，隨之將生身母親鄭老太夫人遷葬至徐山。鄭老太夫人曾經葬於餘姚境內一個叫穴湖的地方，不久改殯到郡南的石泉山，等到與龍山公王華合葬的時候，打開墓穴發現裡面有水患，王陽明後來常做惡夢，於是就決定再度遷葬父母雙親。

到了十一月，王陽明抵達浙江蕭山，正好趕上以生性秉直、以諍諫有名的官員林見素公自都御史告老還鄉。林見素公路過錢塘的時候，就渡錢塘江來拜訪王陽明。

王陽明先生趨迎林見素公於蕭山，兩人夜宿浮峰寺。兩公聚到了一起，對當前的朝政時局多有討論，少不了一番感慨。林見素公甚至還鼓勵王陽明及從行諸友，應當珍惜光陰，及時勉學，不要辜負了人生的理想。

▌論儒老佛三教

張元沖侍講於舟中，問老師王陽明道：「釋老[086]二氏與聖人之學所差毫釐，有人稱這都是因為他們都和人的性命相關。但佛教和道教在性命中對於私人利益的態度，其差異則謬以千里。如今再觀此二氏的作用，對我的學業有很大的作用，不知道我是否有必要兼收並取呢？」

王陽明說：「說兼而取之，那就是大錯特錯了。聖人盡性而知天命，任何條件都不具備，哪裡能夠兼而取之？道教和佛教二者之效用，都是我所主張的陽明學的效用展現。就是吾盡性至知天命中完養此身，就是所謂之仙道；就是吾盡性至知天命中不染世累，就是所謂之佛性。但是，如今的儒者看不見聖學的大的輪廓，故而形成了與佛、道二教不一致的兩種看法。譬如說，廳堂三間共為一廳，如今的儒者根本不知此三間皆可為自己所使用。一看見佛教，就分割左邊一間與之；見了道教，則分割右邊一間與之；而安排自己居住在當中那一間房子。這些人都是舉一而廢百之徒者也。你們且看，大凡歷史上的聖人，都是與天地民物同體，儒、佛、老、莊皆為自己所用，這才稱得上所謂的大道。但是佛教和道教卻自私其身，充其量只能稱得上是小道罷了。」

從上可以清楚一觀王陽明對於儒、老、佛三教的觀點。

▌南大吉門人

嘉靖三年（西元一五二四年），王陽明先生五十三歲，在故鄉越中地方。

不斷有人慕名前來拜王陽明為師，其門人的數目也是與日增多。

---

[086]　即釋迦牟尼和老子的學說。

　　當地的郡守名叫南大吉，也以座主（主客）的名義稱自己是王陽明的門生。南大吉此人性情豪曠，並且不拘小節。

　　有一次，王陽明與弟子南大吉在一起論學，南大吉突然間有新的領悟，立刻就對王陽明說：「我在地方為官多年，在面對事務的時候犯了很多過失，您為何不置一言進行訓誡呢？」

　　王陽明問道：「你何過之有啊？」

　　南大吉於是歷數其事。

　　王陽明聽完回答說：「我已經說過了。」

　　南大吉有些迷惑：「什麼時候？」

　　王陽明道：「如果我沒說的話，那你又是怎麼知道的呢？」

　　南大吉回答道：「良知。」

　　王陽明覆問道：「良知不就是我常日所言的嗎？」

　　南大吉笑謝而去。

　　過了數日，南大吉又跑來訴說自己更多的過失，說完了他疑惑地問王陽明先生道：「與其犯了過失後悔改，為什麼不能夠提前自我反思，預防其發生豈不是更好？」

　　王陽明道：「聽別人言不如自悔更為真切。」

　　南大吉笑而辭謝而去。

　　又過了數日，南大吉的過失傾訴更加頻繁，且說：「犯了過失和錯誤，還可以自我反省，但是心裡的過失可如何是好啊？」

　　王陽明開導南大吉道：「那是你昔日的鏡未展開，因此就能夠藏垢其中；如今那面鏡越來越乾淨，如果一塵之落，定然自難住腳。這是你成為聖賢之人的大好時機啊，你一定不要辜負了！」

▌聽講者三百餘人

南大吉於是開設了會稽書院，在此招納了附近八個城邑裡有才學的文士，王陽明先生親自率領這些學子們研討學習，時不時還敦促他們。

於是蕭謬、楊汝榮、楊紹芳等從湖廣前來，楊仕鳴、薛宗鎧、黃夢星等從廣東前來，王艮、孟源、周沖等從直隸前來，何秦、黃弘綱等從南贛前來，魏良採、劉文敏等從安福前來，魏良政、魏良器等從新建前來，曾忭從泰和前來，眾文士歡聚一堂，十分壯觀。

講習所使用的地點是一處寺廟，面積狹窄無法容納這麼多人。一日講到「君子喻於義，小人喻於利（《論語》）」這個章節，在座者無不因感動而覺得酣暢淋漓。

其中有兩個從地方來的學生王畿和魏良器，此二人平素關係十分要好，之前每每討論到「良知」這一觀點的時候，都認為其會阻礙自己當官的道路。他們還曾經對人說不要去聽王陽明的講座。

這一日聽完王陽明的講學，此二人深深感到之前自己因為無知而失言。二人當場就道歉，並拜王陽明為師。王畿自號龍溪，後來成為王陽明先生的高徒，一直致力於王陽明的學說的弘揚與傳播。

在會稽書院聽講的時候，眾弟子繞成圈圍坐在王陽明身邊，有三百多人。

王陽明面對座下的弟子們，只對他們闡述《大學》中「萬物同體」的核心理論。他鼓勵弟子們各自去尋求本性，追求內心的「良知」，爭取達到至善的境地，從而在工夫方面有所領悟。

因為王陽明善於因材施教，所以拜師的弟子們都願意追隨他、學習他的學說。

▌詩人董澐

海寧人董澐，號夢石，因為善於詩詞寫作，在知識分子間小有名氣。這年他已經是六十八歲的老人了。

這年他來會稽旅遊，聽說王陽明在這裡講學，董澐就肩挑著酒斛，戴著草帽，拿著詩書前來拜訪。董澐進了門，對王陽明只行了拱手禮，就一抬屁股坐到了上位。

王陽明對於他的氣勢很是驚異，但還是以禮儀招待他，和董澐的談論持續了一天一夜。董澐有所領悟，經由何秦強行向王陽明俯首拜陳，要成為王陽明的學生。

隨後，王陽明和董澐徜徉流連於山水景色之間，王陽明每天都對董澐有新的教誨，董澐也領悟到很多道理，心中怡然快樂，甚至因此而忘記了歸日。

董澐的後代和好友都來叫他返鄉回去，對他說：「你一把歲數了，為何要這般自討苦吃呢？」

董澐則毫不在乎地說：「你這完全說錯了，我剛剛幸運地從苦海中得以逃脫出來，我還覺得你們辛苦自己，才應該被憐憫。你們卻相反認為我是辛苦的。我剛剛在渤海[087]揚鰭遨遊，在雲霄之上振翅高飛，你們怎麼能胡說我又投入漁網和樊籠中了呢？你們趕緊回去吧！我將繼續從事我所愛好的事情。」

董澐自此便自號為從吾道人。王陽明對此還寫了〈從吾道人記（乙酉）〉，記錄了當時的情形。

---

[087]　原文為「渤湖」，應是對「渤海」的誤寫，亦有可能為「鄱陽湖」，此處存疑。——譯者注

　　卓哉蘀石！「血氣既衰，戒之在得」矣，孰能挺特奮發，而復若少年英銳者之為乎？真可謂之能「從吾所好」矣。世之人從其名之好也，而競以相高；從其利之好也，而貪以相取；從其心意耳目之好也，而詐以相欺；亦皆自以為從吾所好矣。而豈知吾之所謂真吾者乎！夫吾之所謂真吾者，良知之謂也。父而慈焉，子而孝焉，吾良知所好也；不慈不孝焉，斯惡之矣。言而忠信焉，行而篤敬焉，吾良知所好也；不忠信焉，不篤敬焉，斯惡之矣。故夫名利物欲之好，私吾之好也，天下之所惡也；良知之好，真吾之好也，天下之所同好也。是故從私吾之好，則天下之人皆惡之矣，將心勞日拙而憂苦終身，是之謂物之役。從真吾之好，則天下之人皆好之矣，將家、國、天下，無所處而不當；富貴、貧賤、患難、夷狄，無入而不自得；斯之謂能從吾之所好也矣。夫子嘗曰：「吾十有五而志於學」，是從吾之始也。「七十而從心所欲，不踰矩」，則從吾而化矣。蘀石逾耳順而始知從吾之學，毋自以為既晚也。充蘀石之勇，其進於化也何有哉？嗚呼！世之營營於物欲者，聞蘀石之風，亦可以知所適從也乎！

　　　　　　　　　　（參見《王陽明全書》卷八〈從吾道人記（乙酉）〉一篇）

▌天泉橋宴請門人

　　八月，中秋月滿之夜，王陽明在天泉橋設宴招待門生。

　　中秋之夜月色皎潔，如若畫中描繪。王陽明吩咐門人到碧霞池上共用宴席，出席的門生大概有一百多人。酒興正濃的時候，歌聲也應之而起，不久就有人投壺划拳，有人擊鼓取樂，有人泛舟怡情。

　　王陽明看到諸位門生玩興正濃，就退席回去作詩兩首，摘錄如下：

月夜與諸生歌於天泉橋

其一：

萬里中秋月正晴，四山雲靄忽然生。

須臾濁霧隨風散，依舊青天此月明。

肯信良知原不昧，從他外物豈能攖。

老夫今夜狂歌發，化作鈞天滿太清。

其二：

處處中秋此月明，不知何處小群英。

須憐絕學經十載，莫負男兒過一生。

影響尚疑朱仲晦，支離羞作鄭康成。

鏗然舍瑟春風裡，點也雖狂得我情。

第二日，學生們向王陽明拜謝。王陽明說：「昔日聖人孔子在陳國，思念魯國的狂士。世間的學者，沉溺於富貴聲色場之名利場，就像被囚禁住的犯人，卻不知道省悟和脫逃。等到他們聽到孔子的教諭，才開始知道一切世俗皆不是人之性體，才得以豁然明白。但是只發現這層意思，但不加以實踐，達到精微之處，則漸漸會有輕蔑世事變遷、闊略倫物之病。雖然與社會上庸庸碌碌之徒有所不同，但和他們一樣，不能領悟道為何物。因此孔子在陳國的時候思念魯國，糾正魯國的狂者引導他們步入道。諸君講論學問，只患憂不能領悟這個思想。如今很幸運地看到了這層意思，正好好好修練，努力領悟，以求獲得真道。而不要因為看見了這層意思而淺嘗輒止，最終止步於狂者的階段。」

讀到此處，王陽明教化的盛況實在是令人豔羨不已。

▌敬畏與灑脫

這一月，舒柏[088]向王陽明請教「敬畏累灑落」的問題。

王陽明對弟子說：「君子所常講的敬畏，並非我們所認為的恐懼憂患，戒慎不睹則恐懼不聞。君子所常講的灑落，也並非曠蕩放逸之意，而是君子的心體不為慾望所累，沒有什麼能夠羈絆他們追求的自由。我們所說的心之本體，就是天理。天理之昭明靈覺，也正是我常說起的良知。君子戒懼之功，無時或間，則天理常存，而其昭明靈覺之本體，自無所昏蔽，自無所牽擾，自無所歉餒愧作，動容周旋而中禮，從心所欲而不逾，這才是所謂真灑落呢。這裡的灑落生於天理而且存在其內部，天理也同樣恆常存生於戒慎恐懼之中。你為什麼會說存敬畏之心卻反為灑落所累呢？」

以上的解答真是奧妙精微，令人佩服。

▌入山靜養說

弟子劉侯則向王陽明請教是否有必要入山養靜的問題。

王陽明對劉侯說：「君子常說的養心之學就如同良醫治病，根據不同病人的虛實寒熱而斟酌藥物的補洩，這樣做的目的和去病沒有區別，並且沒有固定的藥方，還要使人都信服。如果你一心打算入座窮山，絕世故，屏思慮，我則有些擔心你會養成空寂的生活習慣，雖欲勿流於空寂，但仍會得不償失。」

---

[088]　舒柏，字國用，江西靖安縣新興都（今高湖鄉）舒家人。明正德年間中舉，任歙縣右訓導，後為梧州府同知。曾先後主管紫陽、梧山、嶺表等書院，兩廣人士多遊學於此。因隨從王文成平田洲之亂有功，升南京刑部員外郎，未到任，即改任兩浙鹽運司運同。不久任南寧知府。著有《亞岊遺稿》、《繫言》等書。

這正是王陽明的養心大法中「人須在事上磨練做工夫乃有益」的重要展現。

聖學無礙舉業論

錢德洪攜兩個兄弟錢德周、錢仲實在城南某個書塾讀書。他們的父親心漁翁 [089] 前往書塾探望。

錢家三兄弟和魏良政 [090]、魏良弼等人與心漁翁一起去遊覽禹穴等名勝古蹟，遊玩了十天，忘記返回。

心漁翁問魏良政、魏良弼：「承蒙諸君相攜這麼長的時間，這樣會不會妨礙你們的課業呢？」

魏良政、魏良弼回答說：「我們功名科舉的學業無一刻不在學習啊。」

心漁翁說：「我自然也知道心學可以觸類而旁通，但朱子學說是否也應該有所理會呢？」

這兩人解釋道：「以我們的良知，去尋求晦翁 [091] 的學說，譬如打蛇打得七寸一樣，又何必擔憂呢？」

心漁翁的疑惑沒有得到釋解，就去請教王陽明先生，請他來進行解答。得知心漁翁的疑問，王陽明回答道：「這一切非但沒有妨礙，還有很大的益處。要成為聖賢者，就如同治家，其產業、宅第、服食、器物都是自己的購置，如果要請客，拿出自己的家當一起享用；等客離去，你

---

[089]　即錢蒙。

[090]　魏良政（西元一四九六年至一五二七年），明經師，字師伊。江西新建人。嘉靖四年（西元一五二五年）解元。王守仁巡撫江西時，與兄良弼，弟良器、良貴往學，深受守仁讚許。潛心於良知之學，著有《時齋集》、《時齊集》。

[091]　指朱熹。

的物品樣樣都還在，還可以自享，其用處終身無窮。試看今天的求學之人，譬之如治家不專務居積，擅長假貸為功，他們如果要請客，自廳事以至供具所有的物件無不遍借，客人到來之時，則借貸之物一時間琳瑯滿目，豐裕可觀；待到客人離去，則全部還給別人，又成了家徒四壁的陋室。如果請客但是客人沒有到來，則時過氣衰，即使是借貸也做不出來了。這些人終身奔勞，到了最後卻難逃一無所獲的結局。」

在翌年（西元一五二五年）的考試中，很多學士在稽山書院聽王陽明講學，獲悉錢德洪、魏良政根據自己的主張分別在江、浙[092]當地的考試中金榜題名。

心漁翁聽說了這回事，為此二人的真才實學感到由衷喜悅。

此時朝廷裡關於大禮的爭議剛起步，一天晚上，王陽明坐在碧霞池上，作詩（〈碧霞池夜坐〉）道：

> 一雨秋涼入夜新，池邊孤月倍精神。
> 潛魚水底傳心訣，棲鳥枝頭說道真。
> 莫謂天機非嗜慾，須知萬物是吾身。
> 無端禮樂紛紛議，誰與青天掃舊塵。

作一首後不盡興，又賦詩（〈夜坐〉）一首：

> 獨坐秋庭夜色新，乾坤何處更閒人。
> 高歌度與清風去，幽意自隨流水春。
> 千聖本無心外訣，六經須拂鏡中塵。
> 卻憐擾擾周公夢，未及惺惺陋巷貧。

由於對於大禮起爭議之事感觸頗深，兩首詩彰顯了王陽明內心對此

---

[092] 原文為「淅」，應為錯訛。

事的細膩感受。

到了四月，龍山公王華居喪期已滿，朝廷中官員屢次向皇帝奏疏，引薦王陽明繼續做官。霍兀崖、席元山、黃宗賢、黃宗明先後皆以大禮的問題來函詢問王陽明，但是王陽明對之都置若罔聞，不做任何回應。

以上猜想是另有隱情吧。

▌ 續刻《傳習錄》

《傳習錄》最開始由薛侃在虔州（今贛州）刻製，總共三卷。

到了這一年，南大吉蒐集了王陽明論學的著述，重新刻印，總共增加了五卷，他復刻的地方在王陽明的老家越地。

嘉靖四年（西元一五二五年），王陽明先生五十四歲，居住在越地。

這年正月裡，王陽明的原配夫人諸氏去世，後來祔葬於徐山王陽明家的祖墳。

▌ 〈尊經閣記〉

同一月裡，王陽明在稽山書院寫完〈尊經閣記〉，大略意思是：

聖人之扶人極憂後世而述《六經》也，猶之富家者之父祖，慮其產業庫藏之積，其子孫者或至於遺亡失散，卒困窮而無以自全也，而記籍其家之所有以貽之，使之世守其產業庫藏之積而享用焉，以免於困窮之患。故《六經》者，吾心之記籍也，而《六經》之實則具於吾心；猶之產業庫藏之實，種種色色，具存於其家，其記籍者，特名狀數目而已。而世之學者不知求《六經》之實於吾心，而徒考索於影響之間，牽制於文義之末，然以為是《六經》矣。是猶富家之子孫，不務守成規享用其產業庫

藏之實積，日遺忘散失，至於竇人丐夫，而猶囂囂然指其記籍曰：「斯吾產業庫藏之積也。」何以異於是？

以上可以一觀王陽明先生對於《六經》的觀點。

也是同一年，南大吉在王陽明處理政事的大堂上懸掛了一塊名為「親民堂」的匾幅。山陰知縣吳贏重新修建了縣學，提學僉事萬潮與監察御史潘仿重新修建了省城以南的萬松書院，向那些科舉落第的書生開放，對他們傳播修養的學問，他們還邀請王陽明撰寫一篇書記來記錄之。王陽明皆為作記。

六月，禮部尚書席書舉薦王陽明。

王陽明服喪期滿後，按照朝廷慣例應當復出繼續做官。御史石金等人不斷向朝廷上疏舉薦王陽明，但沒有回應。

禮部尚書席書上疏特別舉薦王陽明說：「生在臣前者見一人，叫做楊一清；生在臣後者見一人，叫做王陽明。且使親領誥卷，趨闕謝恩。」

於是楊一清進入內閣辦事，第二年朝廷下詔讓王陽明上朝領取封賞的文書並謝恩，但很快這事就無疾而終了。

九月分，王陽明返回祖里餘姚，祭掃祖先英靈。

▌題壁勉勵諸生

王陽明返回故鄉餘姚，與門生們商議好在每個月的初一、初八、十五、二十三這四天時間裡於龍泉寺中天閣講學論道。期間，王陽明在牆壁上書寫了一文勉勵自己的門生：

雖有天下易生之物，一日暴之，十日寒之，未有能生者也。承諸君子不鄙，每予來歸，咸集於此，以問學為事，甚盛意也。然不能旬日之

留，而旬日之間又不過三四會。一別之後，輒復離群索居，不相見者動經年歲。然則豈唯十日之寒而已乎？若是而求萌蘗之暢茂條達，不可得矣。故予切望諸君勿以予之去留為聚散，或五六日、八九日，雖有俗事相妨，亦須破冗一會於此。務在誘掖獎勸，砥礪切磋，使道德仁義之習日親日近，則勢利紛華之染亦日遠日疏：所謂相觀而善，百工居肆以成其事者也。相會之時，尤須虛心遜志，相親相敬。大抵朋友之交，以相下為益，或議論未合，要在從容涵育，相感以成；不得動氣求勝，長傲遂非，務在默而成之，不言而信。其或矜己之長，攻人之短，粗心浮氣，矯以沽名，訐以為道，挾勝心而行憤嫉，以圮族敗群為志，則雖日講時習於此，亦無益矣。

其中告誡弟子如何做學問的精髓，時至今日仍可為我等講學遵循的指標。

■ 致知格物論

王陽明在答覆顧璘（號東橋）的信中（〈答顧東橋書〉）說：

朱子所謂格物云者，是以吾心而求理於事事物物之中，如求孝子之理於其親之謂也。求孝之理果在於吾之心耶？抑果在於親之身耶？假而果在於親之身，而親沒之後，吾心遂無孝之理與？見孺子之入井，必有惻隱之理，是惻隱之理果在孺子之身與？抑在於吾身之良知與？以是例之，萬事萬物之理，莫不皆然。是可以見析心與理為二之非矣。若鄙人所謂致知格物者，致吾心之良知於事事物物也。吾心之良知，即所謂天理也。致吾心之天理於事事物物，則事事物物皆得其理矣。故道：「致吾心之良知者，致知也。事事物物皆得其理者，格物也。」是合心與理而為一者也。合心與理而為一，則凡區區前之所云，與朱子晚年之論，皆可不言而喻矣。

信中又說道：

心者身之主也，而心之虛靈明覺，即所謂本然良知也。其虛靈明覺之良知應感而動者，謂之意；有知而後有意，無知則無意矣。知非意之體乎？意之所用，必有其物，物即事也，如意用於事親，即事親為一物；意用於治民，則治民為一物；意用於讀書，即讀書為一物；意用於聽訟，即聽訟為一物；凡意之所在，無有無物者，有是意，即有是物，無是意，即無是物。物非意之用乎？

另外，還對格物致知的內涵進行了討論，說道：

「格」字之義，有以「至」字訓者。如「格於文祖」，必純孝誠敬，幽明之間，無一不得其理，而後謂之格；有苗之頑，實文德誕敷而後格，則亦兼有「正」字之義在其間，未可專以「至」字盡之也。如「格其非心」、「大臣格君心之非」之類，是則一皆正其不正以歸於正之義，而不可以「至」字為訓矣。且《大學》格物之訓，又安知不以「正」字為義乎？如以「至」字為義者，必曰窮至事物之理，而後其說始通。是其用功之要全在一「窮」字，用力之地全在一「理」字也。若上去一「窮」字，下去一「理」字，而直曰「致知在至物」，其可通乎？夫窮理盡性，聖人之成訓見於《繫辭》者也。苟格物之說而果即窮理之義，則聖人何不直曰「致知在窮理」，而必為此轉折不完之語，以啟後世之弊耶？蓋《大學》格物之說，自與《繫辭》窮理大旨雖同，而微有分辨。窮理者，兼格致誠正而為功也；故言窮理，則格致誠正之功皆在其中；言格物，則必兼舉致知、誠意、正心，而後其功始備而密。今偏舉格物而遂謂之窮理，此非唯不得格物之旨，並窮理之義而失之矣。

▌拔本塞源論

王陽明先生在上述「格物致知論」的末尾，緊接著以「拔本塞源」展開討論，這是一篇極為有名的傑作，展示了王陽明至大至廣的人生理念，其略道：

　　聖人之心，視天下之人無內外遠近，凡有血氣，皆其昆弟赤子之親，莫不安全而教養之，以遂其萬物一體之念。天下之人心，其始亦非有異於聖人也，特其間於有我之私，隔於物欲之蔽；大者以小，通者以塞，甚有視其父子、兄弟如仇讎者。聖人有憂之，是以推其天地萬物一體之仁以教天下，使之皆有以克其私、去其蔽，以復其心體之同然。其教之大端，則堯、舜、禹之相授，所謂「道心唯微，唯精唯一，允執厥中」。而其節目，則舜之命契，所謂「父子有親，君臣有義，夫婦有別，長幼有序，朋友有信」五者而已。當是之時，人無異見，家無異習，安此者謂之聖，勉此者謂之賢，而背此者，雖啟明如朱，亦謂之不肖。下至閭井田野農工商賈之賤，莫不皆有是學，而唯以成其德行為務。何者？無有聞見之雜，記誦之煩，辭章之靡濫，功利之馳逐，而但使之孝其親，弟其長，信其朋友，以復其心體之同然，則人亦孰不能之乎？學校之中，唯以成德為事；有長於禮樂，長於政教，長於水土播植者，則就其成德而因使益精其能。迨夫舉德而任，則用之者唯知同心一德，以共安天下之民，視才之稱否，而不以崇卑為輕重；效用者亦唯知同心一德，以共安天下之民，苟當其能，則終身安於卑瑣而不以為賤。當是時，才質之下者，則安其農工商賈之分，各勤其業以相生相養，而無有乎希高慕外之心；才能之異若皋、夔、稷、契者，則出而各效其能，或營衣食，或通有無，或備器用，集謀並力，以求遂其仰事俯育之願。譬之一身，目不恥其無聰，而耳之所涉，目必營焉；足不恥其無執，而手之所探，足必前焉；蓋其元氣充周，血脈條暢，是以癢疴呼吸，感觸神應，有不言而喻之妙。此聖人之學所以唯在復心體之同然，而知識技能，非所以與論也。三代以降，教者不復以此為教，而學者不復以此為學。霸者之徒，竊取先生之近似者，假之於外以內濟其私，天下靡然宗之，聖人之道遂以蕪塞。世之儒者慨然悲傷，搜獵先聖王之典章法制，而掇拾修補於煨燼之餘，聖學之門牆遂不可復觀。於是乎有訓詁之學，而傳之以為名；有記誦之學，而言之以為博；有詞章之學，而侈之以為麗。相矜以知，相軋以勢，相爭以利，相高以技能，相取以聲譽。其出

而仕也，理錢穀者，則欲兼夫兵刑；典禮樂者，又欲與於銓軸；處郡縣，則思藩臬之高；居臺諫，則望宰執之要。故不能其事，則不得以兼其官；不通其說，則不可以要其譽；記誦之廣，適以長其敖也；知識之多，適以行其惡也；聞見之博，適以肆其辯也；辭章之富，適以飾其偽也。嗚呼！以若是之積染，以若是之心志，而又講之以若是之學術，宜其聞吾聖人之教，而視之以為贅疣枘鑿矣。非豪傑之士無所待而興者，吾誰與望乎！

對於打算熟知王陽明先生的真實想法的人，建議對上篇精讀、細讀，否則是無法了解王陽明學說的精華的。

十月，王陽明的門生在越中地方建立陽明書院。陽明書院具體位置在越城西城門內的光相橋東邊。

時間往後推十二年，就是嘉靖十七年（西元一五三八年），王陽明去世後十年，巡按御史門人周汝員於樓前建立祠堂，懸掛匾額，題詞道：「陽明先生祠」。

▍論良知與禮

嘉靖五年（西元一五二六年），王陽明先生五十五歲，居住在越城。三月，王陽明向門生鄒守益寫了一封信（〈與鄒守益書〉）。

當時鄒守益因為遭貶到廣德州擔任通判一職，建築復古書院，以集聚生徒，以及刻印《諭俗禮要》來教化當地民俗。他將自己的所作所為一一彙報給老師王陽明，王陽明寫回信稱讚他說：

古之禮存於世者，老師宿儒當年不能窮其說，世之人苦其煩且難，遂皆廢置而不行。故今之為人上而欲導民於禮者，非詳且備之為難，唯簡切明白而使人易行之為貴耳。蓋天下古今之人，其情一而已矣。先王制禮，皆因人情而為之節文，是以行之萬世而皆準。其或反之吾心而有

所未安者，非其傳記之訛闕，則必古今風氣習俗之異宜者矣。此雖先王未之有，亦可以義起，三王之所以不相襲禮也。後世心學不講，人失其情，難乎與之言禮。然良知之在人心，則萬古如一日，苟順吾心之良知以致之，則所謂不知足而為屨，我知其不為蕢矣。非天子不議禮制度，今之為此，非以議禮為也，徒以末世廢禮之極，聊為之兆以興起之，故特為此簡易之說，欲使之易知易從焉耳。

有關道德方面的變遷恆常的兩個分類的論點，參看此書就不言自明了。

南大吉致良知修養的效果

四月，南大吉進皇宮覲見皇帝，結果卻遭到貶斥丟了官。南大吉就此時自己的境況致信給業師王陽明，篇幅達一千數百字。信件全文兢兢業業，唯以得聞道為喜，迫切地向王陽明求學問道，生怕自己因為疏忽而不得領悟聖人之道而憂，全文中沒有一個字提及自己的榮辱得失，以及被罷官後的憤懣。

王陽明讀完南大吉的來信，感嘆道：「此真有朝聞夕死之志者也！」

王陽明深深為南大吉有志於學問的精神所感動。如果沒有「朝聞道夕死可矣」的精神，是不可能說出如此高深的話來的。於是他向南大吉回信道：

世之高抗通脫之士，捐富貴，輕利害，棄爵祿，決然長往而不顧者，亦皆有之。彼其或從好於外道詭異之說，投情於詩酒山水技藝之樂，又或奮發於意氣，牽溺於嗜好，有待於物以相勝，是以去彼取此而後能。及其所之既倦，意衡心鬱，情隨事移，則憂愁悲苦，隨之而作，果能捐富貴，輕利害，棄爵祿，快然終身，無入而不自得已乎？夫唯有道之士，真有以見其良知之昭明靈覺，廓然於太虛而同體。太虛之中，何物不有，而無一物能為太虛之障礙。故凡慕富貴，憂貧賤，欣戚得

241

喪，愛憎取捨之類，皆足以蔽吾聰明睿知之體，窒吾淵泉時出之用。如明目之中而翳之以塵沙，聰耳之中而塞之以木楔也。其疾痛鬱逆，將必速去之為快，而何能忍於時刻乎？關中自古多豪傑。其忠信沉毅之質，明達英偉之器，四方之士，吾見亦多矣，未有如關中之盛者也。自北宋張橫渠之後，此心學不講，或亦於四方無異矣。自此關中之士有所振發興起，變氣節為聖賢之學，將必自吾元善昆季始也。

在修養悟道方面，南大吉得王陽明薰陶的事例還有很多。據歷史記載，南大吉與王陽明其來往時間雖不長，但二人卻互相引以為知己。二人不僅情感甚篤，志趣相投，而且王陽明對南大吉的思想影響深刻。

▌講學與實務

歐陽德初次見到王陽明先生還是在贛州的時候，在眾多弟子裡面，他的年齡最小。但是歐陽德憑藉自己的才學已經順利通過地方舉辦的鄉試。因此，王陽明經常笑稱歐陽德是「小秀才」。

歐陽德在王陽明先生左右的時候，不論王陽明安排他做什麼事情，他都欣然恭命，即使是無比辛勞，他也絕不會懈怠，故而王陽明對他也十分器重。

嘉靖二年，歐陽德登第考上進士，奉旨出守六安州 [093]。剛到六安州的幾個月，因為政務繁忙，他沒有時間去聽王陽明講學，後來才逐漸有所改觀，有空和其他師兄弟一起跟隨王陽明講學。

對此，王陽明說道：「我的講學，正是要在你政務倥傯中進行，沒有必要等大家聚集到一起才講學！」

以上可以觀得王陽明對實用活學的觀點。

---

[093]　元至元末置，屬廬州路。治所在六安縣（今安徽六安市，一九九二年撤銷）。轄境相當於今安徽六安、霍山等市縣和湖北英山縣地。明洪武初廢六安縣入州。一九一二年廢州為縣。

良知與見聞

後來，王陽明又曾經寫信給歐陽德（〈答歐陽德書〉），如是寫道：

良知不因見聞而有，而見聞莫非良知之用。故良知不滯於見聞，而亦不離於見聞。孔子云：「吾有知乎哉？無知也。」良知之外，則無知矣。故致良知是聖門教人第一義。今云專求之見聞之末，則落在第二義矣。若曰致其良知而求之見聞，則語意之間未免為二。此與專求之見聞之末者，雖稍不同，其為未得精一之旨則一也。

另外，王陽明在信中提出了「知德性」和「知見聞」差異的討論，本書將在後文再論。

錢德洪與王畿並舉於南宮的考試，但此二人都選擇放棄繼續功名之路，與黃弘綱、張元沖同舟一起回到越城。

王陽明很高興，之後大凡剛剛入王門的弟子，都必定先讓錢德洪和王畿開導，等到其志向確定、認知境界開始提升的階段，才提請與王陽明相見。每次見到錢德洪的時候，王陽明和弟子都默默對著焚燒的裊裊香火，相對始終無言。

他真是一個生性沉毅的人啊！

天地萬物一體觀與良知

八月，南方正是夏天，朝廷委派聶豹為福建省御史巡按，坐船到錢塘來見王陽明先生。

二人別後，聶豹致信給王陽明，寫道：

子思、孟子、周濂溪、程明道無意相遭於千歲之下，與其盡信於天下，不若真信於一人。道固自在，學亦自在。

在王陽明先生的答書中，他以比喻的形式對聶豹進行解答（〈答聶豹書〉），略道：

讀來諭，誠見君子不見是而無悶之心，乃區區則有大不得已者存乎其間，非以計人之信與不信也。夫人者，天地之心；天地萬物，本吾一體者也。生民之困苦荼毒，孰非疾痛之切於吾身者乎？不知吾身之疾痛，無是非之心者也。是非之心，不慮而知，不學而能，所謂良知也。良知之在人心，無間於聖愚，天下古今之所同也。世之君子唯務致其良知，則自能公是非，同好惡，視人猶己，視國猶家，而以天地萬物為一體，求天下無治不可得矣。古之人所以能見善不啻若己出，見惡不啻若己入，視民之飢溺，猶己之飢溺，而一夫不獲，若己推而納諸溝中者，非故為是而蘄天下之信己也；務致其良知，求其自慊而已矣。後世良知之學不明，天下之人外假仁義之名，而內以行私利之實：詭詞以阿俗，矯行以干譽；掩人之善，而襲以為己長。訐人之私，而竊以為己直；忿以相勝，而猶謂之徇義；險以相傾，而猶謂之疾惡；妒賢嫉能，而猶自以為公是非；恣情縱慾，而猶自以為同好惡。相凌相賊，自其一家骨肉之親，已不能無彼此藩籬之隔，而況於天下之大，民物之眾，又何能一體而視之乎！僕誠賴天之靈，偶有見於良知之學，以為必由此而後天下可得而治，是以每念斯民之陷溺，則為之戚然痛心，忘其身之不肖，而思以此救之，亦不自知其量者。天下之人，見其若是，遂相於非笑而詆斥，以為是病狂喪心之人耳。嗚呼！吾方疾痛之切體，而暇計人之非笑乎！昔者孔子之在當時，有議其為諂者，有議其為佞者，有毀其未賢，詆其為不知禮，而侮之以為「東家丘」者，有嫉而阻之者，有惡而欲殺之者。晨門荷蕢之徒，皆當時之賢士，且曰：「是知其不可而為之者與？鄙哉，硜硜乎，莫己知也，斯已而已矣。」雖子路在升堂之列，尚不能無疑於其所見，不悅於其所欲往，而且以之為迂。則當時之不信夫子者，豈特十之一二而已乎？然而夫子汲汲遑遑，若求亡子於道路，而不假於暖席者，寧以蘄人之信我知我而已哉？僕之不肖，何敢以夫子之道為己

任？顧其心亦已稍知疾痛之在身，是以徬徨四顧，相求其有助於我者，相與講去其病耳。今誠得豪傑同志之士，共明良知之學於天下，使天下之人皆知自致其良知，一洗讒妒勝忿之習，以躋於大同，則僕之狂病，固將脫然以癒，而終免於喪心之患矣，豈不快哉！會稽素號山水之區，深林長谷，信步皆是，寒暑晦明，無時不宜。良朋四集，道義日新。天地之間，寧復有樂於是者？孔子云：「不怨天，不尤人，下學而上達。」吾[094]與二三同志，方將請事斯語，奚暇外慕？獨其切膚之痛，乃有未能�者，輒復云爾。

（參見《王陽明全集》）

王陽明先生以講學為己任，善於從中得到無限的快樂，大學者的人生態度尚且如此，更何況是我等泛泛之輩呢？

死後的門人

按：聶豹初次見到王陽明的時候，自稱為晚生。此後過去六年，聶豹領命出任蘇州知府，至此王陽明已去世四年了。

後來，聶豹見到錢德洪、王畿[095]二人說：「我的學業得到了諸位先生的點化，到現在我仍希冀執贄跟著王陽明先生學習，然而如今已是不可能的事情了。今天要請你們二君作為旁證，我準備好香案祭拜王陽明先生。」以後聶豹對外也稱自己為王陽明的門生。

嘉靖五年（西元一五二六年）十一月[096]，王陽明先生的次子王正億[097]出生。此時正妻諸氏已去世兩年多，王正億是王陽明的繼室張氏生

---

[094]　原文為「僕（BOKU）」，疑錯訛，糾正為「吾」。

[095]　王畿（西元一四九八年至一五八三年），中國明代思想家。字汝中，號龍溪，學者稱龍溪先生。浙江山陰（今紹興）人。師事王守仁。為王門七派中浙中派創始人，著有《龍溪全集》二十卷。

[096]　一說同年十二月十二日。

[097]　事實上，王正億為王陽明親生兒子。王陽明四十四歲時，因為沒有兒子，而且其妻子諸氏也

的。王陽明五十五歲初得子，鄉里的先達有靜齋、六有者，其時皆年逾九十，聽聞此訊不勝欣喜，於是作二詩來表示祝賀。

王陽明先生便按照他們贈詩的用韻依次謝答，全詩如下所錄：

嘉靖丙戌十二月庚申始得子，年已五十有五矣。六月靜六二丈昔與先公同舉於鄉，聞之而喜，各以詩來賀，藹然世交之誼也。次韻為謝二首。

其一：

海鶴精神老益強，晚途詩價重圭璋。

洗兒惠兆金錢貴，爛目光呈奎井祥。

何物敢云繩祖武，他年只好共爺長。

偶逢燈事開湯餅，庭樹春風轉歲陽。

其二：

自分秋禾後吐芒，敢云琢玉晚圭璋。

漫憑先德餘家慶，豈是生申降嶽祥。

攜抱且堪娛老況，長成或可望書香。

不辭歲歲臨湯餅，還見吾家第幾郎？

因為當時正好是十一月十七日，王陽明起初替兒子取名字王正聰，時過七年後，王家因為家產糾紛，外舅黃綰因為當時需要避諱，所以就替王陽明的小兒子王正聰改名為王正億。此名後來一直沿用，被記入王家族譜。

沒可能生產了，遂由父親龍山公做主，過繼了王陽明堂弟王守信的兒子，即王正憲，過繼時其已八歲。到王陽明晚年，五十五歲的時候得正億。後來在陽明弟子的協助下，王正億繼承了王陽明新建伯的爵位。

惜陰會

同年十二月，劉邦采[098]聚集安福地方 (位於江西中部偏西) 的同好成立學會，起名為「惜陰會」。劉邦采邀請王陽明為惜陰會撰寫會籍。

王陽明先生應劉邦采的邀約撰寫〈惜陰說〉一篇，茲錄入部分如下：

同志之在安成者，隔月為會五日，謂之「惜陰」，其志篤矣。然五日之外，孰非惜陰時呼？離群而索居，志不能無少懈，故五日之會，所以相稽切焉耳。嗚呼！天道之運，無一息之或停，吾心良知之運，亦無一息之或停。良知即天道，謂之「亦」，則猶二之矣。知良知之運無一息之或停者，則知惜陰矣。知惜陰者，則知致其良知矣。子在川上曰：「逝者如斯夫！不捨晝夜[099]。」此其所以學如不及，至於發憤忘食也。堯、舜兢兢業業，成湯日新又新，文王純亦不已，周公坐以待旦：惜陰之功，寧獨大禹為然？子思曰：「戒慎乎其所不睹，恐懼乎其所不聞，知微之顯，可以入德矣。」或道：雞鳴而起，孳孳為利，凶人為不善，亦唯日不足，然則小人亦可謂之惜陰乎？

（參見《王陽明全集》）

可見，王陽明先生所謂的致良知，也表現了要珍惜光陰的含義。

---

[098] 劉邦采，明教育家。字君亮，號師泉，江西安福人。初為邑諸生，以做「聖人」為志向。與劉曉、劉文敏等先後受業於王守仁。嘉靖七年鄉試中式，授壽寧教諭，遷嘉興府同知。不久棄官歸。嘉靖十三年鄒守益以國子祭酒致仕歸，與之共建復古、連山、復貞諸書院。為學主張「性命兼修」。認為吾心主宰謂之性，性無為者也，故須首出庶物，以立其體。吾心流行謂之命，命大使者也，故須隨時運化以致其用（《明儒學案·江右王門學案四》）。要求學者「修 (九) 容以立人道，慎 (九) 思以達天德，舒 (九) 疇以順帝則」（《易蘊》）。善於辯說，聶豹稱其「力大而說辯，排悶之嚴，四座咸服，人皆避而讓舍，莫敢掛其鋒」。著有《易蘊》。

[099] 原文寫作「晝夜」，當為錯訛。——譯者注

▌良知

編者按：嘉靖六年（西元一五二七年），王陽明先生路過吉安，順便寄了一封信給安福的諸同仁，內容如下：

諸友始為惜陰之會，當時唯恐只成虛語，邇來乃聞遠近豪傑聞風而至者以百數，此可以見良知之同然，而斯道大明之幾於此亦可以卜之矣。程明道曾有云：「寧學聖人而不至，不以一善而成名。」此為有志聖人而未能真得聖人之學者，則可如此說。若今日所講良知之說，乃真是聖學之傳，但從此學聖人，卻無不至者。唯恐吾儕尚有一善成名之意，未肯專心致志於此耳。

（參見《王陽明全集》）

大凡有志於探求智慧的同仁，在實踐躬行方面難免有不足之處，作為今日的我們也應該警惕類似的問題發生。

▌致良知的修養方法

嘉靖六年（西元一五二七年），王陽明先生五十六歲，居住在越城。

這年正月，王陽明先生在寫給黃宗賢的書信中（〈與黃宗賢書〉）勸諭其重視自我修養，信中大致這樣寫道：

人在仕途，比之退處山林時，工夫難十倍；非得良友時時警發砥礪，平日志向鮮有不潛移默奪，弛然日就頹靡者。近與誠甫言，京師相與者少，二君必須彼此約定，便見微有動氣處，即須提起致良知話頭，互相規切。凡人言語正到快意時，便截然能忍默得；意氣正到發揚時，便翕然能收斂得；憤怒嗜慾正到騰沸時，便廓然能消化得：此非天下之大勇不能也。然見得良知親切時，其工夫又自不難，緣此數病，良知之所本無，只因良知昏昧蔽塞而後有，若良知一提醒時，即如白日一出，魍魎

自消矣。《中庸》謂：「知恥近乎勇。」只是恥其不能致得自己良知耳。今人多以言語不能屈服得人，意氣不能凌軋得人，憤怒嗜慾不能直意任情為恥；殊不知此數病者，皆是蔽塞自己良知之事，正君子之所宜深恥者。諸君知謀才略，自是超然出於眾人之上，所未能自信者，只是未能致得自己良知。須是克去己私，真能以天地萬物為一體。

（參見《王陽明全集》）

句句懇切，妙味無限。

▌著述問答

四月，鄒守益於廣德州重新刻印王陽明先生的《文錄》。

王陽明先生自行標注了年月，吩咐錢德洪分類排次，在此時寫給鄒守益的信中說道：「你的編錄請以年月為順序，不再根據不同文體而進行分類，我的學問專門以講學明道為事業，不在乎文辭體制的差異。」

過了一天，錢德洪發現了沒有被收錄的文章，詢問王陽明先生的看法。

王陽明回答道：「這不是孔子刪述《六經》的方法。三代的教誨不明晰，大都是因為後世學者繁文盛而實意衰，故而所學的東西都忽略了其最本質所在。比如孔子刪《詩經》，如果只根據文辭來篩選，豈只有三百篇而已呢？正因為孔夫子以彰顯聖道為自己此生的志向，所以他的選擇才有所精簡。《六經》所有的刪述和此例是基本相同的。若以愛惜文辭，便非孔子垂範後世的本真含義了。」

錢德洪說道：「先生文字，雖一時應酬不同，但無不是源於自己的性情。更何況學者傳誦日久，恐為後世好事者所編輯，反而違背了今日裁定的本意了。」

　　於是，王陽明先生同意鄒守益加刻附錄一卷，最後送給鄒守益，總共四冊。

　　今日所傳的《傳習錄》中卷也收錄了錢德洪撰寫的序言，讀後即可知曉錢德洪編撰此書的本意。

　　茲摘錄全文如下所示：

　　（錢）德洪曰：昔南元善刻《傳習錄》於越，凡二冊。下冊摘錄之。先師手書，凡八篇。其答徐成之二書，吾師自謂「天下是朱非陸，論定既久，一旦反之為難；二書姑為調停兩可之說，便人自思得之。」故元善錄為下冊之首者，意亦以是歟？今朱、陸之耕明於天下久矣；洪刻先師文錄，置二書於外集者，示未全也，故今不復錄。其餘指知，行之本體，莫詳於答人論學與答周道通、陸清伯、歐陽崇一四書；而謂格物為學者用力日可見之地，莫詳於答羅年庵一書。平生冒天下之非詆，推陷萬死，一生遑遑然不忘講學，唯恐吾人不聞斯道，流於功利、機智以日墮於匈狄、禽獸而不叫，其一體同物之心，譊譊終身，至於斃而後已；此孔、孟以來賢聖苦心，雖門人子弗未足以慰其情也；是情也，莫詳於答聶文蔚之第一書：此皆仍元善所錄之舊：而揭「必有事焉」即「致良知」工夫，明白簡切，使人言下即得入手，此又莫詳於答文蔚之第二書，故增錄之。元善當時洶洶，乃能以身明斯道，卒至遭奸被斥，油油然唯以此生得聞斯學為慶，而絕無有纖芥憤鬱不平之氣。斯錄之刻，人見其有功於同志甚大，而不知其虎時之甚艱也。今所去取，裁之時義則然，非忍有所加損於其間也。

　　　　　　　　　　　　　　　　（參見《傳習錄‧錢德洪序》）

▌小結

　　自從王陽明先生鎮壓了朱宸濠的叛亂，躲避過了奸臣們的讒謗和陷害，此所謂如王陽明先生所言「某於此『良知』之說，從百死千難中得來」。到這一時期為止，王陽明思想中的心即理、知行合一、致良知的三個綱領已經完備形成，陽明學的體系隨之形成。故而在此期間，王陽明先生主張自己一派的學說，和門生反覆論述自己的觀點，他對教學的各種反思對後人是十分寶貴的財富。

　　另外，從神仙養生論、儒老佛三教論、入山養靜論、拔本塞源論、天地萬物一體論到「心之動靜」、「灑落與敬畏」、「講友間的態度」等諸學說中，其中最懇切要說明了的，恰如孔子和弟子間的問答那般，一言以蔽之，王陽明門下諸門生文武兼達、學德並進，以聖賢為自己的奮鬥目標，並為了成為那樣優秀的人一直努力！

第十章　第三次靖亂時期

本章要講的內容要從王陽明五十六歲這一年的五月份說起，一直到王陽明先生仙逝一年餘時間裡，他的文韜武略以及講學的情況。因此，將此時期稱作王陽明先生的晚年也未嘗不可。或者說王陽明先生在文武兩道上獲得成功，於文教講授的同時並不能忘卻武治，於出征靖亂之際亦不荒廢講學布道。

尤其應該指出的是，區別於以往，就在第三次靖亂時期，王陽明先生幾乎不訴諸任何的兵戎與干戈，而是寄希望以文德感化對方。看得出來，這一時期王陽明先生更為注重文教治國。

▌拜命出征

五月，朝廷下詔任命王陽明兼任都察院左都御史一職，率兵征討思州和田州兩個地方的流民叛亂。時間很快就到了六月，王陽明再度向朝廷上疏請辭，此次依舊沒有得到皇帝的允許。

說起要征討的叛亂，起先始於廣西田州岑猛 [100] 作亂，朝廷起初委派提督都御使姚鏌 [101] 前往征討。隨著征討進展了一段時間，姚鏌便向朝廷上奏報說岑猛父子悉數被自己所擒獲，朝廷也降旨對其功勞進行犒賞。可是就在行賞完畢不久，民眾在僥倖逃脫的頭目盧蘇、王受挑唆下又策

---

[100] 岑猛，明廣西田州（治今田陽）土官，字濟夫。正德三年（西元一五〇八年），襲父職為土知府。七年，參加鎮壓江西華林起義，遷指揮同知。嘉靖四年（西元一五二五年），明政府以其屢侵鄰部，不聽徵調為由，命都御史姚鏌率兵進擊。他逃匿歸順州（今廣西靖西），此間被殺。

[101] 姚鏌，字英之，浙江慈溪人。明代名臣，著名軍事家。先後授兵部左侍郎，禮部主事。多次奉命平定南方叛亂，著有《錦囊瑣綴》八卷等。

動叛亂，還伺機占領了恩思這個地方。

　　姚鏌不得已於是又集合了附近四省的軍隊前往重新征剿，可是這回過去了很長時間都沒有獲得明顯成效，後來姚鏌就在朝廷上遭到巡按御史石金的彈劾。

　　朝廷對此事十分重視，馬上召集朝廷文武大臣對征剿之事進行二度商議，在當時侍郎張璁、桂萼的推薦下，朝廷很快下了聖旨，改委派王陽明先生為總督，負責兩廣以及江西、湖廣等地的軍務，其許可權包括可以根據實際情況因地制宜制定出合適的作戰計畫，對當地的反賊進行安撫或者徹底剿滅，另外也可以根據實際情況設置土官或者流官，並認真考核參與其事的各位大臣的功勞與過失後，具體以文件的形式向朝廷報告。朝廷對於有心致仕的王陽明先是一番安撫，然後再責令王陽明要有體念國家的心，不要再像以往的做法那樣一味地推諉和逃避。

　　王陽明先生接收到了聖旨後，向皇帝上疏言：

　　臣伏念君命之召，當不俟駕而行，矧茲軍旅，何敢言辭？顧臣患痰疾增劇，若冒疾輕出，至於僨事，死無及矣。臣又復思，思、田之役，起於土官仇殺，比之寇賊之攻劫郡縣，荼毒生靈者，勢尚差緩。若處置得宜，事亦可集。鏌素老成，一時利鈍，亦兵家之常。御史石金據事論奏，所以激勵鏌等，使之善後，收之桑榆也。臣以為今日之事，宜專責鏌等，隆其委任，重其威權，略其小過，假以歲月，而要其成功。至於終無底績，然後別選才能，兼諳民情土俗，如尚書胡世寧、李承勛者，往代其任，事必有成。

（參見《王陽明全集》）

　　王陽明的上疏呈上之後，皇帝下詔書命令姚鏌從前線下來，立刻致仕退休，並派遣使者敦促王陽明早日踏上征途。

到了八月份，王陽明不得已去廣西赴任，曾經寫了一文，名為〈客坐私囑〉（亦有寫作〈客坐私祝〉）。

〈客座私祝〉

〈客座私祝〉文中寫道：

但願溫恭直諒之友，來此講學論道，示以孝友謙和之行，德業相勸，過失相規，以教訓我子弟，使無陷於非僻；不願狂躁惰慢之徒，來此博弈飲酒，長傲飾非，導以驕奢淫蕩之事，誘以貪財黷貨之謀，冥頑無恥，扇惑鼓動，以益我子弟之不肖。嗚呼！由前之說，是謂良士；由後之說，是為凶人；我子弟苟遠良士而近凶人，是謂逆子。戒之戒之！嘉靖丁亥八月，將有兩廣之行，書此以戒我子弟，並以告夫士友之辱臨於斯者，請一覽教之。

（參見《土陽明全集》）

九月，王陽明從越中出發。這是他最後在家鄉的日子，與妻兒話別，向著江西出發，他對此應該也有所預感吧！

九月初八，錢德洪與王畿在舟中拜訪張元沖，一起討論為學的宗旨。由於爭論不休且沒有答案，於是他們決定藉機向恩師王陽明先生請教。

到了前半夜，錢德洪與王畿便就他們所討論的要旨（即四言教論），親耳聆聽了王陽明先生的教誨。

翌日王陽明踏上征程，渡過了錢塘江，路過了吳江、山月岩、嚴灘等地，都有詩作遺世。在經過釣臺的時候，王陽明先生便即興寫詩〈復過釣臺〉，全文如下所示：

憶昔過釣臺，馳驅正軍旅。

十年今始來，復以兵戈起。

空山煙霧深，往跡如夢裡。

微雨林往滑，肺病雙足胝。

仰瞻臺上雲，俯濯臺下水。

人生何碌碌，高尚乃如此。

瘡痍念同胞，至人匪為己。

過門不遑入，憂勞豈得已。

滔滔良自傷，果哉未難已。

一轉眼九個年頭逝去，王陽明先生賦閒講學也有五年多的時間，從上詩可以知道，此情此景下，王陽明先生肯定是感慨萬端，內心難以平靜。另外，就在此詩作的跋中，如是記錄道：

右正德己卯獻俘行在，過釣臺而弗及登，今茲復來，又以兵革之役，兼肺病足瘡，徒顧瞻悵望而已。書此付桐廬縣尹沈元材刻置驛亭之壁，聊以紀經行歲月云耳。時從行進士錢德洪、王汝中、龍溪建德縣[102]尹楊思[103]臣及元材，凡四人。

（參見《王陽明全集》）

接下來王陽明一行冒雨抵達西安縣[104]，諸門生皆在雨中等待王陽明的到來。王陽明十分感動，於是寫信給錢德洪、王汝中（即王畿），並展示給書院的其他弟子閱讀：

幾度西安道，江聲暮雨時。

機關鷗鳥破，蹤跡水雲疑。

---

[102]　今建德市。
[103]　日文版本為「忠」。為錯訛。
[104]　今衢州。

仗鉞非吾事，傳經愧爾師。

天真泉石秀，新有鹿門期。

錢德洪、王汝中正忙著選擇地點建築新的書院。王陽明此時路過天真山，對天真山的景色驚嘆不已，於是寫了一首詩，用書信寄給兩位弟子，內容如下：

不踏天真路，依稀二十年。

石門深竹徑，蒼峽瀉雲泉。

泮壁環胥海，龜疇見宋田。

文明原有象，卜築豈無緣？

迄今紀念王陽明先生的祠堂有仰止祠、環海樓、太極雲、泉瀉雲等。同月二十四日，王陽明先生路過常山縣，賦詩留念，茲摘錄如下：

長生徒有慕，苦乏大藥資。

名山遍深歷，悠悠鬢生絲。

微軀一繫念，去道日遠而。

中歲忽有覺，九還乃在茲。

非爐亦非鼎，何坎復何離？

本無終始究，寧有死生期？

彼哉遊方士，詭辭反增疑。

紛然諸老翁，自傳困多岐。

乾坤由我在，安用他求為？

千聖皆過影，良知乃吾師。

（原題為〈長生〉）

▌論徐樾的禪定法

十月，王陽明抵達南昌。他用詩記錄了自己當時的感受：

南浦重來夢裡行，當年鋒鏑尚心驚。

旌旗不動山河影，鼓角猶傳草木聲。

已喜閭閻多復業，獨憐饑饉未寬征。

迂疏何有甘棠惠，慚愧香燈父老迎。

（原題為〈南浦道中〉）

從南昌再次啟程南行，路過豐城後，王陽明先生從廣信乘船繼續趕路，沿途諸生徐樾、張士賢、桂軏等請求拜見。

王陽明先生以兵事未暇一一婉拒，允諾說等將來回途中再相見討論。徐樾從貴溪一路追至餘干，王陽明先生方才勉強同意讓他登舟相見。

徐樾剛剛從白鹿洞打坐歸來，此刻他已經萌生禪定的意願。

王陽明先生看了一眼已經有所察覺，然後勸告徐樾千萬不要過於執迷靜虛的工夫。

▌歡迎盛況

接下來的一站是南浦，王陽明抵達後，南浦地方的父老軍民都夾道歡迎。人群林立，萬人空巷，以至於道路一度不能通行。

父老左右前後緊跟著王陽明先生到達官府，頂輿傳遞入都司。王陽明先生命父老軍民就謁，東入西出，有不捨者，出且復入，自辰至未（晚上六點鐘）漸而散開，始舉有司常儀。

第二日，王陽明拜謁了孔子廟，講《大學》於明倫堂，諸生群聚，擠得都沒有立錐之地。

以氣象動人

這個時候，有個叫唐堯臣的人走上前獻茶給王陽明，因此得以上堂旁聽。起初唐堯臣不信王陽明的學說，聽聞王陽明先生到了南浦，遠遠望見王陽明先生的氣象，心裡暗自吃驚，於是言道：「三代後居然還有如此豪邁高潔氣象的人啊！」等到親耳聽聞王陽明的講學，他熱血沸騰不再懷疑。

一起聽王陽明講學的黃文明、魏良器輩笑著尚唐堯臣：「像你這樣對王陽明學說持懷疑態度的人居然也來拜訪先生呀？」

唐堯臣則答道：「如果沒有這麼大的名氣，哪能夠吸引得住我啊！比如說你們這些平庸之輩就不會有這麼強大的感召力呀！」

以上可知王陽明先生強大的感召力量。

士友三百人暢談良知

到達吉安府的時候，王陽明先生與螺川[105]的文士歡聚一堂。

此時歡聚的文士有彭簪、王釗、劉陽、歐陽瑜等，他們帶領著舊遊同好總共有三百餘人，一行人熱情地將王陽明先生迎接入螺川的驛舍中。

王陽明先生立談不倦，說道：「堯、舜是一生都生知安行的聖人，但他們仍舊勤勉於困知勉行的工夫。我輩缺乏知勉行的資質，相反卻悠悠蕩蕩，坐享生知安行的成功，此樣豈不是誤己誤人的行為？」

---

[105]　螺川即螺山，形狀似螺，在江西吉安縣北十里，南臨贛江。

隨後他又說道：「良知的效用雖至大至廣，但如果讓其文過飾非，而失去了最本真的內容、捨本逐末的話，則危害就變大了。」

臨別之際，王陽明叮囑道：「工夫只要簡易、真切，愈真切，愈簡易；愈簡易，愈真切。」

故而，簡易就成為陽明學的另外一個重要特徵。

▌督勵同志

十一月十八日，王陽明先生抵達廣東肇慶。

王陽明先生向錢德洪、王畿二門生寄書說道：「我的家事全依賴魏廷、魏豹盡力，而錢德洪、王汝中你們也都受到陽明學良好的薰陶，對於陽明學說的繼承我可謂是沒有後顧之憂。紹興書院裡面的門生們，不知道大家最近有沒有新的領悟。錢德洪、王汝中既然已經擔任書院的負責人，你們自然能振作教化，並有所作為。書院定期會講的事宜，無論如何都不得荒廢，其間縱有一二懈怠，也絕不可有任何的停滯，否則迄今所有的努力都白做了。我的故鄉餘姚也獲應元等諸位朋友的鼎力合作，陽明學的事業想來也會日異而月不同。老夫我雖出山林，但是每每都能從中獲得慰藉。你們這些門生都是一日千里的千里馬，根本不需要我的鞭策，就能獲得非凡的成績，這點我也非常放心。即日我已抵達肇慶，去梧州不消三、四日就可到達。我剛剛到達田州這個地方，紹興書院及餘姚各會同志諸賢的成績，恕不能一一列出名字。所有的一切我都記在心裡。」

王陽明現在雖在征途，還不忘督勵自己的同志，其精神實在令人佩服。

縱橫經略

十一月二十日，王陽明在廣西梧州開府講學。

十二月朔，王陽明向朝廷上疏說道：

田州之事，尚未及會議審處。然臣沿途諮訪，頗有所聞，不敢不為陛下一言其略。臣唯岑猛父子固有可誅之罪，然所以致彼若是者，則前此當事諸人，亦宜分受其責。蓋兩廣軍門專為諸瑤、獞及諸流賊而設，事權實專且重，若使振其兵威，自足以制服諸蠻。夫何軍政日壞，上無可任之將，下無可用之兵，有警必須倚調土官狼兵，若猛之屬者，而後行事。故此輩得以憑恃兵力，日增桀驁。及事之平，則又功歸於上，而彼無所與，固不能以無怨憤。始而徵發愆期，既而調遣不至。上嫉下憤，日深月積，劫之以勢而威益褻，籠之以詐而術愈窮。由是諭之而益梗，撫之而益疑，遂至於有今日。今山瑤海賊，乘釁搖動，窮追必死之寇，既從而煽誘之，貧苦流亡之民，又從而逃歸之，其可憂危殆十百於二酋者之為患。其事已兆，而變已形，顧猶不此之慮，而汲汲於二酋，則當事者之過計矣。臣又聞諸兩廣士民之言，皆謂流官久設，亦徒有虛名，而受實禍。詰其所以，皆云未設流官之前，土人歲出土兵三千，以聽官府之調遣；既設流官之後，官府歲發民兵數千，以防土人之反覆。即此一事，利害可知。且思恩自設流官，十八九年之間，反者數起，征剿日無休息。浚良民之膏血，而塗諸無用之地，此流官之無益，亦斷可識矣。論者以為既設流官，而復去之，則有更改之嫌，恐招物議，是以寧使一方之民久罹塗炭，而不敢明為朝廷一言，寧負朝廷，而不敢犯眾議。甚哉！人臣之不忠也。苟利於國而庇於民，死且為之，而何物議之足計乎！臣始至，雖未能周知備歷，然形勢亦可概見矣。田州接近交趾，其間深山絕谷，蠻賊盤據，動以千百。必須存土官，藉其兵力，以為中土封鎖。若盡殺其人，改土為流，則邊鄙之患，我自當之；自撤藩籬，後必有悔。

（參見《王陽明全集》）

在朝的諸位大臣商議了王陽明的奏摺，決定採用王陽明先生的建議，決議如下：

「王陽明大人才略素優，他所提出的建議必然自有道理。很多事宜難以未卜先知，俟待根據當地的實際風俗人情，隨機應變地採取措施，這樣才能保證轄地經久無患。凡是事有宜亟行的情況，聽任王陽明大人因地制宜自行舉措，全權負責，把問題都解決徹底，以免留下後患。」

由此可見，王陽明先生的才略已經為朝野上下所熟知與認可。

▌抒懷文德大化

想當初，朝廷下旨任命王陽明為兩廣總督，王陽明卻上書請求辭官。奏疏如是寫道：「如若非要讓我做官的話，就做個像在南京、北京的太常國子的職位。」這樣的請求當然不會得到許可。

後來，王陽明在寫給黃綰的信（〈與黃綰書〉）中寫道：

往年於（朱）宸濠亂之赴義將士，功久未上報，人無所勸，再出，何面目見之？且東南小賊，特瘡疥之疾；在朝百闡讒嫉朋比，此則腹心之禍也，大為可憂者。諸公任事之勇，不思何以善後？大都君子道表，小人道消，疾病既除，元氣自復。但去病太亟，亦耗元氣，藥石固當以漸也。

他又說道：「思、田二州之事，本無緊要，只為從前張皇太過，導致到了後來難以收拾。今必得如奏中所請，庶圖久安，否則反覆也是不能預知的。」

黃綰是王陽明先生的親戚，也是王陽明的前輩，因此，他寫給黃綰的信就表達了內心最真實的想法。

隨後，王陽明也寫了一封信給方獻夫（〈與方獻夫書〉），信中寫道：

今聖主聰明不世出，今日所急，唯在培養君德，端其志向，於此有立，是謂一正君而國定。然非真有體國之誠，其心斷斷休休者，亦徒事其名而已。

同信中又說道：

諸公皆有薦賢之上疏，此誠君子立朝盛節，但與名其間，卻有所未喻者。此天下治亂盛衰所繫，君子小人進退存亡之機，不可以不慎也。譬諸養蠶，便雜一爛蠶其中，則一筐好蠶盡為所壞矣。凡薦賢於朝，與自己用人不同：自己用人，權度在我；若薦賢於朝，則評品宜定。小人之才，豈無可用，如砒硫芒硝，皆有攻毒破癥之功，但混於參苓蓍術之間而進之，鮮不誤矣。

同信中還說道：

思、田二州之事已壞，欲以無事處之。要已不能；只求減省一分，則地方亦可減省一分之勞擾耳。此議深知大拂喜事者之心，然欲殺敵千無罪之人，以求成一將之功，仁者之所不忍也。

方獻夫也是王陽明先生的前輩，因此寫了這樣一封信。

到了這一年十二月分，朝廷任命王陽明暫兼巡撫兩廣一職，王陽明先生上疏請辭，依然沒有獲得允准。

按語：本篇書信引文全部參照《王陽明全集》譯出，下同。

▎上疏鎮壓思、田逆賊

嘉靖七年（西元一五二八年），王陽明先生時年五十七歲，人在廣西梧州。

到了二月份的時候，平定了思州和田州二地，王陽明先生便向朝廷上疏，報告征討情況，在奏摺中他如是寫道：

臣奉有成命，與巡按紀功御史石金、布政使林富等，副使祝品、林文輅等，參將李璋、沈希儀等，會議思、田二州之役，兵連禍結，兩省茶毒，已逾二年，兵力盡於哨守，民脂竭於轉輸，官吏罷於奔走；今日之事，已如破壞之舟，漂泊於顛風巨浪，覆溺之患，洶洶在目，不待知者而知之矣。

透過上文，王陽明詳述了反覆征戰的利害，並且這樣記錄道：

臣至南寧於是下令盡撤調集防守之兵，數日之內，解散而歸者數萬。唯湖兵數千，道阻且遠，不易即歸，仍使分留賓寧，解甲休養，待間而發。初蘇、受等聞臣奉命處勘，始知朝廷無必殺之意，皆有投生之念，日夜懸望，唯恐臣至之不速。已而聞太監、總兵相繼召還，至是又見守兵盡撤，其投生之念益堅，乃遣其頭目黃富等先赴軍門訴苦，願得掃境投生，唯乞宥免一死。臣等諭以朝廷之意，正恐爾等有所虧枉，故特遣大臣處勘，開爾等更生之路；爾等果能誠心投順，決當貸爾之死。因覆露布朝廷威德，使各持歸省諭，刻期聽降。蘇、受等得牌，皆羅拜踴躍，歡聲雷動；率眾掃境，歸命南寧城下，分屯四營。蘇、受等囚首自縛，與其頭目數百人赴軍門請命。臣等諭以朝廷既赦爾等之罪，豈復虧失信義；但爾等擁眾負固，雖由畏死，然騷動一方，上煩九重之慮，下疲三省之民，若不示罰，何以洩軍民之憤？於是下蘇、受於軍門，各杖之一百，乃解其縛，諭「於今日宥爾一死者，朝廷天地好生之仁，必杖爾示罰者，我等人臣執法之義。」於是眾皆叩首悅服，臣亦隨至其營，撫定其眾，凡一萬七千人，濺濺道路，踴躍歡聞，皆謂朝廷如此再生之恩，我等誓以死報，且乞即願殺賊立功贖罪。臣因諭以朝廷之意，唯欲生全爾等，今爾等方來投生，豈忍又驅之兵刃之下。爾等逃竄日久，且宜速歸，完爾家室，修復生理。至於諸路群盜，軍門自有區處，徐當調

發爾等。於是又皆感泣歡呼，皆謂朝廷如此再生之恩，我等誓以死報。臣於是遂委任張佑、方隅將其悉數平定，是皆皇上神武不殺之威，風行於廟堂之上，而草偃於百蠻之表，是以班師不待七旬，而頑夷即爾來格，不折一矢，不戮一卒，而全活數萬生靈。是所謂綏之斯來，動之斯和者也。

（參見《王陽明全集》）

奏疏呈報皇帝之後，朝廷派遣使者前來對王陽明進行獎勵，賞賜銀子五十兩，繰絲材質的衣服四襲。主管的部門備辦羊酒，其餘各給賞有差等。

對於這件事情的經過，王陽明寫一篇文章，後來刻在石頭上。文中道：

嘉靖丙戌（五年）夏，官兵伐田州，隨與思、恩之人人相比相煽，集軍四省，洶洶連年。於時皇帝憂憫元元，容有無辜而死者乎？乃令新建伯王守仁曷往視師，其以德綏，勿以兵虔。班師撤旅，信義大宣。諸夷感慕，旬日之間，自縛來歸者一萬七千。悉放之還農，兩省以安。昔有苗徂徵，七旬來格；今未期月而蠻夷率來臣服，綏之斯來，速於郵傳，舞於之化，何以加焉。爰告思、田，毋忘帝德。爰勒山石，昭此赫赫。文武聖神，率土之濱。凡有血氣，莫不尊親耳。

（參見《王陽明全集》）

▌建立學校

四月，王陽明先生上疏給朝廷討論遷移都臺到田州，此事無果。

王陽明先生在思州、田州興建學校。這是考慮到思州、田州二地剛剛歸順朝廷，如果想改變他們原先的生活習慣，遵循華夏的文化習俗，最好的辦法就是建立學校。

265

但是老百姓遭受戰禍流弊四處逃竄，大部分人還沒有定居下來。想要立刻建立學校，最終只能是徒勞。但是學校教育是教化的根本，又不能拖延，於是王陽明先生發公文、提學道，要求所屬的儒學教養機構，只要有生員，不管是廩膳生員還是增廣生員，只要有意改到田州府學的，而且各地的儒生願意附籍入學的，由提學道選派教官暫時領導學習的事情，相互講學、遊玩、休息，興起孝悌，或者倡導實行鄉約，隨時隨地進行啟發引導，逐漸開啟了局面。等到建立學校，將學生們全部遷往學校學習，並按照慣例增加補充生員到國子監讀書。

五月份，王陽明安撫轄內歸順朝廷的老百姓。

六月份，興建南寧府學校。王陽明先生這樣說道：「理學不明，人心陷溺，因此兵士逐漸疏於訓練，風教不振。」

王陽明每日裡都與各學校的教師朝夕開講，已經能夠覺察到他們漸有奮發之志。但是他又擔心身處窮鄉僻邑之地，自己又不能總是親身到這些地方。於是他便委派自己的得力門生陳逅前來主持靈山諸縣的教育工作，與此同時委派季本在敷文書院擔任主教。

▌征討餘賊

在這年七月，王陽明指揮兵士們奇襲八寨、斷藤峽等地，並將活躍在此地多年的流寇叛亂悉數剿滅。

八寨、斷藤峽諸地的蠻賊總共有數萬人之眾，這些地方地理位置十分便利，連通南方各個少數民族地域，西接雲南、貴州諸蠻，東北與牛場、仙臺、華相、風門、佛子及柳慶、府江等諸賊互相呼應，延袤二千餘里，流劫出沒禍害四鄉的年頭也很長了。之前因為王陽明先生忙於思、田二地的叛亂平剿，無暇顧及此處。到了這個時候，王陽明先生認為思、田二州

已經順利平定，盧蘇、王受新歸服，如果出其不意兵分幾路進行征討是比
較可行的謀略。王陽明先生委派旗下將領率右江及思、田二地的官兵進
剿八寨諸賊。與此同時命令參議汪必東、副使翁素、僉事汪溱，率左江及
永、保土兵進剿斷藤峽諸賊。命令該道分巡兵備收解，紀功御史卹[106] 報，
及行太監張賜並各鎮臺之兵來會。在短短的一月之內，王陽明的軍隊大破
賊眾，總共斬獲敵寇總數達三千餘人。此時，王陽明先生見諸賊巢穴基本
上全部都被掃蕩平定，而自己的兵士們開始沾染疾疫，於是下令班師奏捷。

王陽明向皇帝上疏報告了自己帶領軍隊平定思、田二地以及八寨、
斷藤峽的戰績。疏言如下：

「斷藤峽地方的諸賊，他們在各處屯眾，自我朝建國初以來，屢征
但是沒有成功。到了天順（英宗年號）間，都御史韓雍統兵二十萬攻破
斷藤峽賊寇巢穴。但是撤兵沒多長時間，賊寇重新攻陷潯州，這個地方
自此大亂。後來聯絡附近的兵力重新進行剿撫，但是仍匪患連連，這個
地方的賊匪們至今沒有棄惡從善。尤其是現在囂張不已的八寨諸賊尤為
凶猛暴戾，他們擅長利鏢毒弩，一旦與其交鋒，很難占到便宜；另外一
個原因是他們的山寨建在天險石壁之上，進兵無路。自從建國初都督韓
觀，曾經打算用數萬之軍士圍困其地，最後還是不能攻破，沒有辦法只
能去招撫。等到了成化年間，當地官吏岑瑛曾經與當地武裝合作深入敵
穴，斬獲二百敵寇，但是賊寇勢力突然大大增加，岑瑛的兵士們自然是
力不能支，最後也不得不改用安撫的策略。如今由於湖廣兩地的兵士已
返回，因此我準備因勢利導其順便之勢，使他們成為思、田的新合作夥
伴，善用其剿滅匪患報效朝廷。兩地進兵，雖然各不到八千之眾，然而
到了三月報捷，其戰果已經超過三千兵士的軍功。兩廣之地的父老鄉親
無不以為數十年以來都還沒有這樣的大成功。」

---

[106]　原文為「卹」。

由於王陽明很快結束了征討，免除了朝廷的心腹大患，於是皇帝就要獎賞平定思州、田州的功勞。九月初八，使者馮恩秉承皇帝恩賜到達駐守地，但是王陽明先生卻向皇帝上疏一封，執意要辭去賞賜。

▌關心學況與家事

此時，王陽明修書一封給弟子錢德洪和王畿，詢問家鄉的消息。信中如是寫道：「地方上的戰事幸運的是即將平息，我們相見之日漸可期待了。近年不知道你們還像以往那樣聚會論道嗎？想當年我們的臥龍之會，雖然對大家沒有特別大的收益，但是你們也不宜就此荒落廢棄；你們保存實力餵羊，以後也有可能東山再起，這些都是說不準的事情。在餘姚得到應元諸友的互相敦促，他們的獲益還是不小的。前幾日有人來自家鄉，我聽聞你們在龍山舉辦講座，至今不廢，這是最值得欣慰的事情。收到我的信後，希望你轉達我的心聲和寄望，你們也應該更加勤勉學業。不知道你們九十多個師兄與吾子正憲還不論早晚親近走動嗎？希望你們也多多照顧他獎掖後學，好好相處，為師在這裡就不再多說了。另外，希望魏廷豹一定不要辜負我的囑託，對於小輩的教養絕對不能輕率疏忽，我十分希望你們互幫互助、一起進步。」

▌罹患咳疾

十月，王陽明向皇帝上疏請求告老還鄉。

此次上疏中如是寫道：

臣自往年承乏南、贛，為炎毒所中，遂患咳痢之疾。歲益滋甚。其後退休林野，稍就醫藥，而疾亦終不能止。自去歲入廣，炎毒益甚。力

疾從事，竣事而出，遂爾不復能興。今已興至南寧，移臥舟次，將遂自梧道廣，待命於韶、雄之間，夫竭忠以報國，臣之素志也。受陛下之深恩，思得粉身齏骨以自效，又臣之所日夜切心者也。病日就危，而尚求苟全以圖後報，而為養病之舉，此臣之所以大不得已也。

上疏遞交給朝廷，可惜依然沒有得到皇帝的允准。

一日，王陽明先生路過伏波廟並拜謁。這座廟宇在梧州，前有所述，此廟宇是為了祭祀漢代的馬援而建立的。

王陽明十五歲時曾經做夢謁伏波廟，前已所述，此次二度拜祠，一切宛然如夢中，謂茲行殆非偶然，胸中難免一番感慨，後作詩兩首：

其一：

四十年前夢裡詩，此行天定豈人為？
徂征敢倚風雲陣，所過如同時雨師。
尚喜遠人知嚮往，卻慚無術救瘡痍。
從來勝算歸廊廟，恥說兵戈定四夷。

其二：

樓船金鼓宿烏蠻，魚麗群舟夜上灘。
月繞旌旗千嶂靜，風傳鈴木九溪寒。
荒夷未必先聲服，神武由來不殺難。
想見虞廷新氣象，兩階干羽五雲端。

▌隨處體認天理與致良知

在寫與鄒守益的書信中，王陽明談到了教學法，提及「隨處體認天理，勿忘勿助」之說。這裡所言極有道理。只要根究其本質，難免會落

入捕風捉影的俗套。縱令鞭辟向裡，仍然與聖門致良知的工夫隔著一層紙的厚度。「如果再次失之毫釐，那更是會存千里之繆。試看世間那些無志之人，他們已經選擇聲利辭章的學習，期間突然發現自己性分難達，又被一種似是而非之學兜絆羈縻，終生不會做出成績。這是由於這些人並沒有真為聖人的志向，未免挾有見小欲速的褊狹認知，則此種治學問的辦法實在是難以讓人認可。所以我們常言道：雖然身在豪傑之士，但是由於任重道遠，在追求志向的過程中，稍微有所疏忽，當即陷落其中、難以自拔的例子那更是不勝列舉。」

而在《王陽明年譜二》中，亦有關於「致良知」的相關論述：

近來信得致良知三字，真聖門正眼法藏。往年尚疑未盡，今自多事以來，只此良知無不具足。

從上可以看出，王陽明先生經過常年的砥礪、體悟和總結，此時開始用「良知」來概括和表達他「心學」的最本質的內容。

▍增城祭祀祖先

王陽明先生的五世祖王綱，死於苗賊之難，朝廷後來在位於廣州以東增城建造一座廟堂來紀念他。

這一月，當地官吏重新修繕了王綱的祠廟，王陽明先生決定前往謁祠奉祀。前往路途中，正好路過好友湛甘泉先生的舊書廬，一時間王陽明先生多有感慨，便題詩於牆壁道：

我祖死國事，肇禮在增城。

荒祠幸新復，適來奉初蒸。

亦有兄弟好，念言思一尋。

蒼蒼兼葭色，宛隔環瀛深。

入門散圖史，想見抱膝吟。

賢郎敬父執，童僕意相親。

病軀不遑宿，留詩慰殷勤。

落落千百載，人生幾知音。

道同著形跡，期無負初心。

（原題為〈書泉翁壁〉）

王陽明先生又題湛甘泉舊居道：

我聞甘泉居，近連菊坡麓。

十年勞夢思，今來快心目。

徘徊欲移家，山南尚堪屋。

渴飲甘泉泉，飢食菊坡菊。

行看羅浮雲，此心聊復足。

（原題為〈題甘泉居〉）

　　關於王陽明和湛若水的交往，此前由於政見立場的不同，二人一段時間裡也是疏於聯絡。但是再度回顧年輕時候結交下來的這段情誼，如今路過故人舊居，王陽明先生難免要感慨萬分。

▌鼓勵學友安頓後事

　　在寫與錢德洪、王畿的另一封書信中，王陽明描述了當時的狀況，寫道：「從書信來觀，得知你們近日學業大有進步，真的是叫我喜慰！另外餘姚、紹興諸同志又能相聚切磋提高，他們奮發興起，日勤不懈，陽明學的昌盛真有星星之火可以燎原的跡象，我高興得都不知道如何

表達自己的心情！另外，此間地方悉已平靖，雖然還有二三個大賊巢，它們橫跨兩省，盜賊的根株淵藪，的確是不除不快，我決意將其也一舉除剪，所以又要再遲留兩三個月。這件事一旦完成，旬月間便可以踏上歸途了。王守儉、王守文我的兩位兄弟，他們近來對我的兒子王正憲夾持啟迪，想來王正憲也有所進步。再說王正憲尤極懶惰，如果不痛加針砭，他的這些毛病是不能輕易就改正的。父子兄弟之間，情既迫切，責善反難，要改變這一狀況還要依靠師友之間的提攜和教導，我當然知道你們平日骨肉道義，感情甚篤，我在這裡就不再多嘮叨了。」

王陽明先生在上信中寫出了對歸鄉的熱切與期待，但是最終不幸逝世於歸途之上，讀到此處實在是令人傷懷。

▌終焉：此心光明復何言

這個時候，王陽明的病情日趨惡化。有文獻記載道：「自至廣城，又增水瀉，日夜數行不得止。至今遂兩足不能坐立。」王陽明先生的疾病主要是早年罹患過的肺病復發，加上路途顛簸，又患上了嚴重的水瀉，身體狀況自此是越來越衰弱，在平滅了思州和田州的賊徒後，他歸心似箭地行走在返還故鄉的途中。

從這裡看得出來，王陽明先生此時的心情還是非常愉悅和期待的。

在歸鄉途中，在王陽明與同志們的會談中亦能體察到他的打算，那就是他打算歸田靜養，體悟心學。令人遺憾的是，這一切都沒來得及實現。

天下能有王陽明這麼偉大的人物實屬幸事。十一月二十五日，王陽明越過梅嶺到達南安。正要登船的時候，南安推官門生周積來見，王陽明從凳子上直起身，咳喘不停，緩慢地問弟子道：「近來進學如何？」

周積以政事繁忙有所荒置作答，然後問王陽明身體是否有恙。

王陽明說：「我的病勢已經回天無力了，之所以現在還沒死，依靠的是體內蓄積的元氣。」

周積退下之後趕緊迎醫診藥，為王陽明先生診療。

二十八日晚，停船靠岸，王陽明問：「我們現在到哪裡了呢？」

在旁邊侍奉的人答道：「青龍鋪。」

第二天，王陽明召周積進得病榻跟前，過了很久時間，睜開眼睛說：「吾將去矣！」

周積頓時流下了眼淚，問王陽明有什麼遺言，王陽明微笑著說：「此心光明，復何言爾？」

話剛說完，王陽明先生便瞑目而逝，時間是二十九日的辰時。這樣一代百世殊絕的偉人至此溘然與世長辭。

嗚呼哀哉！

▌歿後際遇

贛州兵備官門人張思聰親自在南野驛迎接王陽明遺體到來，以廣州布政使門人王大用所贈美材製作壽棺，緊接著周積在南野驛的中堂為王陽明沐浴衾斂如禮。

十二月三日，門人劉邦采前來奔喪，張思聰與官屬師生設祭臺，放王陽明遺體入棺。第二日，興櫬登舟。士民遠近遮道，哭聲震天潰地，舟所過之處，門生、軍民無不前來拜祭，其場面十分壯觀！

嘉靖八年正月，發喪於南昌府。正月初六，王陽明的靈柩抵達弋陽縣。錢德洪、王畿帶領王正憲俱來奔喪。

二月庚午，王陽明的靈柩抵達故里越城。

二月四日，王家後人與門生在中堂祭奠王陽明的靈柩，開始治喪。婦女在門內哭泣，孝子王正憲帶領弟弟王正億以及親族子弟在門外哭泣，門生在幕外哭泣，早晚按照當時禮儀祭奠。每天門生來弔唁的有一百多人，有的人從王陽明初喪到最後下葬都沒有回去，書院和諸寺院聚會就跟王陽明在世的時候一樣。

十一月，葬王陽明先生於洪溪。十一月十一日出殯當天，門人會葬者千餘人，以及生前好友、附近的官員，都趕赴王陽明先生紹興的家鄉，眾人莫不扶靈柩而慟哭。四方來送葬的人無不交涕悲慟。

當時，禮部尚書桂萼因為與王陽明私怨頗深，於是向皇帝讒奏王陽明先生聚集弟子門人私底下倡導邪說，應該查禁，絕不能姑息。此時由於朝中對王陽明喪事有不同的意見，承繼爵位和贈予謚號等各項禮儀都沒有實行，而武宗皇帝此時卻下詔禁止陽明學。

得知此消息後，在朝廷為官的黃綰立刻向武宗皇帝上疏進行商榷，然而可惜的是黃綰的建言根本沒有被皇帝採納。與朝廷的態度大相逕庭的是，陽明學自此卻日益得到發揚光大，在中華神州大地星星之火燎原開來。

嘉靖十一年（西元一五三二年），王陽明門人方獻夫糾集同志會於京師。自從王陽明去世後，桂萼之流在朝學禁方嚴。薛侃等也因此獲罪遭到貶謫。黃綰、程文德、黃宗明等四十人也趕來聚會。嘉靖十二年，門人歐陽德合同志會於南畿地方。

嘉靖十三年（西元一五三四年）正月，門人鄒守益於安福建立復古書院；三月，門人李遂於衢麓建立精舍，以祀王陽明先生；五月，巡撫貴州監察御史王可，於貴陽建立王公祠，立碑作記。其後，在中華大地上

建立了很多紀念王陽明先生的王公祠，虎溪精舍、文湖書院、陽明祠、仰止祠、明經書院、壽巖書院、混元書院、連山書院等，不勝列舉。

之後透過講學和建祠來祭祀王陽明先生的門人同志越來越多。如嘉靖十四年（西元一五二五年）乙未，在南京姑蘇刻土陽明先生《文錄》；巡按直隸監察御史曹煜於九華山建立了仰止亭，以祭祀王陽明先生。嘉靖十五年（西元一五三六年）丙申，巡按浙江監察御史張景、提學僉事徐階等重新整修天真書院，設立祀田祭祀；門人禮部尚書黃綰作碑記。嘉靖十六年（西元一五三七年），門人周汝員於越地建立新建伯祠堂。

嘉靖四十五年（西元一五六三年），王陽明的生平著文被刻成《陽明文錄續編》。

第二年，即隆慶元年正月，新繼位的皇帝穆宗下詔，對病故大臣有應得卹典贈諡而未得者，給事中御史上書議奏，如是寫道：

故原任新建伯兵部尚書兼都察院左都御史王守仁（即王陽明），功勳道德，宜膺殊恤。

五月，皇帝下詔贈王陽明先生為新建侯，諡廟號文成。

隆慶二年（西元一五六八年）六月，王陽明先生的次子王正億襲新建伯一爵。到萬曆十二年（西元一五九二年），神宗在位時期，下詔以新建伯王陽明從祀孔子廟祀。

▌小結

王陽明先生平定思州和田州二州，在返鄉途中不幸仙逝。此正所謂是到了他「功成名而身退」的時候，然而王陽明先生卻不幸撒手人寰。此時王陽明先生在武功方面已經取得了大成，在文化教養方面，其思想

體系亦日臻完備。王陽明先生之學說，以良知為宗，經文緯武，已經如此，想必王陽明先生此生也了無遺憾了吧！

　　一切正如王陽明先生臨終時所言，公明正大，寂然不動，真真正正地表現了一位得道君子的氣象。在立志於修養心性方面，「此心光明復何言」[107]七個字，如果我們能拳拳服膺的話，也必將此生無憂！

----

[107]　此句中文版本多為「此心光明亦復何言」八個字，由於日語中「亦復」一詞讀作「mata」，寫作「復」或者「又」，因此原作者判斷為七個字。

後記

　　承蒙時代書局編輯的邀請，有機會和妻子一同翻譯《知行合一：王陽明詳傳》一書，我們都覺得是件非常開心的事情。

　　我和妻子都是日語科系出身，迄今已在大學從事日本文學領域的教學與科學研究多年。在本書的翻譯過程中，面對明代大儒王陽明坎坷多舛的生平事蹟和抽象晦澀的哲學主張，我們遇到了不少困難。由於文學和哲學隸屬於不同的研究分野，我們的翻譯工作進展得既謹慎又愉悅，好多次我們為了一個詞語的翻譯在電話中爭論半個多小時，雖然辛苦依舊樂此不疲。等待最後達成統一見解的時候，我們又幡然疑釋，伴隨著會心一笑。儘管我們相距千里之遙，不能看得到此刻對方開心的笑顏。

　　之前我們同在南方的一所大學任職，日子過得富足而美滿、平淡又快活。為了追求學術上的進一步提升，我和妻子回到北方求學又將一年。每次籌劃許久的相聚，都是聚也匆匆、別亦匆匆。我們只能把對彼此的真心深愛珍藏在心底，而此次《知行合一：王陽明詳傳》一書的共同翻譯，更是在多年以來彼此間生成的默契中合作完成的。可以說，此書的翻譯是在無比的幸福中進行的。

　　應該一提的是，我們執教大學的所在地江西贛州，王陽明先生也曾在那裡戎馬帷幄，留下了不少膾炙人口的詩篇，其一生主要思想主張的相繼提出也都與贛州有著極深的歷史淵源。在本書翻譯的過程中，我腦海裡反覆閃現過南國猩紅色的肥沃土壤、潮溼溫軟的空氣、目不暇接的青山綠水，以及碧空中逡巡遊走的雲彩。每當想到王陽明五百多年前先

後記

於此活動過，我就對妻子說：一定要翻譯好這部書稿，以此作為我們在贛州工作、生活過的美好紀念。

在本書翻譯過程中，我們同時參看了中國國內出版的王陽明作品和部分著述，同時就書稿日文的難懂之處得到熟識多年的好友松草雅弘先生和神原秀明先生的熱情指導，藉此請允我們一併恭致謝忱！在遇到內容相左的時候，我們選擇以《王陽明全集》的實際紀錄為判斷依據，重大更改、修訂之處，重要歷史人物和地名等資訊都在文字中以腳注形式進行扼要闡明。由於本書原版以日語文言體寫成，為了讓中文讀者一睹原著風貌，在不影響閱讀的情況下，我們選擇了以文言和白話相結合的現代漢語文體「歸化」譯出，力求兼顧行文曉暢與通俗，希望能符合中文讀者的閱讀習慣。

另外原著（為一九一五年廣文堂再版版本，初版於一九〇四年五月，由日本文明堂發行）附錄部分刊錄了作者高瀨武次郎教授於一九一五年八月上旬在日本立命館大學哲學館開設的夏季短期講習會中以「朱子學與陽明學」為題的課堂講義，總共計十節，其中從比較視角對陽明學與朱熹、陸象山及蘇格拉底等哲學思想家的學說展開探討，由於譯者目前文力所限，經商議後決定暫將此部分簡要目錄譯出供廣大讀者參考，而其內容暫時空白的遺憾只能有待於在今後繼續提升後再來補充完善了。

在去年的博士課程中正好接觸到譯介學的內容，當時我還對譯介學的核心理論「創造性叛逆」和「叛逆性創造」冥思而難得其解。在本書的譯介中，我將之前自己對這門課程的理解融會其中，與此同時也豐富了我對譯介學說的認識。這真是一個譯學相長的過程！現在，我與妻子分別獲得二〇一三年度國家公派留學基金委和日本國際交流基金的資助，

於今年九月份將同赴東京和名古屋的世界著名學府訪學一年。我們會珍惜這寶貴的提升機會，在經營幸福愛情的同時，好好利用人生中的每一寸光陰，真心希望能為中日兩國間的文化交流與對話貢獻一己微薄之力！

趙海濤

後記

原書附錄

▋題名：朱子學與陽明學（簡要目次）

王陽明簡要年譜

📖 西元一四七二年，憲宗成化八年九月三十日，出生於浙江省餘姚縣（今餘姚市）龍泉山。

📖 西元一四八二年，成化十八年，十一歲，隨父親王華（新狀元）寓京師。

📖 西元一四八八年，孝宗弘治元年，十七歲，回餘姚與諸氏完婚於江西南昌。諸氏，餘姚人。

📖 西元一四八九年，弘治二年，十八歲，偕夫人回餘姚，識婁一諒、信聖人必可學而致之。一改活潑性格，嚴肅求成聖人，格竹失敗。

📖 西元一四九二年，弘治五年，二十一歲，舉浙江鄉試。明年會試下第，歸餘姚，結龍泉詩社，對弈聯詩。

📖 西元一四九七年，弘治十年，二十六歲，寓京師，苦學諸家兵法。想藉雄成聖。

📖 西元一四九九年，弘治十二年，二十八歲，舉進士出身，二甲第七名，觀政工部。與七子唱和，是所謂氾濫詞章時期。

📖 西元一五〇〇年，弘治十三年，二十九歲，在京師，授刑部雲南清吏司主事。到直隸、淮安審決積案重囚。遊九華山，出入佛寺道觀。

📖 西元一五〇二年，弘治十七年，三十一歲，告病歸餘姚，築室陽明洞天，靜坐行導引術，能先知，後因其簸弄精神，不能成聖，棄去。

📖 西元一五〇四年，弘治十七年，三十三歲，在京師，秋季主考山東鄉式。九月改兵部武選清吏司主事。

📖 西元一五〇五年，弘治十八年，三十四歲，開門授徒，與湛若水定交。

📖 西元一五〇六年，武宗正德元年，三十五歲，上封事，下詔獄，謫貴州龍場驛驛丞。

📖 西元一五〇七年，正德二年，三十六歲，赴謫至錢塘，過武夷山，回越城。

📖 西元一五〇八年，正德三年，三十七歲，至龍場，大悟格物致知之旨。

📖 西元一五〇九年，正德四年，三十八歲，在貴陽，受提學副使席書聘請主講文明書院，始揭知行合一之旨。

📖 西元一五〇九年，正德五年，三十九歲，三月，任廬陵知縣。十二月，升南京刑部四川清吏司主事。路過辰州、常州時教人靜坐補小學工夫。

📖 西元一五一一年，正德六年，四十歲，在京師。正月，調吏部驗封司清司主事。二月，為會試同考官。十月，升文選清吏司員外郎。

📖 西元一五一二年，正德七年，四十一歲，在京師。三月，升考功清吏司郎中，黃綰、徐愛等幾十人同受業。十二月，升南京太僕寺少卿。據《大學》古本立誠意格物之教。

📖 西元一五一三年，正德八年，四十二歲，赴任便道歸省。十月至滁州，督馬政。地僻官閒，日與門人遊琅琊、襄泉間。新舊學生大集滁州。教人靜坐入道。

📖 西元一五一四年，正德九年，四十三歲，在南京教人存天理去人慾。

📖 西元一五一四年，正德十年，四十四歲，在京師，擬〈諫迎佛疏〉未上。上疏請歸，不允。

📖 西元一五一六年，正德十一年，四十五歲，在南京。九月，經兵部尚書王瓊特薦，升都察院僉都御使，巡撫南贛、汀、漳等處，平定征南王謝志山、金龍霸王池仲容等江西、福建、廣東、湖廣等地的暴動。

📖 西元一五一七年，正德十二年，四十六歲，正月至贛，二月平漳，十月平橫水、桶崗等地，行十家牌法。

📖 西元一五一八年，正德十三年，四十七歲。正月，征三浰，三月，疏乞致仕，不允。平大帽、浰頭。六月，升都察院右都御使，蔭子錦衣衛，世襲百戶。辭免，不允。七月，刻古木《大學》、《朱子晚年定論》。八月，門人薛侃刻《傳習錄》。九月，修濂溪書院，四方學者雲集於此。

📖 西元一五一九年，正德十四年，四十八歲。六月，奉命勘處福建叛軍，至豐城，聞朱宸濠反，遂返吉安，起義兵。旬日平朱宸濠。與前來平叛的宦官周旋。

📖 西元一五二〇年，正德十五年，四十九歲，在江西。王艮投門下，艮後創泰州學派。陽明自言在應付宦官刁難時全靠良知指引。

📖 西元一五二一年，正德十六年，五十歲，在江西。始揭致良知之教。五月，集門人於白鹿洞。六月，升南京兵部尚書。九月，歸餘姚，封新建伯。

📖 西元一五二二年，世宗嘉靖元年。五十一歲，在紹興〔山陰〕。正月疏辭爵，二月父王華死。丁憂。有御使承首輔楊廷和旨意倡議禁遏王學。

📖 西元一五二三年，嘉靖二年，五十二歲，在紹興。來從遊者日眾。南京刑部主事桂萼議人禮得寵。

📖 西元一五二四年，嘉靖三年，五十三歲，在紹興。四月，服闋，朝中屢有薦者。有人以大禮見問者，不答。十月，門人南大吉續刻《傳習錄》。

📖 西元一五二五年，嘉靖四年，五十四歲，在紹興。夫人諸氏卒。禮部尚書席書力薦，不果。決定每月朔望在餘姚龍泉寺之中天閣聚會生徒。十月，立陽明書院於越城西 [山陰東] 光相橋之東。

📖 西元一五二六年，嘉靖五年，五十五歲，在紹興。十一月庚申，子正聰生，七年後黃綰為保護孤幼收為婿，改名正億。

📖 西元一五二七年，嘉靖六年，五十六歲，在紹興。四月，鄒守益刻《文錄》於廣德州。九月，出征思田。天泉證道，確定四句教法。

📖 西元一五二八年，嘉靖七年，五十七歲。二月，平思田之亂。七月，襲八寨、斷藤峽。十月，乞骸骨。十一月二十九日辰時，西元一五二九年一月九日，病逝於江西南安府大餘縣青龍鋪碼頭。

▌原文參考書目

📖《王陽明全書》，三十八卷二十四冊

📖《王陽明全集》，八卷十六冊

📖《傳習錄附錄》，共四卷四冊

📖《王學提綱》，二卷二冊，吉村秋陽撰

📖《王陽明出身靖亂錄》，三卷

📖《明儒學案》，四十冊六十二卷

📖《陽明先生則言》，二卷二冊

📖《陽明先生集要》，十五卷十冊

📖《王陽明奏議選》，桑原忱著

📖《王陽明文粹》，四卷四冊，村瀨晦輔著

📖《陽明學》（雜誌），第一期至第八十期

📖《王門宗旨》，十冊

📖《王心齋全集》，二卷

📖《王陽明文錄抄》，五冊

📖《王陽明》，一卷，三宅雄次郎著

📖〈論王陽明學〉，井上哲次郎論文，刊於《陽明學》（雜誌）第一期、
第二期、第三期

📖《明史》，（清）張廷玉編

📖《朱文公文集》，一百二十一卷

📖《朱子語類大全》，一百四十一卷

📖《朱子全書》，六十六卷

📖《朱子書節要》，二十卷

📖《朱子學》，二卷

📖《宋學概論》，一冊，小柳司氣太著

📖《宋元學案》，一百四十冊

📖《二程全書》，六十六卷，十六冊

📖《張子全書》，十七篇十七卷

📖《周子全書》，一冊

📖《陸象山全集》，三十六卷

📖《陸象山》，一冊，建部豚吾著

📖《三魚堂集》，十八卷十冊

📖《學蔀通辨》，十二卷三冊

📖《求是編》，四卷一冊

📖《國朝先正事略》，六十卷

📖《清名家小傳》，四冊四卷

📖《國朝學案小識》，十四卷

📖 四書五經等

📖《中國歷代沿革圖說》，一冊，河村與一郎編

▌譯文參考書目

📖 高瀨武次郎‧《王陽明詳傳》（第二版）‧東京：廣文堂，一九一五年

📖 王陽明‧《王陽明全集》（一至五）‧北京：線裝書局，二〇一二年

📖 王守仁‧《王陽明全集》（一至三）‧上海：上海古籍出版社，
二〇一一年

📖 王守仁‧《王陽明詩文選譯》‧南京：鳳凰出版社，二〇一一年

📖 吳震‧《傳習錄精讀》‧上海：復旦大學出版社，二〇一一年

📖 王守仁‧《王陽明全集新編本》（一至六）‧杭州：浙江古籍出版社，
二〇一〇年

📖 王守仁，陳榮捷·《王陽明傳習錄詳註集評》·上海：華東師範大學
出版社，二〇〇九年

📖 王守仁·《傳習錄》（新編）·鄭州：中州古籍出版社，二〇〇八年

📖 張清河編·《王陽明詩歌選擇》·成都：西南交通大學出版社，
二〇〇八年

📖 王守仁·《陽明先生集要》·北京：中華書局，二〇〇八年

知行合一，王陽明詳傳：
日本著名哲學家高瀨武次郎筆下的王守仁

作　　　者：[日] 高瀨武次郎
翻　　　譯：趙海濤，王玉華
發 行 人：黃振庭
出 版 者：清文華泉事業有限公司
發 行 者：清文華泉事業有限公司
E - m a i l：sonbookservice@gmail.
　　　　　 com
粉 絲 頁：https://www.facebook.
　　　　　 com/sonbookss/
網　　　址：https://sonbook.net/
地　　　址：台北市中正區重慶南路一段
　　　　　 61 號 8 樓
8F., No.61, Sec. 1, Chongqing S. Rd.,
Zhongzheng Dist., Taipei City 100, Taiwan

電　　　話：(02)2370-3310
傳　　　真：(02)2388-1990
印　　　刷：京峯數位服務有限公司
律 師 顧 問：廣華律師事務所 張珮琦律師

-版權聲明

定　　　價：375 元
發 行 日 期：2024 年 06 月第一版
◎本書以 POD 印製

國家圖書館出版品預行編目資料

知行合一，王陽明詳傳：日本著名
哲學家高瀨武次郎筆下的王守仁 /
[日] 高瀨武次郎 著；趙海濤，王
玉華 譯 . -- 第一版 . -- 臺北市：清文
華泉事業有限公司 , 2024.06
面；　公分
POD 版
ISBN 978-626-7165-26-3(平裝)
1.CST: (明) 王守仁 2.CST: 學術思
想 3.CST: 傳記
782.866　　　　　113006611

電子書購買

爽讀 APP

臉書